«John Ortberg e  a
dudas lo que Jan ɔs
en *Una vida solitɑ* ʃo
de la historia, tod ...ɑɾ̆ɔ̆ɪ̆ɪ̆, todos los parlamen-
tos reunidos, todos los reyes que reinaron, juntos, no han afectado
tanto la vida de la humanidad en la tierra como Jesús". Leamos
este libro y tomemos conciencia de que, más allá de nuestras creencias religiosas, si anhelamos marcar una diferencia (y pienso que
todos lo deseamos) el ejemplo que nos dio Jesús puede guiarnos en
el camino. Él demostró que no necesitamos fama, dinero ni con-
tactos para vivir una vida verdaderamente significativa. Gracias,
John, por recordárnoslo».

—KEN BLANCHARD, coautor de
El manager al minuto y *Un líder como Jesús*

«Vivimos en un mundo moldeado por Jesús de un modo que
muchos ni siquiera imaginan. Descubramos por qué la gente todavía, después de dos mil años, pregunta: "¿Quién es este hombre?"».

—CHRISTINE CAINE, fundadora de The A21 Campaign

«Brillante e inspirador, este libro arrolla al lector al mostrar el rol
determinante que desempeñó Jesús en la creación de nuestra historia y de nuestra cultura. John Ortberg no deja lugar a dudas acerca
de que Jesús no fue simplemente un hombre, sino que "en él se ha
revelado la plenitud de Dios"».

—TONY CAMPOLO, autor, profesor de Eastern University

«John Ortberg es uno de mis maestros favoritos de la Biblia. Tiene
ingenio, sabiduría e imaginación. Es fácil leerlo sin que resulte
empalagoso, y habla con autoridad sin ser arrogante. No hay nada
más hermoso que escribir acerca de Jesús; y existen pocos escritores más elocuentes que John. Si somos cristianos, o sospechamos
serlo, John nos invita a soñar con este hombre llamado Jesús que,
de alguna manera, ha sobrevivido a todas las cosas bochornosas
que nosotros los cristianos hemos hecho en su nombre. Disfrute-
mos de este libro como si se tratara de un festín maravilloso».

—SHANE CLAIBORNE, autor, activista, y alguien que ama a Jesús

«A veces, con el ajetreo y ruido de la "religión", perdemos de vista quién es Jesús. De nuevo John Ortberg nos ayuda a hacer algo que él logra muy bien: Ver a Dios como realmente es. Y nos conecta con él en medio de todo ese ruido. Este libro es un regalo».

—Dr. Henry Cloud, psicólogo,
coautor de la serie de libros *Límites*

«¡Este es el libro referido a Jesús más convincente y provocativo que jamás he leído! Seamos creyentes o escépticos, la obra saca a la luz todas las maneras fascinantes en las que este hombre cambió al mundo para siempre. Este trabajo se ha ganado un lugar en el estante de mis libros súper favoritos».

—Jeff Foxworthy, comediante, actor,
un tipo divertido que ama a Jesús

«Lo primero que noté en cuanto a la última obra de John Ortberg fue el título: No dice "Quién *fue* este hombre" sino "Quién *es* este hombre", Jesús. A pesar de que John explica magistralmente al "Jesús bíblico", donde realmente se luce es en la forma de mostrar a Jesús en este año, en este día, en esta hora, en este momento. El libro nos estimula, inspira, y simplemente nos deja embelesados».

—Ernie Johnson Jr., locutor deportivo, TNT/TBS

«Vivimos en una época en la que la brecha entre lo secular y lo sagrado nunca ha sido mayor. El libro de John Ortberg *¿Quién es este Hombre?* salva la distancia explicando, en su inimitable y divertido estilo, el innegable y profundo impacto que Jesucristo ha producido en nuestro mundo. Es increíble descubrir la influencia que un hombre, que lideró a un pequeño grupo de doce personas durante tres breves años, ejerció sobre nuestro mundo. Su incidencia, más de dos mil años después, es más profunda en la vida cotidiana de las personas, creyentes o no, que el impacto que pudo haber producido cualquier otra persona en cualquier momento de la historia. John nos muestra cómo Cristo vino para enseñarnos a vivir, y cómo, en el proceso, cambió el mundo para siempre y para bien».

—Ron Johnson, CEO, J. C. Penney

«El tercer paso del programa de recuperación Doce Pasos pide que "Decidamos poner nuestras voluntades y nuestras vidas al cuidado de Dios, como nosotros lo concebimos". Pero, ¿quién es Dios en realidad?, y ¿podemos entenderlo lo bastante como para confiar en él? Sin Jesús solo podemos tratar de imaginarlo. Jesús, el Hijo de Dios, vino para mostrarnos el carácter de Dios. El pastor John Ortberg aporta una nueva perspectiva en cuanto a la vida de Jesús en la tierra, a través de la que podemos captar mejor la naturaleza de Dios en el cielo».

—RICH KARLGAARD, editor de *Forbes Magazine*

«Un maravilloso y atinado recordatorio para nuestro olvidadizo mundo acerca de que Jesús continúa siendo más que simplemente otra voz, otro hombre en la historia. Él es *la* voz, *el* hombre de la historia, y, por supuesto, mucho más. John Ortberg saca a la luz la humanidad de Cristo de una manera que nos permite meditar mejor en su divinidad. Es una lectura poderosa para escépticos y creyentes por igual».

—PATRICK LENCIONI, presidente, The Table Group;
autor de *Las cinco disfunciones de un equipo* y *The Advantage*

«Esclarecedor y de fácil lectura, el libro de Ortberg explora concienzudamente la paradoja de la vida de Jesús. Fue el aldeano que sobrevivió a los imperios, el carpintero que inspiró a las universidades, la persona más póstumamente exitosa de todos los tiempos. Ortberg con razón nos presenta el desafío de preguntarnos: "¿Quién es este Hombre?"».

—D. MICHAEL LINDSAY, presidente del Gordon College

«¡La llegada de este libro es una buena noticia! Cada vez que John Ortberg escribe, nosotros, los lectores, nos beneficiamos. Y esta vez ha llevado su pluma creativa y claro pensamiento al tema más grande de todos: Jesucristo. Haga espacio en sus estantes para este libro. Haga espacio en su corazón para su tema».

—MAX LUCADO, pastor y autor de éxitos de librería

«John Ortberg es uno de mis autores favoritos, y este libro ha hecho que mi admiración por él subiera a otro nivel, lo considero un escritor maravilloso. Mejor aún, ¡este libro me ha conducido a un nivel superior en mi adoración de Jesús como el maravilloso Salvador!».

—RICHARD MOUW, autor, presidente de Fuller Theological Seminary

«Buscamos sabiduría de los gurúes en los negocios, de los expertos en salud y de los grandes en la batalla. Sin embargo, hay alguien que, más que cualquier otra persona de la historia, ha cambiado radicalmente el mundo en que vivimos. Descubre a esa persona y permite que él te transforme mediante la lectura del cautivador libro de John Ortberg».

—RICHARD STEARNS, presidente de World Vision US,

y autor de *El vacío en nuestro evangelio*

«Este libro pertenece a uno de los más dinámicos y poderosos predicadores estadounidenses, y está destinado a lograr tanta influencia y difusión como *Una vida con propósito*. Rara vez se ha escrito sobre Jesús con una perspectiva tan penetrante y una claridad tan reveladora».

—NEIL CLARK WARREN, fundador y gerente general,

eHarmony.com

«La tarea humana constante es afrontar la realidad. ¿Qué hay *allí* para nosotros? ¿Con qué podemos contar para recibir dirección y fortaleza? Por lo general, lo que perdemos de vista con mayor frecuencia es la realidad de Jesucristo y del reino de Dios que él preside. Un deslizamiento histórico complejo y poderoso lo ha privado de sustancia histórica y de pertinencia cotidiana; incluso para la mayoría de los que se consideran sus amigos. *¿Quién es este Hombre?* monta un poderoso contraataque. Nos ayuda a ver cuánto de lo bueno del mundo se debe a lo que Jesús ha hecho y está haciendo a través de su continua presencia y de su pueblo. Todo el que espera afirmarse en él y por él en la sociedad actual debe estudiar cuidadosamente este libro, y convertir al Jesús de esta obra en el marco de referencia de todo lo que dice o realiza.

Si lo hace, la realidad de Cristo y de su Reino inundará nuestras vidas y nuestras comunidades. Habrá lucha, pero las situaciones se desenvolverán cada vez más como deberían. La realidad de Dios se validará a sí misma a través de vidas vividas en Dios. Simplemente pónganoslo a prueba y lo veremos».

—Dallas Willard, autor, profesor
de la Universidad del Sur de California

«John Ortberg ha puesto al descubierto una de las grandes mentiras de nuestro tiempo, la aseveración de que el cristianismo ha sido parte del problema en vez de fuente de solución. La mayoría de las personas hoy no se dan cuenta de que cosas que ahora damos por sentadas, como la educación y la atención a la salud, estaban reservadas para la élite rica en el mundo antiguo hasta que los cristianos insistieron en proveerlas para todos los que estaban a su alcance. Muchos se imaginan que el cristianismo fue malo para las mujeres, en tanto que el cristianismo de los primeros tiempos produjo la mayor transformación en cuanto a la actitud hacia la mujer que el mundo jamás haya visto. Ortberg registra este devenir hasta llegar al mismo Jesús. Como pastor, él sabe muy bien que la iglesia a menudo se equivoca en grande. Pero el impacto de Jesús en el mundo entero, incluso en los momentos en que sus seguidores han sido enlodados o se equivocaron, se yergue imponente por sobre todos los logros humanos. Este libro proporciona un enorme estímulo para que celebremos tanto lo que los seguidores de Jesús han hecho en el pasado, como para alentarnos a tener una visión fresca de nuestra misión en el futuro; y, sobre todo, para asombrarnos y sorprendernos una vez más con el mismo Jesús, que vivió, murió y resucitó para impulsar una visión tan transformadora».

—N. T. Wright, profesor de la University of St Andrews,
autor de *Jesús y la victoria de Dios*

«Con una oferta de 1500 libros acerca de Jesús que se publican por año, ¿por dónde empieza un lector? Recomiendo la última propuesta de John Ortberg que proporciona una introducción clara y vívida a la persona más importante que jamás haya existido».

—Philip Yancey, autor de *El Jesús que nunca conocí*

JOHN ORTBERG

¿QUIÉN ES ESTE HOMBRE?

El impacto impredecible
del Jesús ineludible

¿QUIÉN ES ESTE HOMBRE?
Edición en español publicada por
Editorial Vida – 2013
Miami, Florida

© 2013 por John Ortberg

Este título también está disponible en formato electrónico.

Originally published in the U.S.A. under the title:
     Who is This Man?
     Copyright ©2012 by John Ortberg
Published by permission of Zondervan, Grand Rapids, Michigan 49530

Traducción: *Miguel Mesías*
Edición: *Virginia Himitian de Griffioen*
Diseño interior: *Grupo Nivel Uno, Inc.*

ISBN: 978-0-8297-6219-8

CATEGORÍA: Vida cristiana / Crecimiento espiritual

IMPRESO EN ESTADOS UNIDOS DE AMÉRICA
PRINTED IN UNITED STATES OF AMERICA

13 14 15 16 17 ❖ 6 5 4 3 2 1

Contenido

Prólogo

Tanto se ha escrito sobre nuestro Señor que una se ve tentada a preguntar si acaso queda algo por decir. Como hija y nieta de ministros presbiterianos, he sido seguidora de Cristo desde que nací; sin embargo cuando oí los sermones de John Ortberg de la serie «¿Quién fue este individuo?», siendo miembro de la Iglesia Presbiteriana Menlo Park, me volví hacia mi prima (también hija de un ministro presbiteriano) y le dije: «Nunca lo había pensado de esa manera». Felizmente, la historia de nuestro Señor continúa revelándose a través de maestros inspirados que la relatan en un vocabulario vívido para nuestros tiempos modernos y problemáticos. En *¿Quién es este Hombre?* John ha escrito un testamento poderoso acerca del impacto que Jesús ha ejercido en la historia humana, en la condición humana, y en nuestra comprensión de las obligaciones de un ser humano hacia otro.

Este libro nos recuerda, primero y principalmente, que Cristo fue una figura revolucionaria. La declaración sumaria de fe del apóstol Pablo resonó como un trueno en el mundo antiguo: «*Todos* ustedes son hijos de Dios mediante la fe en Cristo Jesús ... Ya no hay judío ni griego, esclavo ni libre, hombre ni mujer, sino que todos ustedes son uno solo en Cristo Jesús». Antes de esa revelación, el estatus de nacimiento que uno tenía definía su vida hasta la tumba. Pero con la venida de Cristo, que se humilló a sí mismo para ingresar a nuestro mundo como un bebé indefenso y morir como un criminal común, resulta claro para siempre que cada vida es digna delante de Dios. Es a partir de esta creencia que concluimos que «todos los hombres (y mujeres) son creados en igualdad».

A partir de innumerables relatos bíblicos descubrimos que Cristo no solo dijo estas cosas sino que las vivió. Comió con los marginados, tocó a los que eran impuros según el ceremonial, incluyó a las mujeres en su ministerio, después de su resurrección se reveló a «ciudadanos de segunda clase», e hizo reproches a los hipócritas que santurronamente guardaban la letra de la ley pero se interesaban muy poco por sus hermanos. Al final, se negaría a salvarse a sí mismo de la muerte en la cruz a fin de cumplir la promesa de la resurrección; y al hacerlo, salvar a la humanidad.

Aquellos que lo seguían empezarían a actuar con la conciencia de que cada vida era valiosa. Esa comunidad de personas a las que se llamaba cristianos ministraría a los enfermos y a los incapacitados. Y construiría hospitales, procuraría la educación universal, impulsaría la enseñanza universitaria, y levantaría a los pobres tomándolos de lugares distantes «porque ellos heredarán la tierra».

John Ortberg ha demostrado que nada en nuestra existencia humana ha sido lo mismo desde aquel profético domingo tanto tiempo atrás. Nos unimos a Juan Sebastián Bach para decir (como él escribía al principio de sus composiciones): «¡Dios, ayúdame!» Y nos gloriamos en la creencia de que nuestro Señor responde. Sin embargo, demasiado a menudo no declaramos como lo hacía Bach al final de sus imponentes obras: «(Que todo sea) para la gloria de Dios».

Así que el poder real de este libro está en la exploración que hace de la paradoja de nuestra fe: Recibir al Señor Jesucristo no es un sendero que conduce a una vida fácil, sino un llamado a realizar cosas difíciles, si es que deseamos vivir a semejanza de nuestro Señor. «¿Amar a mis enemigos?» «¿Dar riquezas a los pobres y tomar la cruz?» «¿Morir a fin de vivir?»

Jesús emerge de este libro como una figura compleja con un conjunto perturbador de enseñanzas; a veces «irritante» para los que no las captan, a menudo severo con sus seguidores, y sin embargo compasivo con los necesitados. Pero al final, desearemos conocerlo aun más.

En *¿Quién es este Hombre?* John Ortberg brinda a los que creen, y a aquellos que tal vez no están tan seguros, una razón contundente para buscar respuestas; y nos recuerda que debemos indagar porque nunca ha habido una pregunta más importante en la historia de la humanidad.

CONDOLEEZZA RICE
Ex Ministra de Gobierno de los EE. UU.

Reconocimientos

El Nuevo Testamento menciona a un grupo de diez leprosos a los que Jesús limpió; solo uno de ellos volvió para agradecerle, y ese era samaritano. Así, en un solo relato, el mensaje de compasión a todos los que sufren, la inclusión de los marginados, y la belleza de la gratitud, se trasmitió inolvidablemente a la raza humana.

De modo que este es un «momento samaritano»: La oportunidad de hacer una pausa y dar gracias a un grupo de personas con las que tengo una muy dulce deuda de gratitud. Estoy de lo más agradecido a la iglesia en la que sirvo por darme tiempo para escribir. Este libro surgió a partir de nuestra vida juntos. También siento gratitud por haber recibido más devoluciones y opiniones en cuanto a este material de las que podría contar.

Glenn Lucke y el Grupo Docent Research (particularmente Sharon Miller) fueron socios invaluables que me ayudaron a ubicar fuentes y relatos que valía la pena explorar. Un inolvidable desayuno con el historiador David Kennedy en la casa de Bob y Dottie King (que abrieron generosamente su hogar de muchas maneras) fue maravillosamente instructivo en cuanto a cómo los historiadores abordan su labor.

Mi amigo Gary Moon es el principal responsable de que este libro haya marchado en la dirección en la que caminó, en lugar de seguir una senda diferente. Scott McKnight y Mark Nelson me dieron consejos sabios en diferentes momentos. Dallas Willard señala a Jesús como nadie más, y me ayudó, a través de una serie de conversaciones, a descubrir dónde hallar el «rastro» que Jesús ha dejado en el mar de la historia humana.

Chuck Bergstrom y Rick Blackmon estuvieron, como siempre, listos para oír y dar opiniones. Y son, sobre todo, amigos de por vida.

Linda Barker, con la que trabajo, es un tesoro tanto en organización como en creatividad. Blues Baker no solo es un gran amigo, sino también colega en el ministerio; es un honor servir como copero. Nancy

Duarte ha sido generosa al pensar en el mensaje de este libro y cómo se podría comunicar de manera convincente; el solo hecho de entrar en el espacio del grupo Duarte no puede arrojar otro resultado sino que uno salga siendo más creativo.

John Sloan ha sido más que el editor; es un compañero que sueña a la par, y un amante tanto de los pensamientos como de las palabras. Jim Ruark y Laura Weller le prestaron atención y precisión a la formulación de cada oración gramatical.

Sealy y Curtis Yates se unieron a esta travesía cuando ya estaba en marcha y la hicieron mucho más divertida y vivaz de lo que hubiera sido.

Mi hija, Laura Turner, es una escritora talentosa por derecho propio, y ha sido fuente de ideas y opiniones para este libro.

N. T. Wright ha resultado tan sorprendentemente generoso con su erudición, observaciones y estímulo, que me siento obligado a añadir, como una salvaguarda perenne, que él no es responsable por ningún error que haya quedado. Y debo señalar que me hizo evitar una serie de equivocaciones.

Sam y Betsy Reeves generosamente me permitieron usar su casa para escribir. Sam interrumpe mucho y probablemente sea el responsable de muchos de los errores que hayan quedado.

Nancy, después de casi treinta años de matrimonio, me acompaña siempre a pensar y a escribir.

S.D.G.

CAPÍTULO 1

El hombre que no quiere desaparecer

El día después de la muerte de Jesús parecía que cualquier pequeña marca que él hubiera dejado en el mundo desaparecería rápidamente. En lugar de eso, su impacto en la historia humana no ha tenido parangón.

Después de su desaparición de la tierra comenzaron los días de su inusual influencia. Acerca de esa incidencia habla este libro. Analizado correctamente, este efecto sobre la historia pasada y actual llevará a que cualquier persona pensante (más allá de sus ideas religiosas en cuanto al cristianismo) se pregunte: «¿Quién es este hombre?».

Es posible que se nos escape de las listas históricas por muchas razones, tal vez la más obvia sea por la forma en que transcurrió su vida. Jesús no defendió ni ruidosa ni ostensiblemente su mover, como lo hubiera hecho un líder político o militar en pleno auge. Él no presentó un caso a través del que la historia pudiera juzgar la calidad superior de sus creencias en futuros libros. No empezó diciéndoles a sus discípulos: «Estas son las pruebas de mi divinidad; afírmenlas, y yo los aceptaré».

Por lo general, cuando alguien muere, el impacto que ejercía en el mundo de inmediato comienza a desaparecer. Mientras escribo esto, nuestro mundo se anoticia del fallecimiento del innovador digital Steve Jobs. Alguien escribió que hace diez años nuestro mundo tenía a Bob Hope, Johnny Cash y Steve Jobs; ahora ya no tenemos ni Jobs [trabajos, en inglés], ni Cash [efectivo] ni tampoco Hope [esperanza]. Pero Jesús invirtió esa trayectoria humana normal, como lo hizo con muchas otras. El impacto que produjo Jesús fue mayor cien años después de su muerte que durante su vida; incluso fue superior luego de quinientos años. Mil años más tarde su legado estableció el cimiento de gran parte de Europa. Dos mil años después tiene más seguidores, y en más lugares, que nunca.

El hecho de que el aporte que alguien hace perdure más allá de su vida, por lo general resulta evidente cuando muere. El día en que Alejandro Magno, César Augusto, Napoleón, Sócrates o Mahoma murieron, la reputación de cada uno era enorme. Cuando Jesús murió, su diminuto movimiento fracasado parecía claramente moribundo. Si existiera un premio «al éxito póstumo» otorgado el día de su muerte a los personajes más influyentes de la historia, Jesús habría quedado en último lugar.

Su vida y enseñanza simplemente atraían a las personas a seguirlo. Hizo historia empezando en un lugar humilde, con un espíritu de amor y aceptación, y dándole a cada persona espacio para que respondiera. Deliberadamente se colocó en la trayectoria de colisión con Roma donde podía ser aplastado como una cucaracha. Y lo destrozaron.

Sin embargo...

La visión que Jesús tuvo de la vida continúa importunando y desafiando a la humanidad. Su influencia ha barrido la historia como cola de cometa, llevando su inspiración e influencia al arte, ciencia, gobierno, medicina y educación. Él les ha enseñado a los seres humanos acerca de la dignidad, compasión, perdón y esperanza.

Desde el día en que él vino, como señala G. K. Chesterton: «Nunca más ha sido suficiente decir que Dios está en el cielo y que todo anda bien en el mundo, ya que se rumorea que Dios ha dejado los cielos para enderezar la tierra».

Jesús es el personaje más conocido de la historia. Su impacto en el mundo es inmenso y no se trata de algo fortuito.

Grandes hombres han tratado de alcanzar la inmortalidad haciendo que le pusieran su nombre a alguna ciudad. El Mundo Antiguo estaba repleto de ciudades a las que Alejandro llamó Alejandría y César denominó Cesarea. Mientras Jesús vivió aquí, él no tuvo lugar en el que morar. Hasta el día de hoy yo vivo en el área de la Bahía de San Francisco, que lleva ese nombre debido a que un hombre llamado Francisco una vez siguió a este Jesús. La capital de nuestro estado se llama Sacramento, porque Jesús en una ocasión tuvo una comida con sus seguidores, la última cena, que llegó a ser conocida como un sacramento. No se puede mirar un mapa sin que algo allí nos recuerde a este hombre.

Los regímenes poderosos a menudo han tratado de establecer su importancia colocando las fechas del calendario en torno a su existencia. Los emperadores romanos fechaban los acontecimientos de acuerdo a

los años de su reinado; y marcaban la historia pasada desde la misma fundación de Roma. La Revolución Francesa trató de iluminar a todos con un calendario que indicaba el reinado de la razón. Lo que fue la URSS señalaba el tiempo desde el derrocamiento del zar y la concesión teórica de poder al pueblo. Organizó la «Liga de ateos militantes» en la década de los veinte para eliminar la fe. La por-
tada de una revista de 1929 muestra a dos traba-
jadores bajando a Jesús de una carretilla. Pero el
líder de la liga, Yemelian Yaroslavsky, se frustraba
por la obstinación de la fe. «El cristianismo es
como un clavo», decía. «Mientras más duro lo
golpea uno, más penetra».

*Jesús es el personaje
más conocido
de la historia.
Su impacto en el
mundo es inmenso
y no se trata de algo
fortuito.*

La idea de que Jesús tratara de imponerle un
calendario a alguien resulta irrisoria. Lucas registró cuidadosamente el comienzo de su ministerio
según el calendario romano: «En el año quince
del reinado de Tiberio César, Poncio Pilato gobernaba la provincia de Judea, Herodes era tetrarca en Galilea, su hermano Felipe en Iturea y Traconite, y Lisanias en Abilene». Jesús salió de entre las sombras a una vida pública en un abrir y cerrar de ojos (tal vez en tres años, tal vez en solo uno). Sin embargo hoy, cada vez que miramos un calendario o le ponemos fecha a un cheque, recordamos que, por lo menos cronológi-camente, esta vida increíblemente breve, de alguna manera ha llegado a ser la línea divisoria de la historia.

Los famosos a menudo tratan de preservar su legado procurando que otros lleven su nombre. La Biblia menciona varios personajes llama-dos Herodes, e incluso Herodías, con la intención de que nos recordaran a Herodes el grande. El día después de la muerte de Jesús, nadie le puso su nombre a un recién nacido dentro del diminuto círculo de los que conocían su identidad. Sin embargo, hoy en día el nombre Nerón se usa, si acaso, para pizzerías, perros o casinos, en tanto que los nombres que están inscriptos en el libro de Jesús viven para siempre.

Cuando se quiere realizar una evaluación rápida y básica de salud mental, se procura establecer si la persona está orientada en estas tres dimensiones: si sabe quién es, dónde está, y qué día es. A mí me pusie-ron el nombre del amigo de Jesús, Juan; vivo en una región que lleva el nombre de Francisco, un amigo de Jesús; nací 1957 años después de Jesús. ¿Cómo puede mi sentido de orientación depender tanto de una sola vida?

Nadie sabe qué apariencia tenía Jesús. No tenemos pinturas ni esculturas. Ni siquiera contamos con alguna descripción física. Sin embargo, Jesús y sus seguidores llegaron a ser el tema más recurrente del arte en el mundo. Su imagen, establecida en el arte bizantino alrededor del año 400 d.C., es la más reconocida en la historia.

En el cine fue interpretado por varios actores: Frank Russell (1898), H. B. Warner, Jeffrey Hunter, Max von Sydow, Donald Sutherland, John Hurt, Willem Dafoe, Christian Bale, Jim Caviezel; y muchos otros más. Las canciones que se han cantado sobre él son demasiadas como para contarlas: desde el primer canto conocido, registrado por el apóstol Pablo en la carta a los Filipenses, hasta el disco de Justin Bieber «Under the Mistletoe» que salió la Navidad pasada.

Incluso en el campo de la salud mental, cuando los pacientes tienen grandes desórdenes de identidad imaginan que son Jesús. (El libro *Three Christs of Ypsilanti* de Milton Rokeach es clásico en este campo). ¿Acaso los budistas desquiciados se imaginan que son Buda?

Es en el nombre de Jesús que los desesperados oran, los agradecidos adoran, y los enfurecidos blasfeman. De bautismos, a bodas, pasando por las habitaciones de los enfermos y los funerales, es en el nombre de Jesús que las personas nacen, crecen, se reproducen y mueren.

Desde la Edad del Oscurantismo hasta la posmodernidad, él es el hombre que no quiere desaparecer.

Pero no es solo eso...

Jaroslav Pelikan, historiador de Yale, escribió: «Independientemente de lo que alguien pueda pensar personalmente o creer en cuanto a él, Jesús de Nazaret ha sido el personaje dominante en la historia de la cultura occidental por casi veinte siglos». Si fuera posible sacar de la historia con algún tipo de imán súper potente toda pizca de metal que llevara por lo menos un rastro de su nombre, ¿cuánto quedaría?

Vivimos en un mundo en el que el impacto de Jesús es inmenso aun cuando no se mencione su nombre. De alguna manera, nuestro desafío más grande al intentar dimensionar su influencia es que aceptamos el modo en que el mundo ha sido modelado por su presencia. G. K. Chesterton dijo que si uno quiere medir el impacto de su vida, «lo mejor, aparte de estar verdaderamente dentro de la cristiandad, es estar fuera de ella».

A los niños se los considera de manera diferente gracias a Jesús. El historiador O. M. Bakke escribió un estudio titulado *When Children*

Became People: The Birth of Childhood in Early Christianity [Cuando los niños se convirtieron en personas: El nacimiento de la niñez en el cristianismo temprano] en el que registró que en el mundo antiguo a los niños, por lo general, no se les ponía el nombre sino hasta el octavo día. Hasta ese momento existía la posibilidad de matar al recién nacido o bien dejarlo a la intemperie para que se muriera; especialmente si tenía alguna deformidad o era del sexo no deseado. Esta costumbre cambió debido a un grupo de personas que recordaban que eran seguidoras de un hombre que dijo: «Dejen que los niños vengan a mí».

Jesús nunca se casó, pero la forma en que trató a las mujeres dio origen a una comunidad que tenía una atmósfera tan agradable que las mujeres se unieron a ella en números récord. De hecho, los oponentes denigraban a la iglesia cristiana precisamente por eso. Las enseñanzas de Jesús en cuanto a la sexualidad llevarían a la eliminación del doble estándar sexual que en efecto estaba codificado en la ley romana.

Vivimos en un mundo en el que el impacto de Jesús es inmenso aun cuando no se mencione su nombre.

Jesús nunca escribió un libro. Sin embargo su llamado a amar a Dios con toda la mente conduciría a una comunidad, que sentía una gran reverencia por el aprendizaje, a preservar lo que quedaba de sus enseñanzas, ante la destrucción del mundo clásico en lo que a menudo se denomina la Edad del Oscurantismo. Con el tiempo, el movimiento que él comenzó daría lugar a que se establecieran bibliotecas y más tarde, daría inicio a asociaciones de aprendizaje. Con el tiempo Oxford, Cambridge, Harvard y Yale, y prácticamente todo el sistema de educación y erudición occidental surgirían debido a sus seguidores. La insistencia en la alfabetización universal brotaría a partir de la comprensión de que este Jesús era él mismo un maestro que veneraba la verdad, y a que animó a sus discípulos a procurar que todas las personas del mundo aprendieran.

Nunca ocupó un cargo ni dirigió un ejército. Dijo que su Reino «no procede de este mundo». Desde el comienzo hasta el final de su vida estuvo del otro lado de la ley. Pero aun así, el movimiento que él inició, a la larga, significaría el fin de la adoración al emperador. Sería citado en documentos como la Carta Magna, dando inicio a la tradición del derecho consuetudinario y al gobierno limitado que socavaría el poder del estado en lugar de reforzarlo como otras religiones del imperio habían hecho. A su movimiento le debemos que ingresaran en la historia expresiones como: «Sostenemos que estas verdades son evidentes en sí mismas: que todos los hombres han sido creados iguales, y que su Creador les ha otorgado ciertos derechos inalienables».

El Imperio Romano en el que nació Jesús pudo haber sido espléndido, pero también cruel, especialmente con los malformados, enfermos y esclavos. Este maestro había dicho: «Todo lo que hicieron ... aun por el más pequeño, lo hicieron por mí». Poco a poco emergió la idea de que el sufrimiento de cada individuo importaba y que los que podían ayudar debían hacerlo. Hospitales y todo tipo de esfuerzos de auxilio surgieron a partir de este movimiento; e incluso hasta hoy, a menudo, llevan nombres que lo recuerdan a él y sus enseñanzas.

La humildad, que el mundo antiguo desdeñaba, quedó entronada en una cruz, y con el tiempo se la defendió como virtud.

Se consideraba que los enemigos merecían que uno se vengara de ellos («ayuda a tus amigos y castiga a tus enemigos»); sin embargo, gracias a él, llegaron a ser vistos como dignos de amor. El perdón dejó de percibirse como debilidad y pasó a ser un acto de belleza moral.

Incluso hasta en la muerte es difícil escapar a la influencia que ejerció Jesús. La práctica de la sepultura en cementerios fue tomada de sus seguidores. La palabra *cementerio* procede de una palabra griega que significa «lugar para dormir». Expresaba la esperanza de la resurrección. Cuando se coloca una lápida, a menudo contiene la fecha de nacimiento y la fecha de la muerte separadas por un guión, de modo que la extensión de esa vida humana se mide por los años que la separan de la propia vida de Jesús. En muchos casos, si no se puede costear una lápida, se marca la tumba con una cruz, otro recordatorio de la muerte de Jesús. Hasta el día de hoy, si un caricaturista quiere hacer un dibujo para referirse a la vida venidera, basta con un simple bosquejo de San Pedro en las nubes junto a las llaves del reino. Más allá de lo que logró hacer o dejar de hacer con su existencia, la muerte no acabó con la influencia que ejerció Jesús. De muchas maneras, simplemente le dio inicio.

Él es el hombre que no se daría por vencido.

Pero no es solo eso...

Jesús es alguien profundamente misterioso no únicamente por haber vivido hace mucho tiempo en un mundo extraño para nosotros. Jesús es misterioso debido a lo que sabemos de él y no a lo que *no* sabemos.

N. T. Wright observó que lo que conocemos en cuanto a él «es tan diferente de lo que sabemos con respecto a cualquier otro que nos vemos obligados a preguntarnos, como la gente evidentemente se preguntó en su momento: Entonces, ¿quién, es este? ¿Quién piensa él que es, y quién es en realidad?». En el umbral de su edad adulta, cuando empezó a explicar acerca de Dios, se nos dice que la gente se quedaba asombrada, y que sus propios padres quedaron atónitos (Lucas 2:47-48). Cuando comenzó a enseñar, a veces la gente se mostraba encantada y otras se enfurecía, pero siempre quedaba perpleja. Pilato no fue capaz de entenderlo, Herodes lo asedió con preguntas, y sus propios discípulos a menudo se encontraron tan confundidos como los demás. Wright señaló: «Los que lo escucharon decían cosas como: "Nunca hemos oído a nadie hablar de esta manera", y no solo se referían al tono de su voz o a la destreza para expresarse en público. *Jesús desconcertó a la gente de ese entonces, y todavía nos desconcierta a nosotros*».

El impacto de Jesús en la historia es como un rompecabezas. Al examinar su corta vida, descubrimos la misma cualidad desconcertante. Nadie sabía exactamente qué pensar de él.

Pero no se trata de un rompecabezas que se arma al azar, de modo absurdo y sin sentido.

Tratar de entender su vida es como intentar despertar de un sueño. Es como oír una respuesta, y al comprenderla, uno darse cuenta de que siempre la supo. Es como una luz en un camino desconocido que cuando uno la sigue lo lleva a casa.

Jesús es misterioso debido a lo que sabemos de él y no a lo que no sabemos.

Jesús es tan difícil de contener en la mano como la gelatina. Los reyes piensan que si invocan su nombre pueden apropiarse de su autoridad; pero Jesús, el libertador, continúa abriéndose paso. Cuando la gente apela a su autoridad para esclavizar a otros, un Guillermo Wilberforce o un Jonatán Blanchard encuentran en él un llamado a la libertad. Él inspira a León Tolstoi, que a su vez inspira a Mahatma Gandhi, que a su vez inspira a Martin Luther King. Él inspira a Desmond Tutu a soñar y orar por una Comisión de Verdad y Reconciliación.

El número de grupos que aduce estar «a favor de» Jesús es inagotable; para mencionar unos pocos: Judíos por Jesús, Musulmanes por Jesús, Exmasones por Jesús, Motociclistas por Jesús, Vaqueros por Jesús, Luchadores por Jesús, Payasos por Jesús, Títeres por Jesús, e incluso Ateos por Jesús.

Eugene Debs, dirigente laboral, lo consideró amigo del socialismo: «Jesucristo le pertenece a la clase trabajadora. Siempre he sentido que era mi amigo y camarada»; en tanto que Henry Ford dijo que el capitalismo era el idealismo cristiano. Los cuáqueros hallaron en él un mandato en favor del pacifismo («Cuando Cristo desarmó a Pedro, nos desarmó a todos»), en tanto que Constantino se convirtió a partir de la promesa de victoria en el campo de batalla a través de la cruz («Con esta señal vencerás»).

Notemos las personas a las que Jesús ha juntado: Jesse Jackson y Jerry Falwell; Jim Wallis y Jim Dobson; Anne Lamott y Thomas Kinkade; Billy Graham, Billy Sunday, Bill Clinton y «Bill» Shakespeare; Bono, Bach y Bev Shea; Galileo, Isaac Newton y Johannes Kepler; Tomás de Aquino y Tomás de Kempis; T. S. Eliot, C. S. Lewis y J. R. R. Tolkien; George Washington, Denzel Washington y George Washington Carver; Sojourner Truth y Robert E. Lee; Constantino y Carlomagno; Sarah Palin y Barack Obama; John Milton, Paul Bunyan, Mr. Rogers, Jimmy Carter y Pedro el Grande.

Hay algo en Jesús que continúa estimulando a muchos a hacer lo que hubieran preferido no hacer: Francisco de Asís abandonó sus posesiones, Agustín dejó a su amante, Juan Newton se negó a seguir traficando esclavos, y el padre Damián perdió su salud.

Un británico laico y cascarrabias, llamado Malcolm Muggeridge, hizo una breve visita a un leprosario de la India, dirigido por las Misioneras de la Caridad. Al ver a la Madre Teresa en acción, súbitamente y desde lo profundo de su interior se dio cuenta de que los humanistas no organizan leprosarios.

Jesús es el hombre que nadie conoce.

Pero no es solo eso...

El hombre que luego llegaríamos a conocer como el apóstol Pablo fue el primero que escribió acerca de él, y señaló que Jesús se le había aparecido sin que lo hubiera querido o llamado. Y tuvo una manera extraña de continuar asomándose a lugares donde no siempre se lo buscaba o se le daba la bienvenida.

La novelista Mary Karr fue agnóstica toda su vida, hija de una madre que se había casado siete veces, que quemaba los juguetes de Mary, y que había intentado apuñalarla. Karr es la elogiada autora de *The Liars' Club* [El club de los mentirosos] y una alcohólica crónica.

Jesús era la última persona del mundo con la que ella esperaba encontrarse. Mary declaró: «Si me hubieras dicho un año atrás... que yo acabaría susurrando mis pecados en el confesionario o que me arrodillaría para decir el rosario, me hubiera reído a mandíbula batiente. ¿Mi pasatiempo más probable? Bailarina de cabaret, espía internacional, mula de drogas o asesina».

Jesús fue maestro, pero de alguna manera no solo un maestro. Afirmaba haber anunciado algo o descubierto algo o inaugurado algo de una manera en la que los maestros nunca lograron hacerlo. Como Pelikan señaló: «No es meramente en el nombre de un gran maestro, y ni siquiera del más grande maestro que jamás haya vivido, que Justiniano construyó Jaguia Sofía en Constantinopla, o que Juan Sebastián Bach compuso la Misa en Si Menor. No hay catedrales en honor de Sócrates».

¿Cómo es que Jesús sobrevive a sus seguidores? La inquisición, la cacería de brujas, las cruzadas, la defensa de la esclavitud, el imperialismo, la resistencia a la ciencia, y las guerras religiosas vienen y van. La crítica, la intolerancia y la arrogancia infectan continentes y siglos. Los escándalos de dinero y sexo protagonizados por dirigentes de la iglesia parece que nunca se acaban, y los seguidores de Jesús le producen muchos más problemas que sus enemigos. Tal vez por eso parece moverse de un lado a otro continuamente.

Andrew Walls observó que la mayoría de las religiones siguen centradas en sus lugares originales; pero que con el movimiento de Jesús las cosas son diferentes. Empezó en Jerusalén, pero lo abrazaron gentiles impuros y lo adoptaron con tanto celo que comenzó a atravesar el antiguo Mediterráneo, camino al norte de África, y a Alejandría, y a Roma. Luego los bárbaros lo acogieron de corazón, y comenzó a expandirse al norte de Europa, y más tarde a Norteamérica. En el siglo pasado, se mudó una vez más drásticamente: La mayoría de los cristianos ahora vive en el sur o en el este del planeta. Cuando se le preguntó a Walls acerca del porqué de este fenómeno, él señaló: «Existe una cierta vulnerabilidad, una fragilidad en el corazón del cristianismo. Se podría decir que es la vulnerabilidad de la cruz». Cuando la fe tiene demasiado dinero y demasiado poder durante demasiado tiempo, comienza a estropearse, y es el momento en que se moviliza.

Ralph Waldo Emerson dijo una vez que el nombre de Jesús «no fue escrito sino más bien arado en la historia de este mundo».

H. G. Wells se señala después de dos milenios:

«Un historiador como yo, que ni siquiera se considera cristiano, halla que el cuadro se centra irresistiblemente alrededor de la vida y carácter de este hombre tan significativo...». La prueba con que el historiador determina la grandeza de un individuo es: «¿Qué sembró él que diera fruto?». ¿Llevó a los hombres a pensar en lineamientos frescos con un vigor que persistiera después de él? Si lo sometemos a esta prueba, Jesús se encuentra en el primer lugar.

¿Por qué?

Tal vez debido a su precisión para estar en el lugar indicado en el momento correcto. Quizás Jesús simplemente haya sido un personaje comprensivo que apareció por casualidad cuando la infraestructura romana era buena y la filosofía griega estaba socavando a los dioses, cuando el paganismo estaba muriendo y los sistemas sociales colapsaban, cuando la estabilidad rodaba por tierra, la ansiedad se elevaba a las nubes, y la ingenuidad era fuerte... tal vez todo haya sido pura suerte. Quizás Jesús haya sido un alma bondadosa, sencilla, inocente, que tuvo una buena madre y un talento especial para emitir dichos ingeniosos, y que apareció en el lugar preciso en el momento indicado. Tal vez Jesús haya sido el *«Forrest Gump»* de su época. Quizás su lugar en la historia sea un accidente asombroso.

Pero tal vez no sea así.

CAPÍTULO 2

El derrumbe del antiguo sistema de dignidad

Entró en el mundo sin ninguna dignidad.

Se lo conocería como un *hijo ilegítimo*, pues sus padres no estaban casados. Todos los idiomas tienen alguna expresión para denominar a un *hijo ilegítimo*, y cada una de ellas es horrible. Su cuna fue un comedero de animales; sus compañeros de cuarto tenían cuatro patas. Lo envolvieron en harapos. Nació en una cueva, destinado a la muerte, y se crió en fuga.

Moriría incluso con menos dignidad: convicto, flagelado, sangrante, abandonado, desnudo y avergonzado. No tenía alcurnia. Dignidad real sería la última palabra que uno asociaría con Jesús.

Sin embargo, hubo un rey en esa historia. Jesús nació «en tiempos del rey Herodes».

Para un lector de la antigüedad, la figura de Herodes y no la de Jesús representaba la grandeza. Nació en noble cuna, y fue líder de ejércitos. El senado romano lo consideraba en tan alto grado que le otorgó el título de «rey de los judíos» cuando tenía apenas treinta y tres años. Era tan diestro en la política que retuvo su trono por cuarenta años, e incluso persuadió a César Augusto de que lo mantuviera allí después de que había respaldado a Marco Antonio, enemigo mortal de César. Fue el más grande constructor de sus tiempos. «Nadie en el período de Herodes edificó proyectos tan grandiosos que mostraran semejante esplendor en su mundo». Las piedras gigantescas del templo que levantó siguen siendo visibles dos mil años después.

Jesús también fue un constructor. Un carpintero. Es posible que hubiera hecho algún trabajo para uno de los hijos de Herodes en una ciudad llamada Séforis. No se sabe si alguno de sus trabajos de carpintería perduró en el tiempo.

En el mundo antiguo, todas las simpatías se dirigían hacia Herodes. Era el que más cerca estaba de los dioses, el guardián de la pax romana, el consejero del césar. La biografía de mayor autoridad que existe sobre él se titula: *Herodes: rey de los judíos, amigo de los romanos.* Las dos frases están conectadas, si Herodes no hubiese sido amigo de los romanos, no se habría convertido en rey de los judíos.

A Jesús se lo llamaría «amigo de pecadores». No constituía precisamente un elogio. Y lo arrestarían como enemigo de los romanos.

Herodes gobernó en un tiempo en el que solo los implacables sobrevivían. No se amilanó ante nadie. Tuvo diez u once esposas. Sospechaba de las ambiciones de la única que alguna vez había amado verdaderamente, así que la hizo ejecutar. También mandó a matar a su suegra, a dos cuñados, y a dos de los hijos que tuvo con su esposa favorita. Cuando su antiguo barbero trató de abogar por sus hijos, también lo hizo ejecutar. César mencionó cierta vez que, como los judíos no comían puerco, era mejor ser uno de los cerdos de Herodes que uno de sus hijos. Herodes recompensó a sus amigos y castigó a sus enemigos, señal de un hombre con gran alma en sus días.

> *Después de Herodes, nadie más llevaría el título de «rey de los judíos», excepto una víctima de crucifixión traspasada un viernes por la tarde.*

Jesús, siendo ya un hombre adulto, permanecería casi tan silencioso y pasivo ante el sucesor de Herodes como lo fue de recién nacido ante el propio Herodes.

Herodes se aferró a su título hasta el fin. Mientras moría, hizo arrestar a un grupo que protestaba, luego ordenó que quemaran vivos a los cabecillas y al resto los hizo ejecutar. Cinco días antes de su muerte, mandó a matar a otro de sus hijos por tratar de apoderarse del poder prematuramente. Su testamento instruía que varias veintenas de prominentes israelitas fueran ejecutados el día en que muriera, a fin de que hubiese llanto en Israel.

Roma consideraba a Herodes como el gobernante más eficaz que el imperio había tenido sobre Israel. Después de Herodes, nadie más llevaría el título de «rey de los judíos», excepto una víctima de crucifixión traspasada un viernes por la tarde.

Solemos pensar en Herodes como el villano de la obra de Navidad, pero muchos en sus días lo hubieran considerado un grande, especialmente aquellos cuya opinión pesaba más. La forma en que se considera la grandeza tiene que ver con la parte de la historia que uno percibe.

Nadie lo sabía entonces, pero un antiguo sistema de dignidad estaba a punto de colapsar. La dignidad humana en sí misma se bajaría de la posición privilegiada de Herodes para convertirse en algo universal. Las vidas de Herodes y Jesús se entrecruzaron cuando los sabios de Oriente preguntaron si podían hallar al «rey de los judíos» (nótese el título) que había nacido. Herodes aducía seguir la religión de Israel, pero fueron los sabios paganos los que buscaron la verdad con respeto y humildad. Había algo en este Jesús que, aun desde sus primeros días de vida, obligaba a la gente a declarar su posición.

«Cuando lo oyó el rey Herodes, se turbó» (esta es una descripción insuficiente), «y toda Jerusalén con él». Ahora resulta claro por qué.

Herodes «se enfureció y mandó matar a todos los niños menores de dos años en Belén y sus alrededores ... Entonces se cumplió lo dicho por el profeta Jeremías: "Se oye un grito en Ramá, llanto y gran lamentación; es Raquel, que llora por sus hijos y no quiere ser consolada; ¡sus hijos ya no existen!"».

Crecí en una iglesia que organizaba dramatizaciones de Navidad todos los años. Nos vestíamos con salidas de baño y pretendíamos ser José y María, los pastores y los sabios. De alguna manera esa parte herodiana del episodio nunca aparecía en las representaciones. Este episodio se llegó a conocer como *la matanza de los inocentes*. Y no era el tipo de experiencias sobre las que uno escribiría una canción. La noche en que Jesús nació, no todo dormía en derredor, no todo brillaba. Aquel bebé «no dormía en paz celestial».

Herodes envió a sus soldados a Belén, a las casas de familias campesinas incapaces de detenerlos. Entraban a la fuerza, y cuando hallaban un infante varón, sacaban una espada y la hundían en el cuerpo del bebé. Entonces se iban. Alguien compuso un canto siglos más tarde: «Oh pueblecito de Belén, cuán calmo vemos descansar». Belén no tuvo calma mientras Herodes andaba al acecho buscando a Jesús.

Mateo describió bien el dolor de la brecha que se había abierto entre los campesinos y el rey: «es Raquel, que llora por sus hijos». Los rabinos decían que siglos atrás, la matriarca judía Raquel había sido enterrada en Belén cerca del camino principal que salía de Israel, a fin de poder llorar por los indefensos exiliados que dejaban su hogar.

Muy pronto, habría más víctimas. Los padres de Jesús tuvieron que huir a Egipto. Mientras tanto, Jesús yacía indefenso y sin tener noción de ello. A Herodes, que construyó ciudades y dirigió ejércitos, se lo llamaba Herodes el grande.

Pero nadie llamó a Jesús «el grande». Mateo hace mención a él usando un título diferente: «Vayan e infórmense bien de *ese niño*», «...el lugar donde estaba *el niño*», «...vieron *al niño* con María, su madre», «Levántate, toma al *niño* y huye a Egipto», «Levántate, toma al *niño* y vete a la tierra de Israel», «Así que se levantó José, tomó *al niño*...».

El título «niño», especialmente en esos días, contrastaba mucho con el de «rey» o «grande». En el mundo antiguo, jerarquizado según un cierto estatus, los niños estaban en el escalón más bajo. Tanto en griego como en latín, la palabra infante significa «el que no habla»; los niños carecían de la dignidad de la razón.

Platón escribió sobre «la cantidad de apetitos penosos y de placeres» que uno podría encontrar en los niños, los esclavos y las mujeres. A los niños se los conocía por ser temerosos, por su debilidad y por su impotencia. «Nadie entre todos los animales es tan proclive a las lágrimas», escribió Plinio el Viejo. Ser niño significaba ser dependiente, indefenso, frágil, vulnerable, y alguien en riesgo.

Esas no eran cualidades que se asociaban con el heroísmo en el mundo antiguo. Un héroe era alguien que hacía que las cosas sucedieran. Un niño era un ser al que le sucedían cosas. Los viejos relatos de Hércules cuentan que, mientras todavía estaba en la cuna, había tomado con sus regordetas manitos dos serpientes venenosas y les había dado muerte. En los siglos segundo y tercero d. C. la gente había inventado fábulas acerca de que Jesús tenía gran poder en su infancia. Una de ellas relataba que había hecho que pajaritos de barro cobraran vida; en otra, mágicamente había causado la muerte de un pequeño. Sin embargo, ese era un tipo de narraciones que los griegos inventaban para darle dignidad a sus héroes desde la niñez. Los cuatro Evangelios no incluyen ningún relato acerca de Jesús como niño.

Herodes el grande hizo que las cosas sucedieran. Al niño Jesús le sucedieron cosas.

La historia da un vuelco rotundo. La próxima etapa de la vida de Jesús se introduce con la frase: «Después de que murió Herodes...».

De hecho, en el capítulo 2 Mateo menciona tres veces que Herodes había muerto. Mateo quería que el lector supiera que Herodes el grande, con toda su riqueza, gloria, poder y corona, ahora era Herodes el muerto.

Herodes murió. Este es un recordatorio que sutilmente pone las cosas en su lugar. ¿Quién más va a morir algún día?

Un amigo mío me regaló un reloj que todavía uso. Una manecilla dice *Recuerda* y la otra, *que vas a morir.* Cada vez que alguien me pregunta: «¿Qué hora es?» miro ese reloj. Cada vez que hago el gesto de mirar la hora, lo que veo es: «Recuerda que vas a morir». Un *amigo* me regaló ese reloj. No era un buen amigo, en realidad... pero me ayuda a recordar.

> *Herodes murió. Este es un recordatorio que sutilmente pone las cosas en su lugar. ¿Quién más va a morir algún día?*

Un nuevo tiempo había llegado con Jesús; una época en la que la mentalidad con respecto a los reyes y a los niños empezaría a cambiar. Se podría decir que en el pesebre, recostada junto al niño, había aparecido una nueva concepción. Se trataba de una idea que había estado mayormente confinada a un diminuto país llamado Israel, pero que aguardaba el momento propicio para salir gateando hacia un mundo más amplio, una idea que el mundo sería incapaz de resistir.

Todos los pueblos del mundo antiguo tenían dioses. A los dioses de cada lugar se les daban nombres diferentes, pero todos los pueblos compartían una manera jerárquica de ordenar la vida. En la cúspide de la creación estaban los dioses; debajo de ellos se encontraba el rey. Bajo el rey había miembros de la corte y sacerdotes, que se sometían al rey. Debajo de ellos se ubicaban los artesanos, mercaderes y obreros, y bajo ellos se hallaba el grupo numeroso de los campesinos y esclavos, la hez de la humanidad.

El rey era de origen divino, o semidivino. Se creía que había sido hecho a imagen del dios que lo había creado. Solo el soberano portaba la imagen del dios. Esa constituía la línea divisoria entre el rey y el resto de la raza humana. Los campesinos y esclavos no habían sido hechos a imagen de *aquel* dios; sino que habían sido creados por dioses inferiores.

Eso marcaba la brecha vigente entre la dignidad de unos y otros. Cuantos más escalones abajo uno se encontrara en esa escalera, más amplia resultaba la distancia.

Sin embargo, la idea subyacente allí, en ese pesebre, era una concepción que Israel había guardado por siglos: *Hay solo un Dios. Él es bueno; y todo ser humano ha sido hecho a su imagen.*

Como ese Dios es el Creador de todo, la tierra está llena de criaturas; pero solo los seres humanos reflejan la imagen de Dios de un modo distinto a todo otro ser creado: con capacidad para razonar, escoger, comunicarse e inventar. El hombre es una criatura que puede twittear.

Imagínense lo que habrá producido en el corazón de aquellos que eran considerados la escoria de la humanidad que alguien les dijera que no solo el rey, sino ellos también, habían sido creados a imagen del único Dios grande. Hombres y mujeres, esclavos y campesinos, hechos a imagen de Dios.

Y el Señor había establecido que aquellos seres humanos ejercieran «dominio». Esa era una palabra que implicaba realeza, pero ya no estaba reservada a unos pocos. Todo ser humano poseía dignidad real. Cuando Jesús miraba a las personas, veía la imagen de Dios en cada uno. Eso lo condujo a tratar a toda persona con dignidad. Esa fue la idea que el niñito del establo introdujo como herencia, noción que se le había concedido a Israel, y que él encarnaría y manifestaría en su vida de un modo nunca visto antes.

<hr />

La creencia de que todas las personas son hechas a imagen de Dios se ha abierto camino en nuestro mundo de una manera que a menudo no logramos percibir. La Declaración de Independencia de los Estados Unidos de América empieza así: «Sostenemos que estas verdades son evidentes en sí mismas: que todos los hombres son creados iguales, que su Creador les ha otorgado ciertos derechos inalienables; y que entre esos derechos están la vida, la libertad, y la búsqueda de la felicidad».

Hay un cúmulo de ideas aquí: Por un lado que los seres humanos son creados, y no han nacido por accidente. Por otro lado, que su Creador los ha dotado con ciertos atributos que les confieren dignidad. Esa dignidad implica que poseen ciertos derechos que deben respetarse a fin de que una sociedad sea considerada buena. Y por otro lado, que esto es válido para todos los seres humanos, pues *todos* han sido creados iguales.

La idea de la igualdad de todos los seres humanos no resultaba «evidente por sí misma» para el mundo antiguo. Aristóteles no pensaba que todos los hombres hubieran sido creados iguales. Escribió que la desigualdad entre maestros y esclavos era el orden natural de las cosas: «Porque el hecho de que algunos deban gobernar y otros ser gobernados no solo es algo necesario, sino conveniente; desde la hora de su nacimiento, algunos están destinados a la sujeción, y otros a gobernar».

¿Quién apareció entre Aristóteles y Tomás Jefferson para cambiar eso?

Nicholas Wolterstorff, filósofo de Yale, observa que en toda la historia del mundo los seres humanos por naturaleza tienden a ser tribales. No pensamos que los «de afuera» tengan la misma valía o derechos. ¿Qué explica el surgimiento de esta subcultura moral que dice que *todo* ser humano tiene derechos?

Wolterstorff da una respuesta asombrosa: la enseñanza de las Escrituras, a través de Jesús, aclaró y puso a disposición de todo el mundo el concepto de que todo ser humano es creado a imagen de Dios y que Dios lo ama.

Hay diferentes grados de talento, fuerza, inteligencia y belleza. Sin embargo, como señaló Martin Luther King: «No hay diferentes grados de la imagen de Dios».

Para Jesús toda persona tiene gran valor por la simple razón de que Dios ama a todas las personas. Cada ser humano posee lo que podríamos llamar una «valía otorgada».

Cuando una de nuestras hijas era pequeña, tenía una muñeca que quería más que a ninguna; era una muñeca que en un principio perteneció a su hermana. Ella la quería tanto que se la había apropiado y tuvimos que comprarle otra a su hermana. Le puso por nombre Pincitas. Esa muñeca recibió tanto amor que su vestido se deshizo, perdió su cabecita de plástico y sus brazos, y se le salió el relleno de goma espuma de su cuerpecito. Entonces le puso otro nombre: «Pincitas desnuda». Ya no la quería por su belleza. Impuso un nuevo estándar de fealdad. Era querida «porque sí». Simplemente «porque sí».

Para Jesús toda persona tiene gran valor por la simple razón de que Dios ama a todas las personas. Cada ser humano posee lo que podríamos llamar una «valía otorgada».

Nunca pudimos botar a Pincitas. Nuestra hija la amaba; y nosotros queríamos a nuestra hija. Pincitas tenía una «valía otorgada».

Todos conocemos este tipo de amor. Cuando uno tiene una mascota que vive en su casa por veinte años, y los hijos se han criado con ella, uno llega a quererla no porque sea excelente, sino «simplemente porque sí».

Al novelista George MacDonald le encantaba escribir sobre princesas y príncipes. Alguien le preguntó por qué siempre escogía ese tema. «Porque toda niña es una princesa», dijo.

Cuando el que lo interrogaba expresó confusión, MacDonald le preguntó qué era una princesa. «La hija de un rey», respondió el hombre.

«Pues bien, toda niñita es una princesa».

Todo ser humano es hijo de un Rey.

El mundo antiguo no enseñaba esto. Los niños ordinarios no llevaban la imagen del rey. No habían sido creados por el mismo dios; así que crecían en un mundo diferente.

En el Imperio Romano, algunas bebas crecían hasta convertirse en mujeres que, por lo general, eran excluidas de la educación y la vida pública. Otros bebés crecían para convertirse en esclavos, necesarios por su trabajo, pero considerados como inferiores por aquellos que eran libres.

Muchos pequeños no llegaban a crecer. En el mundo antiguo, a los bebés que no eran deseados, a menudo simplemente se los abandonaba para que murieran, una práctica que llegó a conocerse como «exposición». El jefe de familia tenía el derecho legal de decidir la vida o la muerte de los demás miembros de la familia. Esta determinación por lo general se tomaba durante los primeros ocho días de vida, o algo así. (Plutarco escribió que hasta ese tiempo el bebé era «más como una planta que como un ser humano»).

Las razones más frecuentes por las que se abandonaba a un recién nacido tenían que ver con la pobreza de la familia, o con las familias acomodadas que no querían que sus posesiones se dividieran, o con que el bebé fuera del género equivocado (lo que significa, una niña; ahondaremos más sobre esto en otro capítulo), o con la legitimidad de ese vástago.

Los judíos se oponían al abandono debido a su fe. Puesto que a Jesús se lo consideró un hijo ilegítimo, descendiente de una relación prohibida entre los judíos, es probable que no hubiera sobrevivido si José hubiese sido romano. A estos bebés a menudo se los abandonaba en un basurero o estercolero. En su mayoría morían; a veces alguien los rescataba, pero por lo general eso significaba que acabarían siendo esclavos. Esto sucedía con tanta frecuencia que cientos de nombres en la antigüedad son variaciones de la palabra *kopros*, que en griego quiere decir «estiércol».

A los bebés discapacitados o que parecían débiles, a menudo se los eliminaba ahogándolos. Una ley romana antigua establecía que al niño que fuera «contundentemente deformado» había que eliminarlo rápidamente. Una excavación arqueológica realizó «un descubrimiento grotesco»: los huesos de «casi cien bebés evidentemente asesinados y echados al desagüe».

Los padres antiguos podían ser tan tiernos y cariñosos como los modernos; pero los niños tenían valor solo si podían resultarle útiles al estado; y Herodes personificaba al estado. En sí mismos, los niños eran desechables.

Entonces el niño que nació en Belén creció. Y comenzó a decir acerca de las pequeñas cosas que nadie jamás había pensado.

Un día a Jesús le preguntaron: «¿Quién es el más importante en el reino de los cielos?» Y Mateo plasmó ese momento: «Él llamó a un niño y lo puso en medio de ellos [tal vez algún niño llamado *Kopros*]. Entonces dijo: ... a menos que ustedes cambien y se vuelvan como niños, no entrarán en el reino de los cielos. Por tanto, el que se humilla como este niño será el más grande en el reino de los cielos».

> *Jesús no dijo que era tarea del niño llegar a ser como Herodes; era tarea de Herodes llegar a ser como el niño.*

Jesús no dijo que era tarea del niño llegar a ser como Herodes; era tarea de Herodes llegar a ser como el niño. La grandeza les llega a aquellos que mueren a la apariencia de grandeza. Nadie en el mundo antiguo, ni siquiera los rabinos, había utilizado a los niños como ejemplo de conversión.

Luego Jesús anunció algo que jamás hubiera pasado por la mente de otro ser humano al decir: «Y el que recibe en mi nombre a un niño como éste, me recibe a mí».

Kopros tenía un nuevo nombre.

Había muchos clubes y asociaciones en el mundo antiguo. Ninguna de las cualidades asociadas con los niños: debilidad, impotencia, humildad, le otorgaba a alguien el derecho de unirse a alguno de ellos. No había clubes para niños; hasta la llegada de Jesús.

En otra ocasión Jesús expuso de una manera práctica esta enseñanza. Algunos «trajeron» a los niños a Jesús. El lenguaje utilizado indica que ni siquiera eran capaces de venir por ellos mismos, porque eran pasivos, dependientes. Los discípulos reprendieron a los padres; y Jesús reprendió a los discípulos: «Dejen que los niños vengan a mí, y no se lo impidan, porque el reino de Dios es de quienes son como ellos».

Un reino para niños antes de Walt Disney. Y los niños pequeños vinieron.

Conforme el movimiento de Jesús empezaba a extenderse, se generó una comunidad alternativa para niños. Instrucciones tempranas entre sus seguidores, tales como la *Didaqué* en el siglo segundo, prohibieron las extendidas prácticas del aborto, abandono e infanticidio.

Hay un viejo chiste que dice que el mandamiento más básico para los padres, de entre los Diez Mandamientos, es «no matarás». De alguna manera, ese chiste conserva actualidad. En el mundo antiguo fue la base para una revolución. El abandono se prohibió, no debido a que el estado necesitara más trabajadores (César Augusto trató de limitarlo basándose en esto), sino porque, como el Pastor de Hermas lo dice: «Todos los bebés son gloriosos ante Dios». San Ambrosio de Milán dijo que la iglesia debe cuidar no solo a los pequeños, sino también a los pobres, porque la pobreza a menudo destruye las capacidades para atender a los niños.

Homero nunca dijo que Zeus o Apolo o Pan valoraran por igual a todos los seres humanos. G. K. Chesterton escribió que elevar la dignidad de la niñez no hubiera tenido sentido para los antiguos. El concepto llegó al mundo a través de Jesús. Aún en los lugares en los que la creencia en él ha erosionado la elevación de la niñez, el pensamiento de Jesús permanece: «El mundo pagano, como tal, no habría entendido una afirmación tan seria como la de que un niño es más importante o más santo que un hombre. Y les habría sonado algo así como que un renacuajo era más importante o más santo que una rana... Peter Pan no pertenece al mundo del dios Pan sino al mundo de Pedro».

Una expectativa de vida de treinta años quería decir que el mundo antiguo estaba lleno de huérfanos. Ahora, por primera vez, una comunidad empezaba a recoger dinero para atenderlos indiscriminadamente. En el bautismo, a los niños se les proveía «padrinos» que prometían cuidarlos en caso de que sus padres murieran.

Para fines del siglo cuarto, un emperador cristiano prohibió la práctica de abandono en todo el imperio. Con el tiempo, en lugar de abandonar a los niños no queridos en un estercolero, la gente empezó a dejarlos en las puertas de alguna comunidad monástica o de una iglesia. Los principios de lo que llegaría a conocerse como orfanatos estuvieron mayormente asociados con monasterios o catedrales.

El solo hecho de identificarse como religioso hoy ya no es garantía de que uno tenga una familia sana, como tampoco lo fue para Adán y Eva. Sin embargo, aquellos que viven en una cultura que ha sido tocada y cambiada por el cristianismo, consideran a los individuos de manera diferente gracias a Jesús, sea lo que fuere que piensen de él. La gente del pueblo y los desposeídos tienen gran dignidad. Todos los niños deben vivir. Todos los seres humanos son creados iguales.

Hace unos años hablé en una reunión en la que el héroe era un papá llamado Dick Hoyt. Al nacer, su hijo Richard tenía el cordón umbilical envolviéndole el cuello. A causa de eso, su cerebro quedó dañado; nunca podría caminar o hablar. En la Roma antigua, tanto por costumbre como por ley, habrían tenido que eliminarlo.

Dick y su esposa llevaron a Richard a casa para cuidarlo. Cuando tenía once años, fueron al Departamento de Ingeniería de la Universidad Tufts para ver si se podía inventar un aparato que lo ayudara a comunicarse. Les dijeron que su cerebro era incapaz de comprender nada.

«Cuéntenle un chiste», dijo Dick. Cuando se lo contaron, Richard se rió. De modo que ese departamento construyó una computadora que le permitió a Richard escribir una frase oprimiendo un botón con un costado de su cabeza; la única parte de su cuerpo que podía mover.

Cuando Richard oyó cierto día que se estaba organizando una carrera de beneficencia para ayudar a un joven que había quedado paralizado, escribió una frase: *Papá, quiero correr*. Para entonces, Dick tenía cuarenta años, y era un gordinflón, según él mismo se describe, que jamás había corrido más de un kilómetro. De alguna manera empujó a su hijo en una silla de ruedas por la pista. Después, Richard escribió la frase que cambió la vida de Dick: *Cuando corrí, no me sentí discapacitado*. Dick empezó a correr.

Vimos los videos de este padre fuerte empujando, impulsando, y cargando a su hijo en más de doscientos triatlones. No había ojos que no estuvieran llenos de lágrimas en el salón. Más de ochenta y cinco veces Dick había empujado la silla de ruedas de Richard por los cuarenta y tantos kilómetros de los que consta una maratón. El mejor tiempo de Dick es un poco más de dos horas y media; menos de treinta minutos del récord mundial, pero como el columnista deportivo Rick Reilly observó, ese record no fue alcanzado por un hombre que empujaba a su hijo en una silla de ruedas.

Dije anteriormente que el héroe de ese auditorio era Dick. Pero eso no es realmente así. Dick señaló que su héroe, su inspiración, el que le daba la valentía y la razón para correr, era el cuerpo inmóvil, silencioso, de unos 50 kilos, de ese hombre que estaba en la silla de ruedas.

A los griegos les encantaba la excelencia, la perfección física, la nobleza del esfuerzo. Nos dejaron los Juegos Olímpicos, en los que los mortales se esfuerzan por ser como los dioses del Olimpo. Nos dieron la maratón, que es la prueba máxima de voluntad y fuerza humana. Pero no pudieron brindarnos el episodio de una maratón corrida por un hombre empujando la silla de su hijo inválido.

Hace poco leí un artículo que habla de una «teología de la discapacidad» que explora cómo lo divino está presente en la limitación, el sufrimiento

> *Una revolución se estaba gestando; un movimiento lento, callado que tuvo su inicio en la parte más relegada de la sociedad y que socavaría las pretensiones de los Herodes.*

y la discapacidad. Es una frase que no hubiera tenido sentido en Roma.

El niño de Belén crecería para ser amigo de pecadores, no un amigo de Roma. Pasaría su vida con la gente ordinaria, común y corriente. Prestaría profunda atención a los leprosos y lisiados, a los ciegos y mendigos, a las prostitutas y a los pecadores, a las mujeres y a los niños. Anunciaría la disponibilidad de un Reino diferente del de Herodes, un Reino en el que la bendición, la plena valía y dignidad divina, ahora se conferían a los pobres en espíritu, a los mansos y a los perseguidos.

La gente no entendía lo que todo eso significaba. Todavía no lo comprendemos.

Pero una revolución se estaba gestando; un movimiento lento, callado que tuvo su inicio en la parte más relegada de la sociedad y que socavaría las pretensiones de los Herodes. Fue un movimiento en gran parte subterráneo, como aquella cueva en algún lugar en Belén en la que un peligroso bebé logró nacer y esconderse de un rey.

Desde aquel nacimiento, consideramos de otro modo a los niños y a los reyes; y a los demás, como los integrantes de esa impactante lista de David Bentley Hart: «al niño autista, al que tiene síndrome de Down o alguna otra discapacidad ... al marginado y al desdichado, al que está destrozado porque ha desperdiciado su vida; al indigente, al sin techo, al enfermo y al enfermo mental; a los exiliados, refugiados, fugitivos; e inclusive a los criminales y réprobos». Nuestros antiguos antepasados los percibían como una carga que había que desechar. En cambio, considerarlos portadores de la gloria divina, capaces de apelar a nuestra conciencia y sacarnos del egoísmo, es un modo de ver que descubrimos en Jesús. Algo que Herodes no logró avizorar.

Extraño giro. Los hombres que llevan mantos púrpuras, coronas relucientes y títulos altisonantes empiezan a verse ridículos (¿cuándo fue la última vez que un político añadió «el grande» a su nombre?). Y sin embargo, la figura del niño nacido en un establo parece crecer en estatura. «Vemos la gloria de Dios en un esclavo crucificado, y [entonces]... consideramos a los olvidados de la tierra como hijos mismos del cielo».

Él vino al mundo sin ninguna dignidad.

CAPÍTULO 3

Una revolución
para la humanidad

Jesús podía ser una persona muy molesta como para tener al lado.

Analicemos los episodios de una cena en la que él inició una discusión, con total deliberación, cuatro veces seguidas.

Digo esto porque la compasión es la cualidad por la que Jesús se hizo más famoso. Cuando un leproso pidió recibir sanidad, Jesús fue «movido a compasión». Cuando una viuda clamó a él, «se compadeció de ella y le dijo: —No llores». Adúlteras y cobradores de impuestos, pródigos y samaritanas, suscitaron su compasión. Una completa renovación del concepto de compasión llegaba al mundo.

Existe una percepción general de que Jesús era uno de aquellos sentimentales extremadamente tiernos que no pueden resistir el dolor. Elaine Aron ha escrito un libro titulado *Highly Sensitive People* [Personas altamente sensibles (PAS)] que trata sobre los individuos que se impresionan fácilmente, a los que les afecta enseguida el estado de ánimo o el dolor de otros, y se preocupan profundamente por las opiniones de los demás. No hay nada de malo con ser una persona altamente sensible. Yo mismo lo soy.

Sin embargo, si observamos otras escenas de la vida de Jesús notaremos que no se lo muestra como una persona del tipo altamente sensible. En un relato que aparece en los cuatro Evangelios, Jesús al ver a ciertas personas que explotaban a los pobres en el templo, sacó un látigo y los expulsó, regando sus monedas, volcando las mesas y diciendo: «¡Cómo se atreven!».

La mayoría de nosotros, personas altamente sensibles, no solemos arrojar muebles.

Jesús le lanzó estas palabras a otro grupo: «¡Serpientes! ¡Camada de víboras! ¿Cómo escaparán ustedes de la condenación del infierno?». Ese no es vocabulario típico de una persona altamente sensible. Jesús fue a la vez combativo y compasivo.

¿Cómo puede *este* hombre ser *aquel* hombre?

Cierto día él exhibió ambas cualidades a la vez.

Fue una de las cenas más incómodas de todos los tiempos. Jesús había sido invitado a comer a la casa de un fariseo prominente, y había quienes vigilaban a Jesús con toda atención. Estaba allí un hombre que padecía un edema, enfermedad dolorosa, horrible, y a veces peligrosa, en la que partes del cuerpo se llenan de fluido.

Era el Sabbat, el sábado. En la sociedad judía no se debía implementar ningún tratamiento médico en el Sabbat a menos que la vida de alguien corriera peligro. Si Jesús hubiera sido un invitado afable, habría pretendido no notar al hombre.

Pero Jesús no era cordial. Él hizo que la atención de todos se dirigiera a aquel hombre.

Se produjo un silencio incómodo. La tempestad estaba a punto de estallar.

Jesús era sensible al sufrimiento. Preguntó si estaba permitido sanar a aquel hombre en Sabbat. No se trataba de una discusión abstracta, el hombre estaba escuchando. Hacer que los dirigentes religiosos tuvieran ese debate con el hombre mirándolos de frente, parecía un gesto insensible de parte de Jesús.

Nadie dijo media palabra. Jesús tocó al hombre y lo sanó. Los invitados no se alegraron por ello. El anfitrión no invitó al hombre a quedarse para la cena, así que Jesús hizo lo que el dueño de casa debería haber hecho, y despidió al hombre.

La situación se tornó difícil. Si Jesús hubiera tenido afinado su radar social, habría reconocido que era momento de cambiar de tema. Pero Jesús no tenía un radar social prolijo. Preguntó: «Si uno de ustedes tiene un hijo o un buey que cae en un pozo en el Sabbat, ¿acaso no lo saca de inmediato?». Y ellos no tuvieron nada que decir.

La cuestión no era que el judaísmo fuera una religión legalista y que Jesús viniera a dar origen a una nueva religión llamada cristianismo. Jesús era judío de pura cepa. Era un rabino, y no se podía ser rabino y no amar la Torá.

La cuestión era, ¿qué valor se le daba a un ser humano?

Jesús insistió en que toda la ley apuntaba al amor, y el amor significaba ver y apreciar la valía que Dios había depositado en la vida humana.

Nos obsesiona el valor. Queremos saber el valor de todo. Si deseamos saber cuánto cuesta un auto, podemos hallar su precio en un catálogo como el *Blue Book* [Libro Azul], porque si realmente queremos el coche y encontramos su precio, nos vamos a poner azules.

Jesús habló muchas veces sobre el valor de los seres humanos:

«Si alguno de ustedes tiene una oveja y en sábado se le cae en un hoyo, ¿no la agarra y la saca? ¡Cuánto más vale un hombre que una oveja!».

«Fíjense en las aves del cielo: no siembran ni cosechan ni almacenan en graneros; sin embargo, el Padre celestial las alimenta. ¿No valen ustedes mucho más que ellas?».

«¿No se venden dos gorriones por una monedita? Sin embargo, ni uno de ellos caerá a tierra sin que lo permita el Padre; y él les tiene contados a ustedes aun los cabellos de la cabeza. Así que no tengan miedo; ustedes valen más que muchos gorriones».

Dios valora a los gorriones más de lo que uno se imagina. Los alimenta, les proporciona árboles y ramas para que hagan sus nidos, y los junta con otros gorriones para que formen parejas. Dios se preocupa tanto por ellos que tiene un inventario de aves al día.

Ahora, ¿qué sucede con nosotros? La Biblia señala: «Él les tiene contados a ustedes aun los cabellos de la cabeza». Cuando uno se preocupa por alguien, presta atención a los detalles. Cuando nace un bebé, ¿qué hacen los padres al mirarles los deditos de las manos y los pies por primera vez? Los cuentan. Desde siempre, cuando un recién nacido llega a casa, si le falta alguno de sus dedos los padres lo notan. Incluso los padres mediocres se dan cuenta de ello.

Lo que Jesús quería decir es que Dios no solo cuenta los dedos de tus manos y tus pies. Dios te ama tanto que cuenta los cabellos que tienes en la cabeza. Él registra su cantidad. Él se lamenta cuando se caen. Sabe de qué color son. Proverbios 16:31 nos dice: «Las canas son una honrosa corona que se obtiene en el camino de la justicia». Cuando veamos a alguien con canas, detengámonos con asombro y admiración, porque estamos frente a un gigante espiritual. Así lo dice la Biblia.

La persona de la que Jesús está hablando es un hijo de Dios. A Dios le importa su pueblo más que ninguna otra cosa. En verdad, lo que Jesús está diciendo es: «¿Tiene alguien aquí autoridad moral o peso espiritual como para hablar acerca de un hijo de Dios que sea discapacitado?». Nadie. Se produce otro silencio. Un silencio despiadado.

Eso enfada a Jesús. Él no es una persona compasiva y altamente sensible con aquellos que deliberadamente ignoran el sufrimiento. En ese momento es una persona sensible altamente irritada.

Los dirigentes judíos piensan poder vigilar a Jesús. Pero resulta que Jesús los vigila a ellos. Creen poder juzgar a Jesús, sin embargo Jesús los juzga a ellos. Eso resulta realmente incómodo. El individuo que ha ofrecido la cena piensa: *Espero que quienquiera que hable luego escoja un tema más amigable.* Pero el que habla después es Jesús y no elige un tema más cómodo.

Jesús nota que los líderes seleccionan los lugares de honor en la mesa. Eso refleja, ni más ni menos, la manera en que se valora a ciertas personas por sobre otras. De ese modo violamos la lista de prioridades de Dios.

Así que Jesús con ironía les da un consejo: Cuando alguien te invite a una fiesta, no busques el asiento de honor. Ve y siéntate en la cocina. Muéstrate humilde.

Lo que Jesús intenta decirle al dueño de casa es: «¡Oye, anfitrión! Déjame darte un consejo. Tu lista de prioridades está equivocada. Piensas que sanar al enfermo en el Sabbat está mal, y que competir con otros por el estatus es correcto. Permíteme reacomodar tu puesto en la mesa. Exalta a algún otro».

Los dirigentes se sienten avergonzados; todos están furiosos. Con certeza, ahora ni siquiera saben dónde deben sentarse.

El anfitrión piensa: *Espero que Jesús no tenga más consejos que darme.*

Pero Jesús se vuelve al anfitrión y le dice: «Permíteme darte otra recomendación». Jesús se va entusiasmando. «Cuando des una comida o una cena, no invites a tus amigos, ni a tus hermanos, ni a tus parientes, ni a tus vecinos ricos; no sea que ellos, a su vez, te inviten y así seas recompensado. Más bien, cuando des un banquete, invita a los pobres, a los inválidos, a los cojos y a los ciegos. Entonces serás dichoso, pues aunque ellos no tienen con qué recompensarte, serás recompensado en la resurrección de los justos».

(Si Jesús hubiera dicho que uno nunca debe invitar a cenar a sus parientes, probablemente eso habría resultado grandioso, pues tal vez hemos estado buscando ese versículo toda la vida).

Sin embargo, Jesús no está dando una ley aquí. Lo que hace es contrastar el sistema de prioridades de Dios con el nuestro. Invitar a los pobres a cenar podría llegar a ser una opción, aunque completamente inusual; pero a los lisiados, los cojos y los ciegos, eso ya es otro cantar.

Los fariseos consideraban que todo lo que fuera deformado o defectuoso no podía reflejar la perfecta santidad de Dios. Por consiguiente, al recinto del templo no se permitía ingresar nada malformado.

> *Nunca se nos dice que Jesús sintiera compasión por alguien porque la mereciera. Era simplemente porque la necesitaba.*

Los fariseos, por lo general, se enorgullecían grandemente de seguir a la perfección en sus hogares las regulaciones que gobernaban el templo. Pensaban que Roma había corrompido el templo, así que podían honrar a Dios tratando a sus casas como templos en miniatura. Todas las regulaciones que se debían observar en el templo, las guardarían en sus casas.

El hecho de que Jesús le sugiera a aquel prominente fariseo que invite expresamente a seres humanos deformados o defectuosos a su diminuto templo es una bofetada deliberada. Jesús le pide que ponga en su lista de invitados a personas cuyos defectos ofenden al anfitrión.

El enfado y la compasión de Jesús brotan de la misma fuente: su espectacular amor por todo individuo, y su dolor cuando ve que alguien es menospreciado. En todos los relatos acerca de la compasión de Jesús, nunca se nos dice que Jesús sintiera compasión por alguien porque la mereciera. Era simplemente porque la necesitaba.

A esta altura de la reunión, la presión sanguínea de todos está por las nubes. Un invitado altamente sensible trata de distraer a Jesús con una perogrullada: «¡Dichoso el que coma en el banquete del reino de Dios!».

Jesús no se deja distraer. Empieza a narrar un episodio acerca de aquellos que conformarían la lista de invitados a la fiesta del Reino.

El anfitrión piensa: *Aquí vamos de nuevo.*

Según el relato de Jesús, los invitados que se esperaban para la fiesta, insultan al hombre que la ha organizado presentando a último momento excusas poco convincentes.

Como cabe esperar, el dueño de casa se enfurece. Pero, inesperadamente, transforma su cólera en gracia. Les dice a sus criados que vayan por las calles y callejones de la ciudad y traigan «a los pobres, a los inválidos, a los cojos y a los ciegos».

¡Ellos de nuevo! ¿Qué le pasa a Jesús? ¡No puede dejarnos tener la fiesta en paz!

El criado hace lo que su amo le indica, pero le informa que aún quedan espacios vacíos a la mesa. El amo lo envía a realizar una segunda redada; esta vez va a «los caminos y las veredas». No a los conciudadanos. A los forasteros.

De acuerdo a Nicholas Wolterstorff: «La comprensión de Jesús con respecto a quiénes eran los desvalidos se había ampliado mucho más allá de la comprensión que tenía el Antiguo Testamento. Incluía ahora no solo a las víctimas de las estructuras y prácticas sociales, como viudas, huérfanos, extranjeros, pobres y encarcelados, sino también a los que se excluía de la plena participación en la sociedad por ser defectuosos o malformados, o a los que se veía como religiosamente inferiores. La venida del justo reinado de Dios requiere que también se eleve a estos».

Después de que Jesús murió, algunos de sus seguidores recordaron sus palabras.

El sociólogo Rodney Stark ha señalado que una de las razones primordiales por las que el movimiento de Jesús se extendió tanto fue la forma en que sus seguidores respondieron ante los enfermos.

Durante el reinado de Marco Aurelio, alrededor de 165 d. C., una epidemia que podría haber sido viruela mató a una tercera o una cuarta parte de la población, incluyendo al mismo Marco Aurelio. Poco más de un siglo después se produjo una segunda epidemia, de la que se informó que, en su momento pico, morían diariamente cinco mil personas solo en la ciudad de Roma.

En su mayor parte, la gente respondió con pánico. No había ninguna clase de orientación en los escritos de Homero, ningún mandamiento del dios griego Zeus en cuanto a cuidar a los moribundos que uno no conocía arriesgando la propia vida. Tucídides, historiador griego, escribió acerca de cómo habían respondido los pobladores de Atenas durante una plaga anterior: «Morían sin que nadie los mirara. En verdad, había muchísimas casas en las que todos los habitantes murieron por falta de siquiera el intento de cuidarlos. Los cadáveres se apilaban unos encima de otros. No hubo temor de Dios o ley de hombres que ejerciera alguna influencia restrictiva». Ahora, lo que había sucedido en Grecia, estaba sucediendo en Roma: «Al primer brote de la enfermedad, alejaban a los que la padecían y los separaban de sus seres más queridos, arrojándolos a los caminos antes de que acabaran de morirse, y tratando a los cadáveres no sepultados como si fueran tierra, esperando con ello evitar el esparcimiento y contagio de la fatal enfermedad».

Pero hubo en ese mundo una comunidad que recordó que seguían a un hombre que tocaba a los leprosos mientras todavía eran impuros; que les había dicho a sus discípulos que fueran a sanar los enfermos, que generó discusiones durante las cenas, abochornando a mesas enteras. Dionisio, obispo del tercer siglo en Alejandría, escribió acerca del accionar de esa comunidad durante la plaga: «Sin prestar atención al peligro, se hicieron cargo de los enfermos, atendiendo todas sus necesidades y ministrándoles en Cristo. Y con ellos partían de esta vida, serenamente felices, porque otros los habían contagiado con sus enfermedades, atrayendo, de ese modo, sobre ellos mismos la enfermedad de sus prójimos y aceptando con alegría sus dolores».

> La idea de que «aun el más pequeño de estos» debía ser valorado produjo una nueva visión del ser humano. La gente creyó en verdad en las palabras de Jesús.

Leamos ahora unas palabras que pueden resultarnos familiares: «Tuve hambre, y ustedes me dieron de comer; tuve sed, y me dieron de beber; fui forastero, y me dieron alojamiento; necesité ropa, y me vistieron; estuve enfermo, y me atendieron; ... Les aseguro que todo lo que hicieron por uno de mis hermanos y hermanas, aun por el más pequeño, lo hicieron por mí».

La idea de que «aun el más pequeño de estos» debía ser valorado, que de alguna manera el Jesús al que seguían estaba presente en el marginado que sufría, fue en esencia una revolución copernicana para la humanidad. Produjo una nueva visión del ser humano. La gente creyó en verdad en las palabras de Jesús.

Conforme las comunidades cristianas respondían a los que tenían hambre y a los enfermos, incluso los forasteros comenzaron a notarlo. Para fines del siglo cuarto, un opositor a la fe, el emperador Juliano el apóstata, castigó a los sacerdotes paganos por no estar a la misma altura: «Pienso que cuando los sacerdotes descuidaron y marginaron a los pobres, los galileos impíos observaron esto y se dedicaron a la benevolencia... Los impíos galileos sostienen no solo a sus pobres, sino también a los nuestros, y todos pueden ver que nuestra gente no tiene ayuda de parte de nosotros».

---◆---

En los primeros siglos de la iglesia, la lepra significaba aislamiento, impureza y muerte.

Un padre de la iglesia, llamado Basilio, tuvo una idea: «¿Qué tal si construimos un lugar para amar y cuidar a los leprosos? Ellos no tienen dinero. Ni siquiera tendrán que pagar. Nosotros recolectaremos el dinero».

Uno de los más famosos sermones de ese siglo fue de su hermano, Gregorio de Nisa (también padre de la iglesia), pronunciado con el objetivo de recaudar dinero para ese lugar de cuidado a los leprosos. Esto fue lo que Gregorio dijo: «Los leprosos han sido hechos a imagen de Dios; de la misma manera que tú y yo; y tal vez preservan esa imagen mejor que nosotros. Atendamos a Cristo mientras todavía hay tiempo. Ministremos a las necesidades de Cristo. Alimentemos a Cristo. Vistamos a Cristo. Acojamos a Cristo. Mostremos honor a Cristo».

Ese fue el principio de lo que llegaría a conocerse como hospitales. El Concilio de Nicea (el mismo concilio que afirmó el Credo Niceno) decretó que donde quiera que existiese una catedral, debería haber un hospicio, un lugar para atender a los enfermos y pobres. Por eso incluso hoy muchos hospitales llevan nombres tales como «El Buen Samaritano» o «Buen Pastor» o «San Antonio». Esas fueron las primeras instituciones voluntarias y de beneficencia del mundo.

Otro seguidor de Jesús, llamado Jean Henri Dunant, no podía aguantar los gritos de los soldados que clamaban en el campo de batalla después de haber sido heridos, así que este filántropo suizo dijo que dedicaría su vida a ayudarlos en el nombre de Jesús. Eso dio origen, en 1860, a una organización que llegó a conocerse como la Cruz Roja. Cada vez que vemos una Cruz Roja, lo que estamos viendo es una huella digital de Jesús.

Un pastor luterano de Alemania, llamado Teodoro Fliedner, entrenó a un grupo de mujeres, en su mayoría campesinas, para atender a los enfermos. Eso condujo a un movimiento de hospitales por toda Europa, e inspiró a una joven llamada Florencia Nightingale a dedicar su vida a atender a los enfermos. Ella pidió que cuando muriera se señalara su tumba sencillamente con una cruz y sus iniciales; quería servir sin ser aclamada.

Otro seguidor de Jesús llegó a ser conocido como el padre Damián. Sacerdote belga, trabajó en Hawái en el siglo diecinueve y preparó un lugar en el que se pudiera amar y cuidar a los leprosos. Solía decirles todas las semanas: «Dios los ama a ustedes, los leprosos». Pero una de esas semanas se levantó y dijo: «Dios nos ama a *nosotros*, los leprosos». Murió de lepra.

Hace siglos el padre de la iglesia, Tertuliano, sostuvo: «Es nuestro cuidado de los desvalidos, nuestra práctica de la bondad, del amor lo que nos caracteriza ante los ojos de nuestros oponentes». No es que los romanos no supieran nada acerca de la compasión, pero la compasión no se conectaba con los dioses. Los dioses exigían ofrendas que incluían sacrificios y no actos de caridad.

Como sea, la compasión llegó a ser la «marca» de este nuevo movimiento religioso, no porque eso atrajera la llegada de personas maravillosas, sino porque ellos entendían de parte de su fundador que no se trataba de una parte opcional del equipaje.

En el mundo antiguo la esclavitud era universal. A diferencia de la esclavitud que posteriormente se dio en los Estados Unidos de América, no tenía nada que ver con la raza a la que uno perteneciera. Cualquiera podía encontrarse en esa situación; y a menudo así era. Aunque las condiciones variaban de un caso a otro, los esclavos por lo general tenían muy poca dignidad o valía. Un esclavo era *non habens personam* ante la ley romana, literalmente esto quiere decir que «no era considerado persona» e incluso se lo concebía como alguien «sin cara». Los amos romanos tenían el poder de decidir sobre la vida y la muerte de los esclavos. Y estos no contaban con una corte de apelación. El dolor de los esclavos se consideraba con tanta liviandad que cuando se los llamaba a testificar la tortura se aplicaba como cosa de rutina. Por lo general,

El historiador Thomas Cahill dijo que Gálatas 3:28 fue la primera declaración de igualitarismo en la literatura humana.

los azotes y puntapiés no se propinaban a los niños libres, precisamente porque tales formas de castigo estaban reservadas a los esclavos.

En la iglesia primitiva un esclavo tenía libre acceso, de modo que podía ocurrir que uno de los amos (rico y poderoso) se arrodillara y lavara los pies de alguien «no considerado persona» para la ley. La *Didascalia Apostolorum*, una orden de la iglesia de los primeros siglos, instruía a los obispos que *no* interrumpieran un servicio para saludar a un rico de alto rango que entraba retrasado. Pero que si un hombre o una mujer pobre entraban en la asamblea, el obispo tenía que hacer lo que fuera necesario para darle la bienvenida, aun cuando eso implicase que el obispo terminara sentado en el suelo.

El protocolo por el que se asignaban los asientos estaba cambiando.

El apóstol Pablo declaró: «Ya no hay judío ni griego, esclavo ni libre, hombre ni mujer, sino que todos ustedes son uno solo en Cristo Jesús». El historiador Thomas Cahill dijo que Gálatas 3:28 fue la primera declaración de igualitarismo en la literatura humana.

Durante la cuaresma en el año 379 d. C., Gregorio de Niza criticó la esclavitud como institución y reprendió a los cristianos que tenían esclavos: «Ustedes condenan a la esclavitud al ser humano, cuya naturaleza es libre... Sobre alguien que fue creado por el Señor de la tierra y destinado a gobernar la creación, sobre este ustedes imponen el yugo de la esclavitud».

Este padre de la iglesia citó la enseñanza de Jesús acerca de que el valor de todo el mundo no se puede comparar con el valor que tiene un alma: «Ustedes que gozan de igualdad en todo, ¿cómo pueden actuar como superiores en algunos sentidos, como lo dicen, y suponer que como seres humanos pueden ser amos de otros seres humanos?».

John Newton se vio obligado a servir en el mar cuando era muchacho. Luego hizo fortuna comprando y vendiendo seres humanos que había capturado, y escribió que no había ningún método de ganar dinero (ni siquiera robándolo en el camino) que fuera moralmente tan destructivo. Señaló que si los marineros eran crueles, se debía a que no había otra actividad como el tráfico, en la que se tratara a las personas con tan poca humanidad. Su vida se caracterizó por las apuestas, el vocabulario soez y las borracheras. Hasta pensó en suicidarse. Luego experimentó una conversión espiritual. Llegó a ser vicario anglicano. Fue él el que compuso el himno «Sublime gracia del Señor que a un infeliz salvó».

Un político británico llamado Guillermo Wilberforce se convirtió. Fue a hablar con John Newton buscando consejo en cuanto a su carrera. Quería dejar la política, pero Newton le dijo que debía quedarse y dedicar su vida a la abolición de la esclavitud. Esa llegó a ser la pasión que consumía a Wilberforce. Presentó su primer proyecto de ley para oponerse a la esclavitud en 1787, y fue desaprobado. Pero él y sus amigos lucharon por décadas mediante lo que llegó a conocerse como la Secta

Clapham. El parlamento finalmente proscribió la esclavitud en 1833, un mes después de la muerte de Wilberforce.

La cantidad de tiempo que le tomó a la iglesia cristiana darse cuenta de las implicancias de la enseñanza de Pablo acerca de que «no hay esclavo ni libre», debería ayudar a cualquier cristiano a evitar el triunfalismo. Pero peor todavía fue anexar a la esclavitud el racismo en Occidente. (Mark Knoll observó que en los debates bíblicos sobre la esclavitud a nadie se le ocurrió decir que la esclavitud era un buen sistema bíblico para los *blancos*). La vida y las enseñanzas de Jesús se desdeñaron, a veces más dentro de la iglesia que afuera.

A través de toda la historia, las prisiones se convirtieron en infiernos. Pero los seguidores de Jesús recordaron que él había dicho: «Estuve en la cárcel, y me visitaron», y fueron a visitarlo. Un escritor griego pagano del siglo segundo, llamado Luciano, relató que cuando un cristiano era encarcelado, otros cristianos le llevaban comida.

Hace años estuve en Etiopía, cuando todavía se encontraba bajo el régimen marxista y la iglesia cristiana en su mayor parte era clandestina. Con frecuencia arrestaban a uno u otro de los dirigentes del grupo cristiano y lo arrojaban a una prisión, que estaba horriblemente atestada y era indescriptiblemente espantosa. Los otros presos solían anhelar que algún cristiano fuera encarcelado porque cuando un cristiano estaba en prisión, sus amigos cristianos le traían comida; en realidad, mucha más comida de lo que una sola persona podía comer, de modo que había de sobra para todos. Así que se convirtió en la «oración del preso»: «Dios, envía a un cristiano a la cárcel».

Hace dos siglos, una muchacha inglesa de diecisiete años, llamada Elizabeth Gurney, que escribió en su diario que no tenía «ninguna religión», conoció a un cuáquero que inculcó en ella el sentido de la presencia de Dios. Su fe se profundizó y fue reconocida como «ministra» cuáquera a los treinta años (para ese tiempo ya llevaba diez años de casada con José Fry), y tres años más tarde visitó una cárcel cerca de Londres llamada Newgate. Las prisiones entonces eran a menudo mugrientas y oscuras; a las mujeres se las encarcelaba por endeudarse a raíz del abandono o la muerte de sus maridos. Elizabeth quedó tan impresionada por lo que Jesús había dicho, que organizó equipos para visitar a las mujeres en la cárcel, leerles la Biblia, y enseñarles a coser. Empezó un movimiento de reforma que llevó al Parlamento a aprobar el Acta de Prisión de 1823. Elizabeth Fry fue conocida como el Ángel de la Prisión. Dirigentes de toda Europa iban para aprender de su experiencia.

En los centros comerciales todavía vemos personas que repican campanitas, y que forman parte de una organización llamada Ejército de Salvación, que surgió a partir de la fe de Guillermo Booth. Dondequiera que usted vea las palabras «Visión Mundial» o «Asociación Cristiana de Jóvenes» o «Samaritan's Purse» o «Compassion International», están refiriéndose, lo sepan o no, al movimiento de Jesús.

No intentamos decir que no habría compasión en el mundo sin el cristianismo. Los cristianos a menudo se quedan cortos. El relato que Jesús contó y que se conoce como «El buen samaritano» pone de manifiesto que el personaje religioso menos ortodoxo fue el que demostró mayor compasión. Pocas personas tienen menos compasión que los que tratan de argumentar que los cristianos tienen el monopolio de la compasión.

El filósofo Mark Nelson lo destaca de esta manera:

> Si preguntas cuál es la influencia que Jesús ejerció sobre el binomio medicina y compasión, sugeriría que en dondequiera exista una institución altruista a favor de los solos (y de su bienestar práctico) como escuelas, hospitales, hospicios y orfanatos para los que jamás podrían pagarlo, encontraremos que sus raíces llegan hasta el movimiento de Jesús.

Jesús dijo una vez: «A los pobres siempre los tendrán con ustedes». Lo mismo rige con respecto al sufrimiento humano. Un experto contemporáneo en esclavitud, Kevin Bales, señaló que esta aún subsiste entre nosotros, pero con una gran diferencia: una completa devaluación del precio de un esclavo. Históricamente los esclavos valían alrededor de cuarenta mil dólares actuales; hoy, el esclavo promedio cuesta alrededor de noventa dólares. Se han vuelto unidades desechables.

En Haití, un país desesperantemente pobre, a los niños esclavos a menudo se los llama *restaveks*, palabra de origen criollo que quiere decir «quedarse con» y se aplica a niños que viven con familias que no son las propias.

Nonna Harrison escribió sobre un pequeño *restavek* llamado Bill Nathan. Su padre había muerto de malaria después de su nacimiento. Su madre había fallecido cuando él tenía siete años. Era un huérfano que acabó siendo esclavo. Tuvo que abandonar la escuela. Cuando cometía una equivocación, su dueña lo molía a palos. Una vez le dio dinero para que hiciera compras para la familia, y le dijo que lo hiciera rápido.

Él corrió hasta la ciudad, y cuando llegó, agotado, le robaron el dinero.

La dueña lo supo. «¿Perdiste el dinero?».

Él trató de hablar pero se atragantó con las lágrimas. A puntapiés lo hizo arrodillarse. Le dio dos piedras y le dijo que las sostuviera con los brazos extendidos. Si las dejaba caer, lo mataría.

Ella sacó un látigo y empezó a flagelarlo. Mientras él gritaba, ella lo flageló por donde caía el látigo: en la cabeza, en los ojos. Después de veinte minutos, había charcos de sangre en el suelo. Él todavía sostenía las piedras.

> *Pocas personas tienen menos compasión que los que tratan de argumentar que los cristianos tienen el monopolio de la compasión.*

Los haitianos tienen una palabra para los *restaveks* que pierden su sentido de identidad y la voluntad de vivir: zombis. Es como si no tuvieran voluntad; como si no fueran personas, *non habens personam*. Bill no podía recordar lo que significaba ser libre.

Cuando tenía once años, un grupo de cristianos que trabaja para erradicar la esclavitud rescató a Bill. Hoy es baterista de una banda que hace giras internacionales. Cuenta su experiencia y habla en contra de la esclavitud; ha crecido para ser un hombre de una fe fuerte y firme en un Dios que obra para libertar esclavos.

Me pregunto cuánto se enfurecería Jesús por los *restaveks* y zombis.

Todo lo que ustedes hagan por uno de estos más pequeños...

CAPÍTULO 4

¿Qué es lo que quiere una mujer?

Hace más de veinte años Nancy y yo participamos de un campamento de la iglesia. Teníamos una niña de dos años y una bebé pequeña. Nancy me había dicho: «Tienes que ayudarme a cuidar a las niñas. Sé que debido a que es un encuentro de la iglesia, tú te verás tentado a preocuparte por otros asuntos, pero yo necesito tu colaboración».

El segundo día, Nancy fue a la ciudad con la bebé y otras mamás. Regresó al predio del campamento temprano en la tarde. La temperatura era más de 40 °C.

Yo tenía que reunirme con una pareja en un café fuera del lugar, como a unos quince kilómetros para hablar de un asunto de asesoría muy delicado. Vi que nuestro coche ya estaba nuevamente en el lote de estacionamiento, así que me subí y partí. Ustedes probablemente crean que yo le avisé a Nancy que me iba, pero no fue así.

Yo no sabía que la bebé se había quedado dormida en su asientito, y que Nancy le había pedido a otra persona que la vigilara por un momento mientras ella llevaba a la niña de dos años adentro.

Cuando yo estaba llegando al café, oí un tenue suspiro que provenía del asiento posterior. Miré hacia atrás, y allí estaba mi bebé en su butaca infantil para autos.

Si yo no hubiera oído ese suspiro, la habría dejado en el coche toda la tarde con una temperatura de más de 40 °C y con las ventanas cerradas. Era inconcebible.

Me puse a temblar pensando en lo cerca que había estado. Tomé en brazos a la bebé y la abracé lo más fuerte que pude mientras le decía: «Estoy tan agradecido de que estés viva. Estoy agradecido de que hayas lanzado ese suspiro. Estoy agradecido porque eres una nena y no te vas a acordar de esto. Estoy agradecido porque todavía no puedes hablar y no se lo vas a decir a mamá. Yo se lo voy a contar algún día; en unos veinte años; y mediante un vehículo seguro como un libro».

No hay ningún padre o madre que yo conozca que no tiemble al oír una experiencia como esta. Todo progenitor tiene algo que se parece a una obsesión compulsiva por la seguridad de sus hijos.

Sin embargo...

La percepción de nuestras obligaciones hacia nuestros hijos la inculca mucho más nuestro mundo y nuestra cultura de lo que la mayoría nos damos cuenta.

En el antiguo mundo grecorromano había una gigantesca escasez de mujeres: alrededor de 140 hombres por cada 100 mujeres. ¿Qué pasaba con las otras mujeres?

Se las abandonaba en los primeros días de vida para que murieran por haber nacido del sexo equivocado.

Una carta del primer siglo, que un esposo le envía a su esposa encinta, muestra el (para nosotros) severo contraste entre el tierno cariño que siente por su esposa y por el hijo esperado, y el desprecio ante la posibilidad de que el recién nacido sea una niña: «Te pido y ruego que cuides mucho a nuestro hijo... Si das a luz [antes de que yo vuelva a casa], si es niño, consérvalo; si es niña, deséchala. Me has enviado una línea: "No me olvides". ¿Cómo podría olvidarte? No te preocupes».

Por la Ley de Rómulo en Roma, el padre tenía la obligación de criar a todos los niños varones sanos, pero solo a la primera de sus hijas; las demás eran desechables. De acuerdo con el poeta griego Posidipo (siglo tercero a. C.): «Todo hombre cría a un hijo aunque sea pobre, pero abandona a una hija aunque sea rico».

En la ciudad de Delfos, de las seiscientas familias conocidas, solo seis de ellas criaron más de una hija. Al resto evidentemente se las abandonó para que muriesen.

La baja estima en la que se tenía a una vida si era del sexo femenino no está confinada al mundo antiguo. En 1990, Amartya Sen escribió un ensayo muy notorio titulado *Faltan cien millones de mujeres*, sobre el desequilibrio de género en China, India y otros lugares del mundo. Veinte años más tarde la situación era aún peor: Mara Hvstendahl publicó *Unnatural Selection: Choosing Boys over Girls and the Consequences in a World Full of Men* [Selección antinatural: La selección de los niños por sobre las niñas y las consecuencias en un mundo lleno de hombres]. Solo en Asia se produce una diferencia de 163 millones más de hombres que de mujeres. Una vez que se identifica al feto como mujer, lo más probable es que no se la quiera. Este desequilibrio, a su vez, tiene consecuencias para las mujeres: las familias ricas no pueden hallar esposas para sus hijos, así que lo más probable es que las familias pobres vendan a sus hijas. Eso conduce a un aumento del tráfico sexual y a que haya matrimonios con niñas a veces menores de doce años.

En el mundo antiguo, el desequilibrio de los géneros empezó a cambiar a través de un período de varios siglos.¿Podría ser que eso se relacionara con un carpintero que había vivido dos mil años antes?

Dejemos de lado por un momento lo que creemos acerca de su divinidad. Era un hombre. Vivió una breve vida en medio de una cultura oscura, provincial y dominada por los hombres. ¿Es posible que a partir de esa sola vida surgiera un oleaje que terminara afectando a las mujeres de hoy?

La conversación más larga de la que tenemos registro que Jesús haya mantenido con otra persona, se encuentra en Juan 4. Jesús se sentó junto a un pozo para descansar, «fatigado del camino». (Es impresionante la naturalidad con la que los escritores de los Evangelios destacan las limitaciones de Jesús, como que él se cansó al caminar). Una samaritana vino a sacar agua y Jesús le pidió que le diera algo de beber. Cuando los discípulos volvieron, se asombraron de lo que encontraron. Algo muy inusual estaba ocurriendo allí: «En esto llegaron sus discípulos y se sorprendieron de verlo hablando con una mujer».

> El desequilibrio de los géneros empezó a cambiar a través de un período de varios siglos. ¿Podría ser que eso se relacionara con un carpintero que había vivido dos mil años antes?

En cierto momento Jesús le dijo a esa mujer que ella había tenido cinco maridos, y que ahora estaba viviendo con un hombre con el que no se había casado. Lynn Cohick señala una larga serie de intérpretes que dan por sentado que eso quería decir que ella era sexualmente inmoral o infiel.

En realidad, los divorcios eran raros en los días de Jesús. No sabemos cuántos de los matrimonios de esta mujer habían terminado en divorcio o muerte. Al parecer no hay evidencia de que la mujer fuera la que iniciaba el divorcio. En otras palabras, ella no era Elizabeth Taylor. Era una mujer que había sido repudiada.

Su estado actual probablemente no se tratara de una relación casual. Si un hombre quería a una mujer de clase más baja, podía incluirla dentro de un matrimonio ya existente como concubina o como segunda esposa; para la mujer muy posiblemente esa constituyera la única manera de sobrevivir.

Resulta interesante que la historia marital de esta mujer les importe a los eruditos bíblicos mucho más de lo que le interesó a Jesús. En tanto que su cultura (y la nuestra) muy a menudo identifica a las mujeres en términos de vergüenza: vergüenza corporal, vergüenza de carácter, vergüenza sexual, Jesús no empezó identificando su vergüenza.

A menudo las interpretaciones de la iglesia con respecto a las mujeres de la Biblia dice más en cuanto a los intérpretes de la iglesia (por lo general varones) que con respecto a los personajes. (Por ejemplo, muy a menudo se da por sentado que María Magdalena fuera una prostituta, aunque nada en la Biblia respalde esta idea). En la narración moderna de este episodio, a menudo se estima que la samaritana era una mujer de vida escandalosa; una paria social dentro de su propio pueblo. Pero en el texto observamos que, en realidad, su comunidad le prestaba atención: «Muchos de los samaritanos que vivían en aquel pueblo creyeron en él por el testimonio que daba la mujer».

La mujer era pobre; tenía que sacar su propia agua. Lo que Jesús en realidad le quiso decir fue: «Te conozco. Sé que eres una mujer samaritana. Tu vida es muy dura. Conozco tu experiencia. Me intereso por ti». Ese rabino se sentó junto a un pozo e inició un debate profundo, teológico y personal sobre la relación de esta mujer con Dios. Él tomó en serio la capacidad intelectual, las opiniones y las preguntas de ella.

¿Debe sorprendernos que ella no dejara de hablar acerca de este hombre?

Jesús estaba haciendo algo muy subversivo.

Estaba tratando a una mujer como alguien que poseía identidad propia.

La tendencia de los hombres en los tiempos de Jesús era definir la identidad de la mujer a partir de los hombres que habían pasado por su vida.

Difícil de imaginar.

Corre un viejo cuento acerca de un gerente ejecutivo y su esposa que iban de viaje y se detuvieron para cargar gasolina. El gerente entró al negocio, y cuando salió, notó que su mujer estaba hablando con el empleado de la estación de servicio. Le preguntó de qué hablaban; y resultó ser que ella conocía al empleado porque en su juventud había salido con él. Sintiéndose orgulloso, el marido le dijo: «Apuesto a que te alegras de haberte casado conmigo, un gerente ejecutivo, y no con un empleado de la gasolinera».

A lo que ella respondió: «No; en realidad considero que si yo me hubiera casado con él, él sería el gerente ejecutivo, y tú el empleado de la estación».

El problema con esta historia es este: ¿Por qué razón no podría ser *ella* la gerente ejecutiva? Mejor aún, ¿por qué causa no podría ella trabajar con libertad, alegría, y amor, y con dignidad y honor, en vez de hallar su identidad en un esposo o en un título?

La historia ha cambiado. Jesús les ha ofrecido a las mujeres una nueva comunidad.

> Después de esto Jesús anduvo recorriendo los pueblos y las aldeas, proclamando las buenas nuevas del reino de Dios. Lo acompañaban los doce, y también algunas mujeres ... : María, a la que llamaban Magdalena, ... Juana, esposa de Cuza, el administrador de Herodes; Susana y muchas más que los ayudaban con sus propios recursos.

No podemos pasar por alto lo insólito que esto resultaba en el mundo antiguo. Las mujeres no viajaban con los hombres. A menudo se las animaba a quedarse simplemente puertas adentro.

En Grecia, el público femenino que asistía a las dramatizaciones helénicas en su mayor parte estaba compuesto por esclavas y prostitutas, porque estos eventos tenían lugar al aire libre y se esperaba que las mujeres respetables y muchachas jóvenes solteras se quedaran en casa, fuera de la vista.

Jesús tenía seguidores, hombres y mujeres que viajaban, estudiaban, aprendían y ministraban juntos. Imaginemos qué tipo de rumores corrían.

Pero esas mujeres eran las que pagaban las cuentas; incluyendo, como lo hemos notado, a una mujer llamada Juana, cuyo esposo trabajaba para Herodes. Un Herodes que intentaba matar a Jesús.

Y Jesús no solo no lo consideró denigrante o amenazador sino que lo aceptó de buen grado.

Jesús estaba, en cierto sentido, plantando semillas de subversión que tardarían siglos en germinar. Él no ha defendido la estructura social del siglo veintiuno en Occidente (ni de ningún otro siglo). Él no trató de convencer a ninguna mujer para que se postulase para el cargo de césar. Fue un hombre de su tiempo.

También era judío de pura cepa. Con mucha frecuencia los cristianos han sido culpables de una especie de antisemitismo al escoger y seleccionar ciertos pasajes que dan a entender que Jesús quiso liberar a las mujeres de un judaísmo opresivo. Eso es ofensivo tanto para Jesús como para el judaísmo.

Israel era por lo menos tan diverso en los días de Jesús como el cristianismo lo es en los nuestros. Es posible hallar declaraciones rabínicas extremas («Es mejor que se queme la Torá, a que se la enseñe a una mujer») como también encontrar ejemplos de mujeres a las que se les enseñaba. Hay una oración rabínica tristemente célebre que agradece a Dios por no haber nacido griego, campesino ni mujer. Eso en realidad ha sido tomado prestado de Sócrates, solo que en su caso él *estaba* agradecido por ser griego. El judaísmo hizo un aporte inusitado al enseñar que tanto mujeres como hombres llevan plenamente la imagen de Dios.

> *Jesús no ha defendido la estructura social del siglo veintiuno en Occidente. Fue un hombre de su tiempo.*

Lo que resulta asombroso de Jesús (y podemos afirmar que es una de las semillas que él sembró y aún continúa produciendo un crecimiento sorprendente) es la asombrosa inclusión que hizo de todas las personas. Es como si hubiera puesto de cabeza la idea de Sócrates al afirmar: «Bendito eres tú, oh Dios, cuya imagen veo en toda persona que encuentro». Hay un espíritu inclusivo en Jesús que es parte de lo que atraía (y todavía atrae) a las personas a él, y que caracterizó su relación personal con las mujeres. Dietrich Bonhoeffer escribió: «Jesús les dio a las mujeres dignidad humana.... Antes de Jesús, a las mujeres se las consideraba seres inferiores en el plano religioso».

En la antigua Atenas, las niñas recibían escasa o ninguna educación. Legalmente se las clasificaba como «infantes» cualquiera fuera su edad y su coeficiente intelectual. Por consiguiente, siempre eran propiedad de algún hombre. A menudo se las casaba apenas ingresaban a la pubertad, e incluso antes. Si una mujer era seducida o violada, su esposo estaba legalmente obligado a divorciarse de ella. La seducción se castigaba más severamente que la violación, porque si alguien seducía a una mujer casada, ella podía darle algo de dinero de su esposo. Las leyes que regían sobre las mujeres eran, en su mayor parte, regulaciones en cuanto a la propiedad.

En nuestro mundo, si nuestro automóvil sufre algún daño, nosotros recibimos la compensación porque somos los dueños. Aplicando el mismo principio, en el mundo antiguo si una mujer era violada, la compensación iba dirigida al esposo o al padre, no a ella. Era el dueño el que percibía la retribución.

Sin embargo, en la comunidad que seguía a Jesús, a las mujeres se les daba un lugar diferente. Pablo expresa esto cuando habla acerca de quién será «adoptado» en la familia de Jesús. «Todos ustedes son hijos de Dios mediante la fe en Cristo Jesús ... Ya no hay judío ni griego, esclavo ni libre, hombre ni mujer, sino que todos ustedes son uno solo en Cristo Jesús».

En el mundo antiguo la adopción era muy diferente de lo que es hoy. Un huérfano podía ser llevado para que sirviera como esclavo, pero no se lo adoptaba. La adopción existía para producir un heredero que pudiera ser *páter familias* (cabeza de familia). Una niña no podía llegar a ser *páter familias*. En Grecia, las muchachas no podían ni siquiera tener herencia. Si el padre moría y tenía una hija pero no un hijo, sus propiedades pasarían al pariente varón más cercano.

Pero Pablo dice que lo que los padres terrenales les daban solo a los *hijos varones*, Dios, por medio de Jesús, ahora se los otorgaba también a las mujeres: «Así que ya no eres esclavo sino hijo; y como eres hijo, Dios te ha hecho también heredero». Y eso era válido tanto para gentiles como para judíos, tanto para esclavos como para libres, tanto para mujeres como para varones.

Aun más, en el mundo antiguo, el llamamiento más alto de una mujer era a tener hijos; particularmente hijos varones (como en la película *El padrino*, el deseo del solicitante en el día de la boda era: «Que el primer hijo que tenga sea un *varón*»).

En la antigua Esparta, la madre que daba a luz un hijo recibía dos veces la ración de comida que recibía una madre que daba a luz a una hija. Las únicas mujeres a las que se les colocaba el nombre en la lápida eran las que morían al dar a luz.

Durante muchos años, en la historia romana, incluso las muchachas nacidas libres (a diferencia de los varones) vivían bajo guardianes toda su vida. César Augusto decretó que una mujer podía ser liberada de su guardián después del nacimiento de su cuarto hijo.

Un día Jesús estaba enseñando. «Mientras Jesús decía estas cosas, una mujer de entre la multitud exclamó: —¡Dichosa la mujer que te dio a luz y te amamantó!».

Alguien elogiaba a la madre de Jesús. Podríamos esperar una respuesta cortés: «Gracias. Mi madre es la mejor de todas. Ella fue virgen, como sabes».

Pero en lugar de eso Jesús le dirigió una aguda refutación: «—Dichosos *más bien* —contestó Jesús— los que oyen la palabra de Dios y la obedecen».

Jesús deliberadamente dio una respuesta tajante: «No; te equivocas». Para Jesús, el llamamiento más alto de una mujer no era tener un hijo. La maternidad, igual que la paternidad, son llamamientos nobles; pero no constituyen el llamamiento supremo. Si uno no tiene hijos no ha fracasado.

Al menos no en el llamamiento de Jesús. Y, de paso, si uno tiene hijos, tampoco es definido por la forma en que ellos «resultan».

Debido a que compartimos una humanidad común, el llamamiento supremo de la mujer es el mismo llamamiento supremo del hombre: la aventura gloriosa de llegar a conocer la voluntad de Dios, a cuya imagen fuimos creados, y cumplirla. A través de Jesús, este llamamiento ahora está disponible para cualquier mujer, independientemente de su edad, estado civil, o capacidad para tener hijos.

> Debido a que compartimos una humanidad común, el llamamiento supremo de la mujer es el mismo llamamiento supremo del hombre.

En Roma, una mujer vivía bajo el designio de vida o muerte del jefe de familia, el *páter familias* mencionado anteriormente. Él también era el sacerdote principal del grupo familiar; así que determinaba la religión que tendrían.

En realidad mostramos un resabio de las costumbres romanas en el lenguaje de nuestra tradición al usar la frase «conceder la mano en matrimonio». En Roma el matrimonio podía incluir algo que se llamaba *manus*, que en latín quiere decir «mano». (Por eso es que un *manuscrito* se escribía a mano). A un esposo se la daba la «mano» de su esposa (es decir que él recibía el control sobre ella) o podía entregársela «*sin mano*», lo que quería decir que su padre retenía el control.

Ella siempre estaba en manos de alguien. Si la entregaban a manos de su esposo, se esperaba que renunciara a la religión de su padre y adorara en el altar del marido.

En el movimiento de Jesús, las mujeres tenían un Dios que estaba por encima del estado y de su esposo. Ellas desafiaron las costumbres y a veces arriesgaron su vida por seguir a Jesús. Eso era fuente de seria preocupación en el mundo antiguo. Aquella fe no era simplemente una religión diferente de la de Roma; incluía una *idea* diferente de religión que amenazaba las estructuras sociales en lugar de fortalecerlas.

Un día Jesús estaba enseñando en la casa de María y Marta. Marta hacía todo el trabajo de preparación que realizan los anfitriones. «Tenía ella una hermana llamada María que, sentada a los pies del Señor, escuchaba lo que él decía». Marta se enfadó y se quejó ante Jesús por esto. «—Marta, Marta —le contestó Jesús—, estás inquieta y preocupada por muchas cosas, pero sólo una es necesaria. María ha escogido la mejor, y nadie se la quitará».

(Cuando Jesús dice dos veces nuestro nombre, ¡prestemos atención!).

Mucha gente en nuestros días transforma este relato en una breve historia del ajetreo y el activismo que llevamos en nuestras vidas; es mejor ser María, callada y contemplativa, que la atareada activista de Marta. Nadie en el primer siglo hubiera leído esto de esa manera. La frase «sentarse a los pies de alguien» es un término técnico que quiere decir ser discípulo de esa persona. Pablo lo usó cuando se defendió después de ser arrestado en el templo de Jerusalén: «Yo de cierto soy judío, ... pero criado en esta ciudad, instruido a los pies de Gamaliel, estrictamente conforme a la ley de nuestros padres» (RVR60).

Los estereotipos se resisten a morir. Durante un retiro de matrimonios al que asistió una pareja que llamaré Carlos y Ester, ellos oyeron que el instructor señalaba: «Es esencial que el esposo y la esposa sepan las cosas que resultan importantes para el otro».

Entonces el coordinador se dirigió a los hombres: «¿Puedes mencionar y describir la flor favorita de tu esposa?».

Carlos se inclinó, tocó gentilmente el brazo de Ester, y cariñosamente le susurró: «La flor que está en el paquete de harina, ¿verdad?».

En nuestros días hemos visto escenas semejantes a esta miles de veces: Los hombres se reúnen alrededor de la parrilla o del televisor, y las mujeres en la cocina. Estos patrones son fuertes en nuestros días, pero eran aun más fuertes en los días de Jesús. El hecho de que una mujer se reuniera con los hombres alrededor de la parrilla era impensable en ese entonces.

María se dirigió a la parrilla. Jesús sonrió. Marta hizo lo que la cultura valoraba en las mujeres: limpiar la casa y preparar la comida. María escogió lo que la cultura valoraba en los hombres: ser un discípulo.

Jesús señaló que María había hecho lo correcto. Jesús estaba invitando a las mujeres a ser sus discípulas.

Los Evangelios relatan que fueron las mujeres las que siguieron a Jesús hasta la cruz cuando todos los hombres huyeron llenos de temor. Juan Crisóstomo, padre de la iglesia primitiva, escribió que allí fue donde la feminidad «mejor mostró su valentía. Todos los discípulos huyeron, mientras que ellas permanecieron a su lado».

En los cuatro Evangelios, la tarea de ser testigos que anuncien la resurrección se les confiere a mujeres. Resulta asombroso, porque en el mundo antiguo, por lo general, se desdeñaba el testimonio de una mujer.

Cuando un filósofo griego llamado Celso, que quiso argumentar que no había buena base para creer que Jesús había resucitado, destacó: «Pero, ¿quién vio esto? Una mujer histérica, como dicen, y tal vez algún otro de los que se habían dejado engañar por la misma brujería».

En Israel, recibir el testimonio de las mujeres era como si en nuestros días aceptáramos el testimonio de los menores de edad. Bajo circunstancias especiales, si no hubiera disponible ningún otro testimonio, podría ser admisible, pero habría un prejuicio en contra del menor, y más receptividad hacia el testimonio de un adulto. Es cierto que el testimonio de mujeres como Débora, Miriam, y Hulda, se aceptan con gozo en las Escrituras Hebreas. Y existen algunos relatos de mujeres que atestiguaron ante la ley, pero en raras oportunidades.

Vemos algo de esta dinámica en Lucas: «Al regresar del sepulcro, les contaron todas estas cosas a los once y a todos los demás. ... Pero a los discípulos el relato les pareció una tontería, así que no les creyeron».

¿Pueden imaginarse la frustración de las mujeres?

Entonces Jesús se les apareció a los discípulos. Me hubiera encantado estar ahí cuando las mujeres se encontraron de nuevo con los discípulos: «Vieron, ¡Jesucristo ha resucitado! ¡Se los dijimos!»

———

Este cambio radical en la manera de valorar a las mujeres implicó que ellas empezaran a asumir papeles inusualmente prominentes de liderazgo en la iglesia primitiva. Casi la mitad de las casas que Pablo menciona y que conforman la infraestructura de la iglesia primitiva pertenecían a mujeres. Las mujeres empezaron a sentirse valoradas en una nueva comunidad a la que dedicaron sus vidas. Plinio el Joven escribe en una carta al emperador que, a fin de aprender en cuanto a la fe: «juzgué que lo más conveniente para hallar la verdad era torturar a dos esclavas a las que llamaban diaconisas».

En Roma se multaba a una viuda si no se volvía a casar en un plazo de dos años. Se consideraba malo que hubiera vivido más que su esposo pues constituía una carga para la economía.

Pero una comunidad les recordaba que cuando Jesús estuvo en la cruz le había dicho a uno de sus seguidores que cuidara de su madre viuda cuando él ya hubiese fallecido. Los seguidores de Jesús esparcieron a un mundo más amplio la tradición de Israel en la que se hacía honor a la viudez; cuidar de las viudas era parte de la vida comunitaria.

De acuerdo con el periodista Tim Miller Dyck, es muy probable que las mujeres constituyeran una clara mayoría dentro de la iglesia primitiva. Una iglesia en Cirta, África del Norte, fue incautada durante la persecución en el año 303 d.C. Los arqueólogos hallaron allí dieciséis túnicas de hombre (lo que quiere decir que por lo menos dieciséis hombres formaban parte de esa iglesia), pero también encontraron ochenta y dos túnicas de mujer, treinta y ocho velos, y cuarenta y siete pares de sandalias de mujer.

———

Es por Jesús que una anciana llamada Apolonia, cuando los romanos la arrestaron, la flagelaron, le fracturaron la quijada y le rompieron los dientes, ofreciéndole libertad si renunciaba a Cristo, eligió saltar al fuego y que este la consumiera.

Jesús es la razón por la que Juliana de Norwich, en 1393, escribió el primer libro en inglés redactado por una mujer: *Dieciséis revelaciones del amor divino*. Y es tan profundo que se lo estudia incluso hoy.

Es por Jesús que las mujeres han viajado a otros continentes y pasado décadas aprendiendo un idioma extraño a fin de ser capaces de traducir el evangelio, iniciar iglesias, cuidar a los enfermos, educar a los analfabetos y marchar por los oprimidos.

¿Es posible que nuestro mundo todavía no haya prestado atención a Jesús?

La atadura de pies de las mujeres en la China, el suicidio en la pira funeral de las viudas en la India, la práctica de la mutilación genital femenina en África, la poligamia, la falta de educación, la falta de oportunidades... Tal vez nuestro mundo necesita encontrar a Jesús una vez más junto al pozo.

Hace poco tiempo estaba hablando sobre esto en Chicago cuando se acercó a hablar conmigo un hombre que dirige un ministerio en la India, llamado *As Our Own* [Como si fueran nuestras]. Ellos rescatan muchachas huérfanas (por lo general las rescatan del tráfico sexual) para criarlas como si fueran propias, haciendo referencia a la noción de que en Cristo todos debemos ser una sola familia.

Una experiencia relata el caso de una muchacha a la que llamaré Rani, que perdió su niñez cuando tenía once años. A ella y una amiga las drogaron, las secuestraron y las transportaron a cinco mil kilómetros de distancia. Sus captores las obligaron a ser parte del tráfico sexual mediante tortura sexual en el camino. La combinación entre pobreza, amenazas y golpes dejaron en claro que para Rani no había escapatoria.

A la larga Rani quedó embarazada y dio a luz a una hija a la que le puso por nombre Preema. Pronto sus captores también quisieron usar a Preema. Le ofrecieron dinero y después la amenazaron con hacer con la hija lo que habían hecho con la madre.

El personal de *As Our Own* se enteró de la situación de Preema e intervino, aunque llevó mucho tiempo ganarse la confianza de Rani. Lograron rescatar a Preema de ese mundo corriendo riesgos. Rani misma sigue cautiva. Ahora ella trabaja desde adentro de ese mundo de esclavitud sexual para ayudar a otras hijas a adquirir su libertad. La declaración de Rani cuando entregó a su hija al personal fue: «No voy a vivir muchos años más; por favor, cuiden de Preema cuando yo haya muerto».

El mundo mediterráneo en el que nació Jesús era un mundo en el que (fuera de Israel) el abuso sexual de niños esclavos y analfabetos no era ni raro ni ilegal; tampoco era considerado particularmente escandaloso. Como O. M. Bakke ha documentado, fue en los lugares a los que la iglesia llegó cuando fue esparcida durante los primeros siglos, en los que las niñas dejaron de ser abandonadas al nacer, o esclavizadas y explotadas sexualmente en la niñez.

¿Es posible que la iglesia todavía no haya prestado atención a Jesús? Sigmund Freud escribió una frase célebre (o tristemente célebre): «*He aquí la gran incógnita que no he podido resolver, a pesar de mis treinta años de investigación sobre el alma femenina: ¿Qué es lo que quiere la mujer?*».

El prestigio de Freud no ha ido precisamente en aumento durante los últimos cincuenta años; y su percepción de las mujeres no ha ayudado. Resulta asombroso que en Jesús, habiendo vivido mil novecientos años antes, estuviera ausente el desdén hacia las mujeres. Por lo que observamos en su vida y sus relaciones, parecía saber de alguna manera lo que no lograba comprender Freud.

Una contemporánea de Freud, una mujer brillante, escritora y erudita, sabía con toda claridad lo que quería.

Dorothy Sayers fue la primera mujer en recibir un título de Oxford (el que obtuvo con honores de primera clase). Ella se convirtió en devota seguidora de Jesús; y aquí nos cuenta algo del porqué:

> Pienso que nunca he oído un sermón predicado sobre la experiencia de Marta y María que no haya intentado, de alguna manera, racionalizar el pasaje. María, por supuesto, escogió la parte mejor; el Señor lo dijo así, y no debemos contradecirlo. Pero... Marta estaba haciendo una tarea realmente femenina, en tanto que María simplemente se comportaba como cualquier otro discípulo, varón o mujer; y esa es una píldora difícil de tragar.

> Tal vez con razón las mujeres fueron las primeras en estar presentes junto a la cuna y las últimas en irse de al lado de la cruz. Ellas nunca habían conocido un hombre como ese Hombre; es que nunca ha habido otro igual. Profeta y maestro que jamás las hostigó, ni las lisonjeó, ni las coaccionó ni las trató con desdén; alguien que nunca hizo bromas pesadas acerca de ellas; que nunca las trató como diciendo: «¡Son mujeres,

Dios nos ayude!», o «Señoras, ¡que Dios las bendiga!». Que las reprendió y elogió sin (denigrante) condescendencia; que tomó en serio sus preguntas e interrogantes; que nunca las marginó dentro de su propia esfera; que nunca las instó a ser femeninas ni se mofó porque eran mujeres; que nunca tuvo un solo reproche hacia ellas, ni sintió la necesidad de defender una incómoda dignidad masculina.

¿Qué posibilidades había de que en el siglo veinte una brillante erudita educada en Oxford dijera que María se había sentido tan atraída por ese joven rabino itinerante por la simple razón de que hasta esos días no había existido otro hombre como él?

CAPÍTULO 5

Un erudito nada distinguido llega de visita

Jesús pasó la mayor parte de su vida adulta trabajando como artesano, fabricando mesas y sillas. Luego, un día decidió cambiar de trabajo.

Escribo estas palabras en un avión, sentado junto a un hombre llamado Timoteo que acabo de conocer, él es un distinguido erudito que va de visita a la Universidad de Stanford. El padre de Timoteo creció siendo un «intocable» analfabeto en la India [los intocables son personas consideradas impuras por nacimiento, y por lo tanto indignas de ocupar un puesto en el sistema de castas]. Él aprendió a leer y a escribir gracias a que Jesús decidió cambiar de trabajo. Pero me estoy adelantando al relato.

No sabemos qué fue lo que impulsó a Jesús a cambiar de ocupación, o por cuánto tiempo la idea rondó por su mente, o qué pensó su familia cuando él se los comunicó. Un Sabbat fue a la sinagoga de la ciudad en que vivía, tomó un rollo y leyó un pasaje de Isaías, y luego tomó asiento.

Estar sentado es la postura tradicional de enseñanza que asumen los rabinos, los maestros eruditos de Israel. Al sentarse, Jesús estaba proclamando su nueva ocupación. Él afirmó en su primer mensaje que Dios amaba a los gentiles y que estaba dispuesto a abrazar a cualquier persona. Jesús adujo *saber* esto. Al finalizar su sermón, la congregación estaba tan furiosa, que lo sacaron de la ciudad e intentaron despeñarlo por un precipicio. Se opusieron a su conocimiento.

Si ese hubiera sido yo, al final de mi primer sermón me habría sentido desmoralizado. Jesús empezó su nueva carrera (para decirlo de manera suave) como un erudito *nada* distinguido y jugando de visitante.

Jesús era maestro. Tenía la cualidad (que por lo general poseen los genios o los locos) de estar tan convencido de tener la razón, que aun el enfrentar una oposición intensa no lo hizo tambalear.

Era un rabí como los demás rabíes, y sin embargo como ningún otro. Eso es lo que se afirma al final del Sermón del Monte: «Cuando Jesús terminó de decir estas cosas, las multitudes se asombraron de su enseñanza, porque les enseñaba como quien tenía autoridad, y no como los maestros de la ley».

A Jesús se le llama «Rabí» unas once veces en los Evangelios, de modo que es preciso comprender a los rabinos para entender a Jesús.

No hay rabinos en las Escrituras Hebreas. La palabra no aparece. Existe una razón importante para que sea así. Cuando el sueño de una nación es la grandeza nacional, sus héroes a menudo son reyes y soldados. Conforme los sueños de Israel se fueron desvaneciendo en el exilio, los reyes y soldados comenzaron a ser reemplazados por una nueva clase de héroe: el maestro, el educador.

Los israelitas no tenían ejército ni riquezas ni poder. ¿Qué poseían, entonces?

Tenían un libro. Nadie más contaba con un libro como este. Hablaba acerca de las grandes cuestiones de la existencia humana y proporcionaba guía para la vida. Eso los mantuvo unidos cuando perdieron todo lo demás. Roma tenía ejércitos; Grecia tenía cultura; Egipto tenía riquezas; Fenicia tenía barcos. Israel era *el pueblo del libro*.

> *Conforme los sueños de Israel se fueron desvaneciendo en el exilio, los reyes y soldados comenzaron a ser reemplazados por una nueva clase de héroe: el maestro, el educador.*

Los rabinos conocían el libro. Cuando lo enseñaban, citaban a los grandes rabinos para dar una correcta interpretación de las Escrituras. «El rabino Shammai dice... mientras que el Rabí Jilel sostiene...». Eso no era señal de mala enseñanza. Como cuando en nuestros días los jueces tienen que dictar una sentencia. Esperamos que un buen juez cite precedentes jurídicos.

Jesús era un rabí como todos los demás, pero también como ningún otro. Él no citaba a otros; decía: «*Les aseguro...*». En el Evangelio de Juan, redobla la apuesta y señala dos veces: «*De veras les aseguro...*». Estas palabras aparecen setenta y cinco veces en los Evangelios.

Lo que Jesús quería decir era: «Sé cómo son las cosas. Lo sé. Sé sobre el dinero. Conozco todo en cuanto a economía. Sé que "hay más dicha en dar que en recibir". He observado ambas opciones en la práctica. Lo he considerado profundamente y voy a ahorrarles el dolor que conlleva el elegir la senda equivocada. Sé que el resentimiento contagia. Conozco el corazón humano. Sé que el perdón es algo superior».

Jesús no citaba a nadie. Era muy diferente de los demás rabíes. Muy distinto de otros grandes maestros. G. K. Chesterton escribió acerca de que los grandes maestros a menudo enfatizaban que no sabían: «Sócrates, el hombre más sabio, sabía que no sabía nada». Sócrates dijo que lo que lo caracterizaba como sabio era que él había aprendido mejor que los demás que no sabía acerca de ciertas cosas. Jesús nunca manifestó nada parecido; nunca dijo: «No sé». No porque fuera arrogante. Es más, Jesús era sumamente *humilde* en sus relaciones personales, y sin embargo se mostraba completamente *confiado* en cuanto a sus convicciones.

Algunos con frecuencia pintan a Jesús como un gurú bien intencionado, pero un tanto ingenuo, que andaba por aquí y por allá soltando dichos ingeniosos de sabiduría folclórica y sencilla, y que por casualidad inició un movimiento que jamás hubiera previsto.

Pero nadie que lo haya conocido podría pensar algo así.

Pablo, en todo sentido, fue uno de los individuos más brillantes que jamás haya vivido. Estudió bajo el que fuera el más grande rabí de la época: Gamaliel. La gente a menudo piensa en Jesús como un sabio afable, en tanto que consideran a Pablo como el genial teólogo que inventó el cristianismo. Pero el propio Pablo no habría pensado de esa forma. Pablo declaró que Jesús era el «Cristo, en quien están escondidos todos los tesoros de la sabiduría y del conocimiento». Pablo no dijo eso de Gamaliel; ni tampoco de sí mismo.

Los intelectos brillantes no se matriculan para estudiar bajo alguien más tonto que ellos. Pablo reconoció a Jesús como maestro del intelecto, y superior a él en todo sentido. La capacidad de Jesús de ayudar a la persona más sencilla y a la vez, desafiar a la más inteligente, se interpretó como señal de su maestría. Uno de los dichos favoritos de los padres de la iglesia de los primeros siglos era: Los Evangelios son un río en el que una garrapata puede nadar y un elefante puede ahogarse.

El impacto histórico del pensamiento de Jesús se ha extendido tanto que a menudo es algo que se da por sentado. Los Evangelios, que registran su vida y sus enseñanzas, han impactado tanto al mundo que se han traducido a 2527 idiomas. El segundo libro más traducido es *Don Quijote*, que está disponible en 60 idiomas.

La Biblia es el libro de mayor venta de todos los tiempos, según el *Libro Guinness de Récords Mundiales*. El segundo libro de mayor venta de todos los tiempos, de acuerdo con la misma fuente, es el propio *Libro Guinness de Récords Mundiales*.

En el mundo académico los eruditos llevan cuenta de cuán a menudo otros eruditos citan algún artículo que ellos hayan escrito. Por este criterio puramente secular, el impacto intelectual de Jesús no tiene precedentes. Según Harvey Cox, profesor de Harvard, «las palabras [del Sermón del Monte] son el discurso moral y religioso más luminoso, más citado, más analizado, más cuestionado, más influyente de toda la historia humana. Esto puede sonar a exageración, pero no lo es».

Jesús, como Dallas Willard a menudo lo señala, era realmente un tipo inteligente. Podemos pensar en él de muchas otras maneras, pero nunca confiaríamos en alguien si no consideramos que sabe de lo que está hablando.

Una de las razones por las que a veces pasamos esto por alto es por el *método* de enseñanza de Jesús: Jesús enseñaba para cambiar vidas. En el sistema educativo de nuestros días tendemos a pensar en la *enseñanza* como transferencia de información. El maestro vierte información en el estudiante como si echara agua en una jarra vacía, y luego lo evalúa solo por una cosa: ¿puede repetir como cotorra lo que el maestro ha dicho?

El impacto histórico del pensamiento de Jesús se ha extendido tanto que a menudo es algo que se da por sentado.

La pregunta número uno en cualquier clase es (si usted es maestro, lo sabe): «¿Va a tomar esto en el examen final?». Todos tomamos notas a fin de recordar eso hasta el examen final.

Sin embargo, nadie anotaba cuando Jesús enseñaba. ¿Por qué? Porque resulta natural recordar automáticamente aquello que cambia nuestras vidas. Si usted andaba por allí el 11 de septiembre, o el día en que el presidente John Kennedy fue asesinado, o cuando sucedió el ataque a Pearl Harbor, seguramente lo recordará.

Hace poco fui a practicar surf en un sector solitario del océano, cuando a poca distancia de mí pasó deslizándose una aleta grande y oscura. Desapareció demasiado rápido como para que yo me cerciorara de qué era, pero tuve una experiencia religiosa. Mantuve una breve charla con Jesús allí mismo. Recuerdo, sin ningún esfuerzo, ese momento. No necesité registrarlo en ningún lado.

Otra razón por la que nos pasa desapercibida la brillantez de Jesús es porque en nuestros días pensamos de la *educación* de manera diferente de lo que se pensaba en el mundo antiguo. El presidente de una universidad de la liga Ivy una vez dio la bienvenida a los estudiantes que llegaban diciendo: «No podemos proporcionarles una filosofía de la educación sin poner a su alcance una filosofía de la vida. Ella provendrá de su propio aprendizaje activo, de sus propias decisiones, de sus propias elecciones. Piensen con su propia cabeza».

Si un estudiante dice que Colón descubrió América en 1493, o que e $= mc^2$, entonces la universidad es la que suple ese conocimiento. Pero cuando se trata de valores y sabiduría, es un sálvese quien pueda. No existe una especialización para «convertirse en una persona buena».

El pueblo de Israel no podía haber recibido un mensaje más contracultural. El texto primario de Israel, que se repetía dos veces cada día, se llamaba la *shemá*, por su primera palabra: «Escucha, Israel: El Señor nuestro Dios es el único Señor. Ama al Señor tu Dios con todo tu corazón y con toda tu alma y con todas tus fuerzas».

El texto no dice: «Oh Israel, piensa con tu propia cabeza. Sigue tus instintos. Incrementa tu bendición. Eres el centro autónomo del universo».

Oye. Escucha. Quédate quieto. Esa es la Torá. Sabiduría. Átala a tus brazos, átala a tu cabeza, ponla en tu puerta, píntala en la entrada, repítela como lo primero de la mañana y lo último de la noche, habla de ella con tus hijos. Que te falte todo lo demás en la vida, pero no esto: Ama a Dios con todo lo que eres.

Jesús empezó a enseñar a todo el que quisiera escuchar, independientemente de su género o edad.

Más allá de lo que cualquiera pudiera pensar de las respuestas que él daba, el mundo comenzaría a cambiar.

El mandamiento final que Jesús les dio a sus seguidores fue este: «Se me ha dado toda autoridad en el cielo y en la tierra. Por tanto, vayan y hagan discípulos de todas las naciones ... enseñándoles a obedecer todo lo que les he mandado a ustedes». (Eso representaba muchísima autoridad. Nadie jamás había insinuado algo así. Sócrates nunca dijo eso. Tampoco Confucio ni Buda. Solo Jesús lo hizo).

Sus seguidores lo tomaron en serio. «Y todos los días, en el templo y por las casas, no cesaban de enseñar». Dieron inicio a un proceso de educación llamado *catequesis*. Enseñarían tanto a hombres como a mujeres durante años.

Alrededor del año 150 d. C. un hombre llamado Justino Mártir formó escuelas en Éfeso y Roma. Roma y Grecia valoraban el aprendizaje. A todos los seres humanos les encanta aprender, y una tarea grande para la iglesia a través de los siglos fue tratar de integrar lo que Jesús enseñó con la profundidad del aprendizaje clásico.

Pero se produjo un nuevo desarrollo. En el mundo grecorromano la educación formal estaba reservada solo a los hijos varones de las familias acomodadas. Sin embargo, los dirigentes de la iglesia recordaron que seguían a un hombre que había enseñado a todos, y que les había dejado la indicación de que enseñaran a *toda* persona. Así lo hicieron. Empezaron a educar a hombres y mujeres, esclavos y libres.

Alguien le preguntó a Jesús: «¿Cuál es el más grande mandamiento?». Jesús citó a la *Shemá*, que todo israelita devoto conocía: «Ama al Señor tu Dios...».

Pero Jesús hizo una enmienda profunda a este enunciado, que se percibe en la versión de Mateo: «Ama al Señor tu Dios con todo tu corazón, con todo tu ser y con toda tu mente». Añadió la palabra *mente*.

El amar a Dios con la mente empieza al sentir curiosidad por Dios. Podemos pasar semanas, meses, e incluso años sin jamás preguntarnos: *¿Hay alguien que hizo el mundo? ¿Cómo es él?*

Pero para los seguidores de Jesús, amar a Dios con «toda la mente» implica más. Creían en la enseñanza de Jesús que señalaba que Dios había creado todo, y que había pensado en cada cosa. Por consiguiente, cada vez que aprendemos algo verdadero, cada vez que nos enseñan cómo funciona la creación o cuando aprendemos matemáticas o lógica, en realidad estamos teniendo los pensamientos de Dios. Estamos llegando a conocer a Dios debido a que lo amamos.

> El amar a Dios con la mente empieza al sentir curiosidad por Dios. Pero, amar a Dios con «toda la mente» implica más.

El aprendizaje puede llegar a ser un acto de adoración. Los seguidores de Jesús sostenían que aprender algo en realidad nos ayuda a conocer y amar mejor a Dios. Ellos amaban la verdad.

Algunos cristianos prominentes creen que esto significa que no debemos leer a los filósofos seculares. Tertuliano preguntaba: «¿Qué tiene que ver Jerusalén con Atenas?». San Jerónimo temía recibir castigo divino si leía a Cicerón.

Pero otros razonaron que si Dios pudo hablar por la burra de Balaam, no había limitación en cuanto a dónde era posible hallar la verdad. No leían solamente la Biblia, sino también escritos griegos y romanos paganos, y buscaban sabiduría en donde quiera que pudieran hallarla porque, como Agustín, decían: «Toda verdad es verdad de Dios».

Roma colapsó y los bárbaros (los hunos, los godos y los visigodos) aplastaron a la civilización romana. Había pocos libros y no existía la imprenta aún. Contaban con rollos que se desgastaban fácil y rápidamente. Para el siglo sexto, en una Europa analfabeta, no quedaban bibliotecas.

Thomas Cahill relata en *How the Irish Saved Civilization* [El modo en que los irlandeses salvaron a la civilización] la manera en que las comunidades monásticas copiaron todo texto antiguo al que le pudieron echar mano. Por muchos siglos, los monasterios fueron las únicas instituciones en Europa para la adquisición, preservación y transmisión del conocimiento.

Los más grandes preservadores de los documentos paganos clásicos fueron los seguidores de Jesús. Según Jaroslav Pelikan, «tal vez uno empiece a comprender cuán completamente Cristo Monje conquistó el mundo escolástico de la Edad Media al verificar, en las ediciones estándar modernas, cuántas de las obras de la antigüedad incluso existen para nosotros hoy solo porque fueron copiadas por monjes en algún escritorio medieval... [obras] no solo de santos cristianos sino también de autores clásicos y paganos».

———

El más grande desafío intelectual para la iglesia primitiva fue integrar las verdades cristianas con el aprendizaje pagano.

Los monasterios se convirtieron en lugares de grandioso aprendizaje. Un seguidor de Jesús llamado Benedicto coleccionó tantos manuscritos antiguos que se lo ha llegado a conocer como «el padrino de las bibliotecas». La educación incluía una integración del aprendizaje clásico con la fe cristiana. George Marsden escribió: «La educación no se podía concebir sin los paganos. El latín y el griego eran los idiomas de la educación. Todos los elementos prácticos (el trivio de gramática, retórica y lógica, y el cuadrivio de aritmética, música, geometría y astronomía) habían sido establecidos por los antiguos».

A partir de los monasterios llegaron las universidades. Los inicios del sistema actual de facultades tienen origen en eruditos que se agruparon en gremios autogobernados con licencia del papa para tener la autoridad exclusiva de otorgar grados. La primera universidad se estableció en París alrededor del siglo doce, y Oxford y Cambridge empezaron en el siglo trece. (El lema de la Universidad de Oxford es el Salmo 27:1: «El Señor es mi luz»). Luego vinieron las Universidades de Roma, Nápoles, Viena y Heidelberg. Todas ellas fueron fundadas por seguidores de Jesús a fin de que las personas pudieran amar a Dios con toda su mente. Llegaron a conocerse como *universidades* porque reflejaban la idea de que en el principio Dios creó todas las cosas. La realidad no es simplemente un accidente cíclico y azaroso. Dios es supremamente racional, así que eso significa que hay una realidad que se puede estudiar en toda su extensión conocida para la gloria de Dios. De modo que a estas casas de estudio no se las creó como *multiversidades*, con un enfoque de caos al azar, sino más bien como *universidades* para estudiar un *universo*.

A los que enseñaban en las universidades se los llamó *profesores*. ¿Por qué? Porque se pensaba que ellos tenían algo que *profesar*. «Profesar» quiere decir considerar que determinada creencia es verdad, que posee valor y que por lo tanto debe ser conocida. Tengo una *profesión* que hacer. («Bajo tu profesión de fe...», como dice una fórmula tradicional del bautismo). Esas personas son los sabios que nos enseñan.

La educación cambió nuevamente cuando Martín Lutero recalcó, a partir del Nuevo Testamento, el sacerdocio universal de los creyentes. Lutero dijo que eso quería decir que toda persona debía ser capaz de leer y escribir a fin de interpretar las Escrituras por cuenta propia, porque todos tenemos que ser sacerdotes. Eso condujo a establecer como meta la alfabetización universal de todas las personas de una sociedad.

Lutero anunció que pensaba escribir un libro sobre los padres que descuidan la educación de sus hijos: «En realidad voy a perseguir a los padres infames, odiosos, condenables, que no son padres para nada sino cerdos despreciables y bestias venenosas devorando a sus propias crías». (Lutero evidentemente no tenía dificultades en cuanto a expresar sus emociones).

En los Estados Unidos de América, la primera ley en requerir que la educación fuera universal y masiva se decretó en Massachusetts en 1647. Se la llamó, aunque usted no lo crea, «Acta del Viejo Engañador Satanás». «Siendo un producto principal de aquel Viejo Engañador, Satanás, impedir que los hombres conocieran las Escrituras ... a fin de que el aprendizaje quedara enterrado en las tumbas de nuestros antepasados».

Que la ignorancia es una herramienta del diablo, y que Dios es el Dios de la verdad es una maravillosa visión que toda persona debería captar.

> *Martín Lutero recalcó el sacerdocio universal de los creyentes. Eso condujo a establecer como meta la alfabetización universal de todas las personas de una sociedad.*

George Marsden anotó que «uno de los hechos asombrosos en cuanto a la historia estadounidense es que a poco menos de seis años de su desembarco en el ambiente salvaje de Massachusetts, los puritanos establecieron lo que pronto llegaría a ser conocido como un colegio de gran reputación». Lo que sigue ha sido tomado de los manuales del estudiante: «Que a todo estudiante se lo instruya clara y fervientemente y se lo impulse a considerar bien que la meta principal de su vida y estudios es conocer a Dios y a Jesucristo, que es la vida eterna, (Juan 17:3), y por consiguiente poner a Cristo ... como el único cimiento de todo conocimiento y aprendizaje sólido».

Así se inició la Universidad de Harvard. Luego otros educadores fundaron Yale, William & Mary, Princeton y Brown con el mismo propósito: que la meta principal y fin de la vida y los estudios fuera conocer a Dios y a Jesucristo. Todas las instituciones que empezaron antes de la revolución estadounidense, excepto una, tuvieron como origen el servir al movimiento de Jesús.

El 92% de las primeras 138 universidades fundadas en los Estados Unidos de América fueron iniciadas por seguidores de un Carpintero itinerante sin mayor educación, y que jamás escribió un libro.

Muchos han oído acerca de la Escuela Dominical. La mayoría no tiene idea de cómo surgió. En 1780, un seguidor de Jesús en Gran Bretaña, llamado Robert Raikes, no podía soportar más el ciclo de pobreza e ignorancia que estaba destruyendo a los niños de toda una generación. Él declaró: «El mundo marcha hacia adelante sobre los pies de los niños». Así que tomó a los pequeños que tenían que trabajar seis días por semana en condiciones miserables. El domingo era su día libre. «Voy a empezar una escuela gratuita para enseñarles a leer y a escribir y para que aprendan sobre Dios», dijo un día. Lo hizo, y llamó a esa idea «Escuela Dominical».

Cincuenta años después había un millón y medio de niños a los que les enseñaban 160 mil maestros voluntarios que tuvieron la visión de educar a toda una generación. La Escuela Dominical no fue un programa privado, opcional para los chicos de la iglesia. Fue uno de los grandes triunfos educativos voluntarios del mundo.

El alfabeto de los eslavos se llama cirílico. Lleva el nombre de San Cirilo, que fue misionero entre los eslavos y descubrió que no tenían alfabeto escrito. Así él produjo uno para que ellos pudieran leer acerca de Jesús en su propia lengua.

En nación tras nación, los misioneros cristianos hallaron lenguajes que no tenían una forma escrita. Así que, mediante actos de sacrificio impresionantes, dedicaron sus vidas a la tarea de crear un sistema de escritura. En muchos casos, los primeros esfuerzos del estudio científico de un idioma fueron realizados por misioneros cristianos. Ellos compilaron los primeros diccionarios. Escribieron las primeras gramáticas. Desarrollaron los primeros alfabetos. El primer nombre propio importante escrito en muchos idiomas fue el nombre de *Jesús*.

Hace poco más de un siglo, un misionero metodista, Frank Laubach, tuvo un encuentro extraordinario con Dios que lo llevó a encarar la misión de sacar al mundo de la ignorancia. Empezó un movimiento mundial de alfabetización. La frase «cada uno enseña a uno» brota de la vida extraordinaria de este hombre. Viajó a más de cien países y dirigió el desarrollo de los primeros libros de lectura en 313 idiomas. Se lo llegó a conocer como «el apóstol de los analfabetos».

La cosmovisión de Jesús forma parte de la manera en que la ciencia se fue desarrollando en nuestro mundo. En nuestros días muchos piensan que la ciencia y la fe son enemigos. Pero Diógenes Allen, profesor de Princeton, escribe: «Hemos empezado a darnos cuenta de que desde su mismo nacimiento, la ciencia le debe mucho al cristianismo».

De acuerdo con Allen, hay actitudes del cristianismo que fueron indispensables para que la ciencia pudiera surgir. Los cristianos, a diferencia de Platón, creen que la materia es buena, puesto que Dios la creó. Así que estudiarla debe ser bueno. El mundo fue creado por un Dios ordenado y racional, y por consiguiente, hay razón para no esperar un caos, sino orden y razón, ley y regularidad en la creación, en la naturaleza. Por otro lado, puesto que Dios es libre y omnisciente, nunca podemos predecir de antemano lo que él va a hacer, de modo que tenemos que investigar. Resulta preciso experimentar para saberlo.

Un buena cantidad de historiadores aducen que ciertas ideas referidas a cómo debe funcionar el mundo si es que fue creado por un Dios bueno y racional, resultaron esenciales para llevar a la creación de las ciencias. En marzo del 2009, la NASA envió al espacio un telescopio que llevaba el nombre de Johannes Kepler, el gran matemático y astrónomo que vivió alrededor del año 1600 d. C. Kepler escribió esto: «Dios, como Maestro Constructor, ha puesto el cimiento del mundo de acuerdo a la ley y el orden. Dios quería que reconociéramos esas leyes al crearnos a su imagen, a fin de que participáramos de su propio pensamiento».

> *La vasta mayoría de los pioneros de la ciencia consideraban su obra como un aprender a tener los pensamientos de Dios.*

«Ama al Señor tu Dios ... con toda tu mente»; y las personas lo amaron.

La vasta mayoría de los pioneros de la ciencia, como Guillermo de Ockham, Francis Bacon, Galileo, Copérnico, Blas Pascal, Joseph Priestley, Louis Pasteur, e Isaac Newton (que acabó escribiendo comentarios sobre el Apocalipsis), consideraban su obra como un aprender a tener los pensamientos de Dios. George Washington Carver dijo que había empezado sus estudios sosteniendo un maní y diciendo: «Dios, ¿qué hay en un maní?».

Alfred North Whitehead, uno de los pensadores más preponderantes del siglo veinte, preguntaba: «¿Qué es lo que hizo posible que la ciencia surgiera en la raza humana?». Su respuesta fue fascinante: «Fue la insistencia medieval en la racionalidad de Dios». Porque si uno cree que la creación fue hecha por un Dios racional, eso conduce a presuposiciones fundamentalmente diferentes que si la idea fundamental es que todo se trata simplemente de un accidente azaroso.

Eso no significa afirmar que la ciencia no podría haber surgido de otra manera. Dinesh D'Souza lo destaca de esta manera: «La ciencia, como empresa organizada y sostenida, surgió solo una vez en la historia humana ... en Europa, dentro de la civilización entonces llamada cristiandad».

Un florecimiento singular de la tecnología brotó de comunidades bajo la orientación de Jesús en la Edad Media. Lynn White, profesor de la Universidad de Stanford, escribió: «La tecnología humanitaria que nuestro mundo moderno ha heredado de la Edad Media no tuvo sus raíces en la necesidad económica; porque esa necesidad es inherente a toda sociedad ... Las máquinas que simplificaron el trabajo a finales de la Edad Media fueron producidas por la presuposición teológica implícita de la infinita valía de, incluso, el ser humano más degradado».

Vishal Mangalwadi señaló que en tanto que la tecnología de muchas invenciones se observó por todo el mundo a través de los siglos, esta fue desarrollada y aprovechada principalmente por los monjes cristianos. El factor teológico que impulsaba la tecnología era que la Biblia distinguía al «trabajo» (trabajar es ser como Dios) del «sudor» (que es la maldición del pecado). Por consiguiente, el uso de la razón creativa para liberar a las personas del sudor era parte de la obra redentora de Jesús.

Por eso, aun cuando el caballo no era propio de Europa, fueron los campesinos europeos los que utilizaron a los equinos mediante la invención de la herradura, el arnés en tándem, y la collera del caballo. La primera utilización que se registra de un molino de viento para moler grano fue del abate Gregorio de Tours, en el siglo sexto, y lo creó para que sus monjes tuvieran tiempo para orar.

Los relojes mecánicos fueron inventados por los monjes, porque necesitaban saber cuándo orar. La oración comunitaria después de que caía la noche hacía necesario que todos tuvieran la misma hora. De modo que el reloj llegó a ser una necesidad tanto religiosa como práctica. Por siglos, fue la iglesia la que anunciaba la hora al pueblo.

Se supo por primera vez acerca de la invención de los lentes en un sermón, alrededor del año 1300. Fueron los monjes los que los necesitaban a fin de poder estudiar los textos. Jaroslav Pelikan argumentaba que, contrario a una presuposición común de que el Renacimiento había surgido cuando los pensadores rechazaron la fe y volvieron al escepticismo grecorromano clásico, la renovación en realidad fue estimulada por un deseo de leer el Nuevo Testamento en griego, escrito por pensadores como Erasmo. «"El renacimiento", escribió Konrad Burdach, "que establece un nuevo concepto de la humanidad, del arte, de la literatura y de la vida de erudición [surgió] no en oposición a la religión cristiana sino debido a la plena vitalidad de un avivamiento religioso"».

A veces a la iglesia se la ha acusado falsamente en cuanto a su apertura al aprendizaje. La mayoría de las personas en la actualidad piensa que la gente en los tiempos medievales creía en una tierra plana. La realidad es que todas las personas educadas de la Edad Media sabían que era esférica. El mito de la tierra plana en realidad fue fruto de la pluma del novelista estadounidense Washington Irving, que inventó un juicio en el que los dirigentes de la iglesia acusaron a Cristóbal Colón de herejía por enseñar que el mundo era redondo. El mito de Irving cundió, en parte porque refuerza el estereotipo de que la iglesia siempre ha sido anticiencia.

Sin embargo, en otras ocasiones la acusación fue merecida. «Ama al Señor tu Dios con *toda* tu mente», dijo Jesús, y a menudo sus seguidores han retrocedido ante la palabra *toda*. Amar a Dios con *toda* mi mente quiere decir seguir la verdad implacablemente adondequiera que conduzca. Supone atesorar la verdad ya sea que provenga de la Biblia, de la ciencia o de un ateo. Significa que el antiintelectualismo es anticristiano.

Crecí en una tradición evangélica por la que estoy agradecido, pero la vida intelectual no siempre se apreciaba. Mark Noll escribía, en un libro titulado *El escándalo de la mente evangélica*: «Es que no proviene gran cosa de una mente evangélica». Cuando empecé mis estudios para un doctorado filosófico en psicología clínica, una mujer de mi iglesia me preguntó: «¿Para qué quieres estudiar a Freud? ¿No tenemos la Biblia?».

Yo le respondí: «De hecho, ¿alguna vez ha leído usted algo de lo que escribió Freud? ¿Alguna vez leyó uno solo de sus libros? ¿Lo entendió usted? ¿Comprende la diferencia entre proyección y formación reactiva? ¿Nota la diferencia que existe entre la conciencia y el ideal del yo? ¿Puede distinguir entre represión y supresión? Más allá de lo que usted piense de Freud, él fue una de las mentes dominantes del siglo veinte. Brillante neurólogo, ganó el galardón Goethe por su influencia sobre la lengua alemana. Fue uno de los forjadores de la mente moderna, ¿y usted me dice que se lo puede descartar cuando ni siquiera puede mencionar un solo título de los libros que él escribió?».

Fue la última vez que mi madre me habló de psicología.

Mark Noll escribió que a menudo los cristianos han sido muy rápidos en juzgar aspectos tales como la ciencia basados en presuposiciones erradas. Por ejemplo, los primeros reformadores rechazaron la idea de un sistema solar heliocéntrico porque daban por sentado que contradecía las Escrituras. (Lutero llamó a Copérnico «astrólogo arribista»; a lo mejor estaba algo enojado porque Copérnico había dedicado su obra al papa). En el término de dos generaciones, todos los dirigentes de la Iglesia de la Reforma aceptaban el nuevo cuadro del sistema solar. La abrumadora evidencia los obligó a examinar de nuevo las viejas presuposiciones en cuanto a lo que la Biblia realmente decía. Avanzar despacio antes de dictar juicios teológicos sobre teorías científicas es una de las maneras en las que podemos amar a Dios con *toda* nuestra mente.

Robert Wilkins escribió un maravilloso libro acerca de los escritos de los primeros críticos que no creían en el cristianismo: *The Christians as the Romans Saw Them* [Los cristianos tal como los veían los romanos]. Él destaca que tener que responder a las preguntas difíciles y a las objeciones de los críticos ayudó a los primeros cristianos a aguzar su pensamiento: «Ellos ayudaron a los cristianos a hallar su voz auténtica, y sin ellos el cristianismo sería mucho más pobre». Los músculos intelectuales, tanto como los físicos, se fortalecen cuando enfrentan cierta resistencia.

Avanzar despacio antes de dictar juicios teológicos sobre teorías científicas es una de las maneras en las que podemos amar a Dios con toda nuestra mente.

Pero los cristianos a menudo no han recibido el don de los críticos con la gracia de Jesús. Las obras de los primeros críticos del cristianismo, pensadores romanos como Celso y Porfirio, un médico llamado Galeno, un emperador llamado Juliano el Apóstata, tienen que recopilarse a través de citas y retazos. Después del siglo cuarto, cuando la iglesia obtuvo suficiente poder, simplemente quemó las obras de estos autores. Hasta el siglo cuarto, la iglesia no se dedicaba a la tarea de quemar libros; solo los bárbaros lo hacían.

Amar a Dios con toda la mente quiere decir responder a las obras de personas con las que uno discrepa en lugar de quemarlas. Amar a Dios con toda la mente quiere decir que uno no tiene que ponerse nervioso con respecto a dónde pueda conducir un libro si el que lee está buscando sinceramente la verdad.

Al principio de este capítulo mencioné a Timoteo, un joven sentado junto a mí en el avión. Él me contó que su padre, David, se había criado en una familia dalit (de proscritos) en Maharashtra, India. Él sabía que los dioses del panteón hindú habían maldecido a su generación para que se la dejara en ese estado de rechazo tanto por parte de la religión como de los ciudadanos de castas más altas. En su condición de analfabeto, de intocable dalit, David no podía entrar en el templo de su pueblo, así que emprendió un peregrinaje de unos setenta kilómetros a pie para echarle apenas un vistazo al templo hindú más cercano. Tuvo que esperar en una fila durante tres semanas. Mientras esperaba allí, sin saber si se le permitiría entrar, conoció a un misionero que le dijo que Jesús enseñaba que Dios no lo había puesto bajo maldición, sino que Dios lo amaba. David había crecido con la prohibición de entrar a un templo, de bañarse en el río en un día favorable a fin de no contaminarlo para las castas más altas. A David le llevó seis meses absorber la noción de que Dios lo amaba.

Cuando David decidió seguir a este Jesús, su familia lo apaleó hasta cansarse y lo expulsó de su población. Volvió al misionero que le dio refugio y le enseñó a leer y escribir. A la larga se graduó del Seminario Bíblico Unión en Maharashtra, y luego inició iglesias y dirigió un internado para niñas rescatadas de la prostitución del templo. Para cuando cumplió diecisiete años, David decidió adoptar una colonia de leprosos afuera de Poona, India, y construir un orfanato y una iglesia entre los leprosos. Cada jueves él y su esposa iban a la prisión Yarvada en Poona (donde Mahatma Gandhi estuvo confinado durante un tiempo) y oraban con los presos en el corredor de la muerte.

Timoteo se graduó en ingeniería, obtuvo un Máster en Administración de Empresas en la Universidad Duke, cursó estudios avanzados en el Moore College Sydney, y al presente funciona como uno de los distinguidos eruditos visitantes de la Universidad de Stanford. Me explicó que vastas cantidades de graduados de educación superior en la India tienen sus raíces en el movimiento de Jesús.

La familia Stanford, que fundó la universidad en la que Timoteo ahora es un erudito, también respaldó en sus primeros días a la iglesia de Menlo Park, en la que yo sirvo. El oleaje no se detiene.

———

Un día un carpintero dejó su taller y empezó a enseñar.

¿Qué sería de la historia de nuestro mundo si Jesús no hubiera cambiado de carrera? Imaginemos si él se hubiera quedado en su taller y no se hubiese dedicado al ministerio de enseñanza, si no hubiera habido crucifixión, ni surgimiento de la iglesia, ni Escrituras del Nuevo Testamento, ni comunidades monásticas. No existiría razón para que Oxford, Cambridge, Harvard y Yale hubiesen sido fundadas.

Una característica del impacto de Jesús es que el escenario sea simple y literalmente inimaginable.

CAPÍTULO 6

Jesús no fue
un gran hombre

Jesús no fue un gran hombre.

Hay dos maneras en las que se puede considerar a una vida como significativa, dice Francis Ambrosio, profesor de la Universidad Georgetown. Una es el modelo de héroe; la otra es el modelo del santo. En el mundo grecorromano, lo que se admiraba era el héroe. El héroe es alguien que vence obstáculos para lograr su pleno potencial de excelencia y por consiguiente recibe estatus, honor y reconocimiento. La vida es la lucha por lograr ese reconocimiento.

Por eso para los griegos los Juegos Olímpicos no eran simplemente juegos; constituían una ceremonia religiosa. Eran un microcosmos que otorgaba dignidad a una vida. La palabra usada para esa competencia en el griego es *agón*. Derivamos nuestra palabra *agonía* de ella: «el entusiasmo de la victoria y la *agonía* de la derrota».

Ese concepto y actitud llevaron a la formación de una sociedad en la que el estatus y la jerarquía eran absolutamente fundamentales. Cicerón escribió: «Hay que preservar el rango». Se determina la identidad por el peldaño en el que uno se encuentra. El descenso constituye una tragedia.

Los griegos sabían lo que era la grandeza, y para ellos, la grandeza no incluía humildad. El filósofo Alasdair MacIntyre notó que la humildad no se consideraba una virtud en ese mundo. Para Aristóteles, «"el hombre de alma grandiosa" es extremadamente orgulloso. Desprecia los honores que le ofrecen las personas comunes... Disfruta del consumo llamativo, porque "le gusta poseer cosas bellas e inútiles, puesto que son las mejores características de su independencia". A propósito, camina lentamente, tiene una voz profunda y un modo deliberado de pronunciación».

Imaginemos lo que es vivir en un mundo obsesionado por el estatus. (Tal vez no requiera demasiado esfuerzo).

El Imperio Romano organizaba a los que vivían en él de la manera en que las aerolíneas organizan a sus clientes; la distinción básica es la que se da entre «primera clase» y «clase turista». Las aerolíneas trabajan mucho para imponer esta distinción: los pasajeros de primera clase embarcan primero; se les permite entrar por una puerta separada que muestra una gloriosa alfombra roja sobre la que el resto de nosotros ni siquiera nos atreveríamos a pisar; se sientan más adelante; comen en vajilla de porcelana y les sirven vino gratis. Las aerolíneas básicamente tratan de reproducir el tipo de sociedad que se da en la secundaria: una pequeña élite de unos pocos privilegiados para envidia del resto que queda afuera.

> *Imaginemos lo que es vivir en un mundo obsesionado por el estatus. (Tal vez no requiera demasiado esfuerzo).*

La sociedad romana se dividía, dicho a grandes rasgos, en primera clase (tal vez el dos por ciento de la población) y clase turista, aquellos a los que Tácito llamó «la chusma». La chusma servía a un propósito importante; como lo dijo un escritor de la antigüedad: «... la existencia de los inferiores es una ventaja para los superiores, ya que eso les permite señalar a aquellos sobre los que son superiores».

Pero existen otras subdivisiones. Las aerolíneas tienen diversos clubes de miembros de los 100 mil: premieres ejecutivos, premieres de oro, premieres de plata, premieres de paja, a duras penas premieres, y así descienden hasta llegar a los que no tienen ningún «estatus». Sin importar la categoría en que uno se encuentre, siempre habrá alguien encima. El objetivo es acumular suficientes puntos como para subir al próximo estatus.

En Roma, los que más alto volaban eran los seiscientos senadores que gobernaban bajo el césar. Debajo de ellos estaban los ecuestres, en sus orígenes una clase lo suficientemente acomodada como para tener caballos para las cuestiones militares (de modo que la idea de disponer de un medio de transporte era símbolo de estatus). Luego venían los decurios: ciudadanos distinguidos que ocupaban cargos del gobierno y conformaban el sacerdocio.

Esos eran los romanos que volaban en primera clase. Caminaban sobre la alfombra roja. Cada uno de ellos aspiraba a alcanzar una serie de honores dentro de su propia clase. A eso se le llamaba el *cursus honorum*: «la carrera por los honores». Correr esa carrera definía la vida. Ganar era heroico.

Debajo de estos romanos de élite se hallaba el otro noventa y ocho por ciento de las personas, que viajaban en clase turista. Ellos eran los

«Don Nadie»; las *personis mediocribus*, para las que la grandeza estaba fuera del alcance. Pero también tenían su propio conjunto de categorías de estatus.

Algunos de esos «Don Nadie» eran ciudadanos del imperio, lo que significaba que disfrutaban de ciertas protecciones y derechos legales. Otros eran libertos que no tenían los derechos de los ciudadanos pero que gozaban de libertad personal. En lo más bajo de la jerarquía se encontraban los esclavos. Las condiciones de los esclavos variaban ampliamente, ya que no gozaban de ningún derecho y vivían a merced del *paterfamilias*, el jefe de la casa en la que servían.

Incluso las categorías que no constituían la élite organizaban asociaciones y clubes de participación voluntaria en los que se podía emular la búsqueda de estatus de la élite. El presidente del club de ajedrez tal vez no se ganara a las muchachas como el capitán del equipo de fútbol, pero ser el macho alfa del club de ajedrez era mejor que no ser alfa para nada.

———

Las aerolíneas usan el tamaño del asiento, las alfombras rojas, el tipo de vajilla y la orden de ingreso para reforzar el estatus. En Roma, todo aspecto concebible de la vida se usaba para reflejar la búsqueda del honor.

La ropa era, literalmente, un símbolo de estatus. Si uno no era esclavo, podía usar lo que llamaban una «capucha de liberto». Eso mostraba que por lo menos uno no estaba en el peldaño más bajo.

Al ciudadano varón desde que tenía unos catorce años se le permitía llevar la *toga virilis*, el vestido de adultez. Irónicamente, la toga era «una prenda de vestir asombrosamente incómoda». Dejaba que se colara el viento en invierno y resultaba candentemente pegajosa en el verano; obligaba a llevar una mano cubierta, que resultaba inservible, y era difícil de acomodar (los ricos empleaban esclavos especialmente entrenados para ayudarlos a ponerse la toga). Tenía un solo valor: la proclamación de estatus.

Un senador podía llevar un galón púrpura sobre su toga, pues el color púrpura se asociaba con la nobleza. Un ecuestre no podía llevar el galón, pero se le permitía ponerse tanto una toga costosa como anillos de oro. A la clase ecuestre a veces se la llamaba: «La orden de los anillos». Durante esos días, Santiago, hermano de Jesús, les advirtió a los creyentes que no mostraran favor a un visitante «con anillo de oro y ropa elegante», por sobre un hombre mal vestido. Jesús les otorgaba el mismo valor tanto a los esclavos como a los ecuestres. Atletas e intelectuales empezaron a comer a la misma mesa.

Las ocupaciones se ordenaban por rango. Lo más honorable era contar con extensos terrenos y esclavos que los trabajaran. La élite jamás realizaba trabajo manual. Cicerón escribió: «Vulgares son los medios de ganarse la vida de todos los obreros contratados a los que les pagamos por un mero trabajo manual».

La condición legal reflejaba el estatus social. Un dicho del segundo siglo d. C. que hacía referencia a lo legal decía: «Una ley para el más honorable, otra ley para el más humilde»; o, como un proverbio británico afirmaba en el siglo diecinueve: «Una ley para el rico, y otra para el pobre».

Por ejemplo, un ciudadano romano no podía ser crucificado. Los otros medios de ejecución, como ser decapitados o quemados vivos, eran igualmente terminales pero menos vergonzosos. La crucifixión se reservaba en particular para los esclavos; informalmente se la conocía como el «castigo de los esclavos».

Así que cuando el apóstol Pablo encabezó una carta dirigida a los pobladores de Roma describiéndose a sí mismo no como un ciudadano del Imperio Romano (que lo era) ni como alguien que vistiera toga, sino como «esclavo de Jesucristo», estaba cometiendo un suicidio social. Nadie hablaba de esa manera. Sería lo mismo que si hoy caracterizáramos nuestro estatus en Facebook como «fracasado» y esperáramos que alguien nos invitara a salir.

Esta carrera por el honor fue el trasfondo sobre el que se inscribieron las palabras de Pablo a la iglesia de Corinto: «Nosotros predicamos a Cristo crucificado. Este mensaje es motivo de tropiezo para los judíos, y es locura para los gentiles». Él no escogió las palabras al azar; aquí actuó con una precisión quirúrgica. El Antiguo Testamento dice: «Cualquiera que es colgado de un árbol está bajo la maldición de Dios», así que los judíos pensaban que alguien que era crucificado estaba bajo la maldición de Dios.

Que un grupo de personas dijera: «Servimos a un esclavo crucificado llamado Jesús; nos consideramos esclavos de un esclavo», resultaba incomprensible. Pablo lo decía con toda precisión.

En ese entorno, la ubicación de los asientos en los eventos públicos reforzaba el estatus. En los teatros, la ubicación no se estipulaba por el precio del boleto sino por la categoría. Cuanto más alta fuera la categoría del espectador, más cerca del escenario se lo acomodaba. La universidad a la que yo concurría exigía que los alumnos asistieran a la capilla. Un semestre, para deleite de los que espiaban los registros de calificaciones, se nos hizo sentar, sin que lo supiéramos, en orden según las notas que habíamos obtenido en el examen final de la secundaria que calificaban para ingresar a la universidad. Cuando el secreto se desparramó, los estudiantes se sublevaron (especialmente los que estábamos en las gradas).

Cuando el apóstol Pablo encabezó una carta dirigida a los pobladores de Roma describiéndose a sí mismo como «esclavo de Jesucristo», estaba cometiendo un suicidio social.

En el mundo antiguo, tal revuelta ni siquiera se hubiera contemplado. En una fiesta privada, a los invitados se los sentaba de acuerdo con su estatus social. Los anfitriones a veces invitaban a personas de rango inferior simplemente para remarcar su propio estatus. Si alguien era uno de los invitados de inferior rango, se le serviría un menú inferior para reforzar su inferioridad. (Imagínense recibir unas fetas de carne enlatada mientras que los de mayor rango cenan con un filete de lomo).

A alguien de estatus bajo no se le permitía interrumpir a una persona de estatus más alto, pero los de estatus alto podían interrumpir en cualquier momento a los de estatus más bajo mientras hablaban. Ocurría un poco lo que sucede ahora, al jefe que interrumpe a un empleado muchas veces se lo llama extrovertido, en tanto que al empleado que interrumpe a un jefe, demasiado a menudo se lo llama exempleado.

Incluso cuando en Roma se entregaba un presente era para reforzar el estatus. Los ricos podían construir baños públicos, parques o edificios, pero lo hacían para beneficiar a los ciudadanos, no a los pobres, o para exhibir el estatus del donante. A esto a veces se lo llama *monumentalismo*: «Voy a dejar un monumento en mi honor».

Marcel Mauss, el sociólogo francés, observaba que un rico podía regalar ciertas posesiones como símbolo de su riqueza, pero había ciertas condiciones. Se esperaba que el que lo recibiera hiciera algo similar en reciprocidad. De hecho, a veces simplemente por fanfarronear, un rico podía deliberadamente arruinar a alguien invitándolo a un banquete y entregándole un regalo tan costoso que el que lo recibía quedaba en la bancarrota tratando de devolver la gentileza.

Plutarco escribió: «La mayoría piensa que ser privado de la posibilidad de exhibir la riqueza es ser privado de la riqueza misma».

Los títulos eran un indicativo del estatus. Con el tiempo, cuando el emperador sustituyó al senado como poder real de Roma, los cargos tenían escaso significado funcional; eran simplemente etiquetas de honor.

Debido a que se esperaba que toda persona defendiera su honor, aprender a alabarse a uno mismo era obligatorio. Plutarco escribió un libro de autoayuda que bien podría entrar en la listas de los éxitos de librería de nuestros días: *Cómo elogiarte ti mismo sin resultar ofensivo.* Un ejemplo clásico del género es *Los logros del divino Augusto*, escrito por el mismo emperador César Augusto e impreso en tablillas de bronce cuyas copias eran distribuidas por todo el imperio. Aquí copiamos algunos fragmentos:

> Tres veces triunfé en oratoria. Veintiuna veces se me nombró emperador. El Senado aprobó incluso más triunfos para mí, los que decliné debido a las victorias que había alcanzado. El Senado aprobó dar gracias [por mí] a los dioses inmortales. Cincuenta y cinco veces en mis triunfos, nueve reyes o hijos de reyes fueron conducidos delante de mi carruaje. He sido cónsul trece veces. Fui el senador de más alto rango durante cuarenta años. Ostenté el oficio de pontífice máximo. Todos los ciudadanos, en el mismo sentir, incesantemente rezaban en todo lugar santo por mi bienestar.

> El senado y el pueblo de Roma me dieron un escudo de oro por mi valentía, clemencia, justicia y piedad. Después de ese tiempo superé a todos en influencia.

> Era bueno ser rey.

El camino del héroe exaltaba muchas cualidades maravillosas: valentía, excelencia y persistencia, la superación de obstáculos, disciplina propia y dominio propio. Sin embargo, la humildad no era una cualidad que se admirara. No se la considerable deseable. Lo deseable era la grandeza.

El historiador Robin Lane Fox escribió: «Entre los autores paganos, la humildad casi nunca se había utilizado como un término de elogio. Pertenecía a los personajes innobles y abyectos ... Los humildes pertenecían a lo miserable, lo ruin, lo indigno».

Pero estaba surgiendo otro camino.

Un pobre rabí, que nunca escribió *Las obras del Carpintero divino*, les dijo a sus amigos: «Como ustedes saben, los gobernantes de las naciones oprimen a los súbditos, y los altos oficiales abusan de su autoridad».

Ningún romano se hubiera ofendido por esa observación de Jesús. Toda la cuestión de alcanzar la cúspide de la jerarquía es lograrlo a los picotazos. Pero lo que Jesús agregó después, eso sí los ofendería:

> «Pero entre ustedes no debe ser así. Al contrario, el que quiera hacerse grande entre ustedes deberá ser su servidor, y el que quiera ser el primero deberá ser esclavo de los demás; así como el Hijo del hombre no vino para que le sirvan, sino para servir y para dar su vida en rescate por muchos».

A esto se le podría llamar «el camino del santo».

El santo no trata de lograr su valía mediante una carrera interminable de logros, sino que recibe la valía por gracia.

El santo no escoge la realización propia como valor supremo, sino el amor que se dona a sí mismo.

El santo no busca la gloria, sino que atribuye la gloria a un Dios glorioso.

Un santo no impone su voluntad, sino que la rinde ante un Dios bueno.

Un santo no mira mal el servicio, sino que lo abraza.

El santo no escoge la realización propia como valor supremo, sino el amor que se dona a sí mismo.

En su última noche, en los momentos finales de su vida, Jesús estaba tan interesado en que sus seguidores abrazaran la humildad que hizo una demostración práctica con algo parecido a una parábola. «Sabía Jesús que el Padre había puesto todas las cosas bajo su dominio, y que había salido de Dios y a él volvía; así que se levantó de la mesa, se quitó el manto y se ató una toalla a la cintura. Luego echó agua en un recipiente y comenzó a lavarles los pies a sus discípulos y a secárselos con la toalla que llevaba a la cintura».

Jesús transmitió una noción alternativa de grandeza a través de su vestimenta. Quitarse la túnica externa y ceñirse una toalla es lo que haría un esclavo. Jesús se puso el uniforme de esclavo.

Su oficio siguió una trayectoria diferente a la receta romana. Jesús trabajó con sus manos la mayor parte de su vida, realizando el trabajo humilde de un carpintero. Ningún héroe de la literatura griega o romana había hecho algo así; sin embargo Jesús sí lo hizo. Una de sus últimas acciones fue lavar pies.

El lavamiento de los pies era un aspecto importante de la vida antigua. Constituía un acto de hospitalidad, higiene y ritual religioso de limpieza, pero resultaba denigrante. Lo llevaban a cabo solo los esclavos. Pero como se consideraba tan denigrante, mientras hubiera esclavos gentiles que pudieran hacerlo, un amo judío no obligaría a un esclavo judío a lavarle los pies. Existen unas pocas excepciones.

Hay un cuento apócrifo en Israel acerca de una pareja compuesta por José y Asenat, los que vivían en Egipto en tiempos de los faraones. Asenat era una recién casada, y estaba tan enamorada de su esposo que cuando él regresó a casa, ella quiso lavarle los pies. Él quedó estupefacto.

Y le dijo: «No. Levántate. Un criado hará eso».

Ella le contesta: «¡No! Tú eres mi señor de hoy en adelante. Tus pies son mis pies; tus manos son mis manos. Ninguna otra mujer te lavará los pies».

¿No es un relato hermoso? ¿No? Mi esposa tampoco lo consideró así pues nunca leemos acerca de algún esposo que se haya ofrecido a lavarle los pies a su esposa.

En otro relato extraordinario, algunos discípulos amaban tanto a su rabino que trataron de lavarle los pies. Pero no hay relatos acerca de alguna persona de estatus más alto que le lavara los pies a una persona de estatus más bajo. Nunca oímos de un rabí que lavara los pies de sus discípulos. Excepto este Rabí que, de paso, dijo ser el Mesías.

El estatus legal de Jesús estaba a punto de volverse una vergüenza. En pocas horas sería traicionado por Judas, arrestado, declarado culpable y ejecutado como criminal. Ese sería su estatus final en el Imperio Romano.

Jesús le lavó los pies a Judas. El llamado divino Augusto jamás le habría lavado los pies a nadie. Una cultura fundada en el honor estaba empezando a implosionar, pero casi nadie en ese entonces se daba cuenta.

———

El orden de los asientos casi siempre fue un asunto que expresaba estatus y honor. Jesús estaba sentado a la mesa, que es donde se ubicaban los invitados, pero se levantó de allí como lo hubiera hecho un criado. Constituye una ilustración de lo que Jesús había enseñado anteriormente: «Porque, ¿quién es más importante, el que está a la mesa o el que sirve?». No fue una pregunta difícil: Los grandes se sientan; los humildes sirven.

Todavía escuchamos los ecos de esta mentalidad. En un banquete, el invitado especial tiene un título: invitado de *honor*. El invitado de honor no solo se sienta; tiene un asiento especial, la *cabecera* de la mesa. Nunca vamos a asistir a un banquete en el que el invitado de honor recoja los platos sucios.

¿Quién es el mayor? «¿No lo es el que está sentado a la mesa? Sin embargo, yo estoy entre ustedes como uno que sirve». Es decir, *yo estoy entre ustedes como el que recoge los platos sucios.*

La próxima vez que vayamos a un restaurante, miremos alrededor y preguntémonos: *Ante los ojos de Dios, ¿dónde están los grandes? ¿Dónde está Jesús?* Todos sabemos cómo funciona la vida, quién tiene un título, quién puede costear lo que aparece en la carta, y quién tiene lo suficiente en su billetera. ¿Dónde está la grandeza ante los ojos de Dios?

En las biografías de los grandes personajes, a menudo se nos dice que estos no aguantan de buen grado a los necios y que tienen escaso tiempo para los lentos o los de pocas luces. Pero Jesús no. Él tenía un sentimiento especial por aquellos a los que otros marginaban. El erudito bíblico Dale Bruner dijo que a Jesús hoy probablemente le gustaría pasar tiempo en las estaciones de autobuses. Uno de los aspectos más impresionantes de Jesús es la manera en que lo impresionaban aquellos que no eran impresionantes.

> En las biografías de los grandes personajes, a menudo se nos dice que estos no aguantan de buen grado a los necios, pero Jesús no. Él tenía un sentimiento especial por aquellos a los que otros marginaban.

Jesús subvirtió la búsqueda de títulos que impresionaran. «Ustedes me llaman Maestro y Señor, y dicen bien, porque lo soy. Pues si yo, el Señor y el Maestro, les he lavado los pies, también ustedes deben lavarse los pies los unos a los otros».

Los títulos son solo oportunidades para servir.

Jesús murió despojado de su manto, convicto por la ley, y se le aplicó el título socarrón de «rey de los judíos». Se puso el atuendo de un esclavo, tomó la posición de un esclavo, hizo el trabajo de un esclavo, y sufrió la muerte de un esclavo. Fue una *personis mediocribus*.

Lo notable de Jesús es que él escogió eso. En el que probablemente sea el escrito más temprano sobre él, se señala que «se humilló a sí mismo». En el Imperio Romano una persona podía *ser* humillada por perder su dinero, su estatus o su título. Pero nadie deliberadamente se humillaba *a sí mismo*.

No hasta ese entonces.

En algún momento después de ese día se formó una comunidad. Roma no sabía cómo catalogarla, o qué hacer con ella. De una manera difícil de entender, subvirtió algo que se consideraba lo más admirable y necesario para mantener el orden. «... en Cristo, según enseñaban los cristianos, todos eran iguales y las distinciones de rango y grado resultaban irrelevantes. En las reuniones de iglesia, los hombres educados tenían que sentarse como iguales entre los esclavos y los artesanos insignificantes».

Los esclavos acudían a una reunión de los seguidores de Jesús y algún otro, tal vez un liberto, tal vez un ciudadano, o incluso un aristócrata, se pondría una toalla en la cintura, se arrodillaría en el piso, y les lavaría los pies a los esclavos.

Platón dijo: «Pero, ¿piensas que alguien es feliz estando en la condición de esclavo, si no puede hacer lo que le gusta?». La sociedad estaba ordenada verticalmente; pero desde el fondo de esa sociedad una gran fuerza niveladora estaba empezando a trastornar las cosas: ciertos esclavos voluntarios y felices.

Joseph Hellerman dio una conmovedora explicación sobre algo extraño que aparece en el libro de Hechos. En Filipos, colonia romana, Pablo había sido arrestado y azotado. Después de que fue puesto en libertad, protestó, señalando que era ciudadano romano. Los funcionarios le pidieron disculpas y temieron al oír eso; habían violado la ley romana al azotar a un ciudadano romano.

Eso hace surgir una pregunta obvia: ¿Por qué Pablo no les dijo que era ciudadano romano *antes* de que lo flagelaran? ¿Quién se guarda la tarjeta de «Salir de la cárcel» cuando juega al Monopolio?

Pablo estaba formando un pequeño grupo de avanzada de la comunidad de Jesús. Cuando empezara la iglesia, Pablo sabía que tal vez habría un par de personas de élite en ella, pero no muchos. La mayor parte de la gente no pertenecería a la élite. Y se suponía que ahora debían ser una familia. Todo lo que habían aprendido, sus costumbres, su educación, su manera de pensar, su vocabulario, sus hábitos, les habían inculcado que la vida era una cuestión de jerarquías, el *cursus honorum*. Había que mantener a la gente doblegada. Era preciso tratar de ascender. Ahora Pablo estaba intentando conformar una familia en la que todos llegaran a ser hermanos y hermanas. ¿Cómo podría lograrlo?

Él también sabía que esos «Don Nadie» sufrirían por su fe. Tenían escaso poder. Pablo era consciente de que hubiera podido usar su estatus de ciudadano para evitar el sufrimiento; los miembros de bajo estatus de la iglesia no habrían tenido esa opción. Así que vio en su situación difícil una oportunidad dolorosa pero con gloria.

Pablo hizo algo irracional. «Se humilló a sí mismo». Se negó a considerar la ciudadanía romana como algo que podía usar en beneficio propio. Más bien, se mostró como alguien que no era ciudadano, como un Don Nadie, como una *personis mediocribus.*

Celso, uno de los primeros críticos del cristianismo, dijo que todo lo que ellos podían atraer era «gente estúpida, ignorante y débil». Esclavos, mujeres y niños. Estaba muy preocupado de que se perdiera el camino del héroe, de la excelencia y la grandeza, que había demorado siglos en emerger.

Entiendo la apelación del elitismo. En algunos de nosotros la humildad no es una virtud que brote naturalmente.

Pablo le escribió a la iglesia de Roma: «No sean arrogantes, sino háganse solidarios con los humildes». ¿Cómo me va en eso?

El área del Silicon Valley en donde vivo muestra una cultura notable y asombrosa: se ve en ella valentía, iniciativa, intrepidez, disposición a arriesgarse e inteligencia; pero no estoy seguro de que nos vaya bien produciendo personas humildes.

La fuerza gravitacional del ego es implacable. A veces me pregunto si los que estamos en la iglesia no nos preocupamos por el honor y el estatus tanto como todos los demás, solo que lo encubrimos con una delgada capa de vocabulario espiritual. Desarrollamos nuestro propio culto a las celebridades. Preferimos a los ricos, atractivos y triunfadores. Circula un viejo cuento en el que el papa Inocente IV le muestra a Tomás de Aquino las glorias del Vaticano. El papa señala, haciendo alusión al episodio del mendigo cojo del libro de Hechos: «La iglesia ya no tiene que decir: "No tengo ni oro ni plata"». Tomás de Aquino le responde: «Sí, pero la iglesia tampoco puede decir: "En el nombre de Jesús de Nazaret, levántate y anda"».

A menudo no vivimos a la manera de Jesús.

Es extraño el modo en que nuestros héroes han cambiado.

Jim Collins escribió el muy influyente libro *Built to Last* [Construido para durar], celebrando a la clase más alta del liderazgo, a los que él llama líderes del nivel 5. Ellos combinan dos cualidades. Una es la persistencia de una voluntad tenaz; ese es más o menos el tipo de virtud que los romanos hubieran exaltado. La otra virtud es la humildad. La segunda virtud se muestra en los líderes que se ven a ellos mismos como servidores, que sacrifican su propio ego por el beneficio de muchos. Collins señala que son más como Lincoln (al que también se lo ha llamado «padre Abraham») que como Douglas MacArthur (al que un biógrafo denominó el «césar estadounidense»). ¿Cómo han cambiado nuestros héroes?

> *No fue solo un hombre el que murió en una cruz. De alguna manera extraña, una cultura también estaba muriendo con él, aunque nadie lo supiera aún.*

La Universidad Macquarie de Australia llevó a cabo un proyecto de investigación explorando el tema de cómo la humildad había pasado de ser una debilidad detestada a convertirse en una virtud social admirable. «La conclusión resultó clara: La inclinación occidental moderna hacia la humildad casi ciertamente deriva del impacto peculiar en Europa de la cosmovisión judeocristiana. Esta no es una conclusión "religiosa"; Macquarie es una universidad pública... Se trata de un hallazgo puramente histórico».

No fue solo un hombre el que murió en una cruz. De alguna manera extraña, una cultura también estaba muriendo con él, aunque nadie lo supiera aún. En esa cultura, el honor significaba estatus; la vergüenza significaba indignidad. La crucifixión era la máxima vergüenza. Jesús fue crucificado. Para sus seguidores eso quería decir que: o él no era tan grande como habían pensado, o deberían redefinir toda su noción de grandeza. Esta tendría que llegar a ser *cruciforme*; moldeada de nuevo por la cruz.

El historiador John Dickson escribió que en tanto que los cristianos están muy lejos de monopolizar el mercado de la humildad, «es improbable que alguno de nosotros aspirara a esta virtud si no fuera por el impacto histórico de la crucifixión en el arte, la literatura, la ética, el derecho y la filosofía. Nuestra cultura sigue siendo cruciforme mucho después de que ha dejado de ser cristiana».

El modelo del héroe ha sido tocado por el modelo del santo.

En el 2011 visité un orfanato en un municipio de las afueras de la ciudad de Durban, Sudáfrica; población en la que más de un millón de seres humanos viven en medio de la pobreza y la violencia, atiborrados en diminutas casuchas y chozas en las colinas. Los huérfanos son víctimas del SIDA.

El número de enfermos de SIDA en Sudáfrica es más alto que en cualquier otro país. En algunas poblaciones, el índice alcanza el ochenta por ciento. Cientos de miles de hogares están a cargo de niños debido a que ambos padres han muerto a causa de esa enfermedad. La violencia es increíble. Nuestro anfitrión nos dijo que en esas poblaciones más de la mitad de las mujeres han sufrido violación sexual antes de cumplir los 12 años. Eso empeora por el mito prevalente de que el hombre que tiene SIDA puede curarse manteniendo relaciones sexuales con una virgen.

Al orfanato lo dirigen personas que hacen lo que hacen en el nombre de Jesús. Las personas que nos hospedaron dedican sus vidas a ayudar a estas víctimas del SIDA que no tienen ni un centavo, y son huérfanas. Una de ellas es una niña llamada Somie, de unos diez años, encantadora, multilingüe, y vivaz como ella sola. Trabaja como recepcionista del plantel. Cuando nuestros anfitriones se deshacen en elogios en referencia a lo bien que ella sirve, se cubre la cara con las manos por los halagos. ¡Tan tímida es!

Somie tiene dos hermanos pequeños que trajo al orfanato. Como se siente responsable por ellos, les da algunas indicaciones: «Ahora no se porten mal para que no los echen de aquí. Compórtense bien». Nos muestran la bolsa plástica de medicinas que Somie tiene que tomar todos los días; tiene VIH y no vivirá lo suficiente como para crecer y tener hijos o formar una familia.

En otra sala aledaña hay un niño de dos años llamado Felipe. Es hermoso y precoz. Puede repetir todo el Padre Nuestro. Le encanta mostrarles las instalaciones a los visitantes y presentarles a todo el mundo. Es VIH positivo. Su madre murió y lo dejó solo. Vimos cómo las ratas le habían carcomido parte de sus dedos.

Usted y yo no somos moralmente superiores a los miembros del mundo antiguo. No somos mejores porque hayamos vivido después: la única diferencia es que vivimos en un mundo que ha cambiado en este sentido. Vivimos en un mundo en el que a los más pobres de los pobres se los ve de manera diferente de lo que se los consideraba dos mil años atrás.

Entró en el mundo llevando pañales, y salió de él ceñido con la toalla de un esclavo.

Pensemos de él lo que queramos, pero la grandeza se concibe de un modo diferente ahora.

CAPÍTULO 7

Ayuda a tus amigos
y castiga a tus enemigos

Es domingo en la mañana y dos personas suben a la plataforma para que yo las entreviste en nuestra iglesia. La mujer tiene un corazón enternecedor y vivaz. Se está acercando a los sesenta, sufre de artritis, así que se apoya en el brazo de un joven fuerte de tranquila dignidad. Ella se llama María; él, Oshea. En 1993 mataron al único hijo de María durante una discusión en una fiesta.

Oshea es el que le dio muerte. María y Oshea viven en casas aledañas.

El perdón no es un acto natural.

En Bath, Inglaterra, en las fuentes termales que conformaban una suerte de baños públicos combinados con un centro romano de adoración dos mil años atrás, se han hallado, a través de excavaciones, cantidad de oraciones escritas por las que los antiguos pagaban para que se elevasen allí. Se las llama «tablillas de maldiciones» debido a que la mayoría de las plegarias eran maldiciones. La gente indicaba el nombre de alguien que les había hecho daño, decían cuál era su crimen, y luego especificaban cómo querían que los dioses los castigaran. «"Docimedio ha perdido dos guantes. Pide que el que se los robó pierda sus cabales y sus ojos en el templo en el lugar en el que la diosa señale". Más allá de cuánto valorara sus guantes, esta petición parece demasiado».

Un ejemplo elocuente de estas oraciones descubiertas en el mundo mediterráneo antiguo proviene de una tablilla de maldición hallada en Roma:

Los invoco, santos ángeles y nombres santos ... Aten, bloqueen, golpeen, derroquen, háganle daño, destruyan, maten y

88

destrocen al auriga Éusqueros y a todos sus caballos mañana en la arena de Roma. Que las puertas de arranque no [se abran] apropiadamente. Que no compita velozmente. Que no rebase. Que no dé las vueltas como es debido. Que no reciba honores ... Que no venga desde atrás y rebase sino más bien háganlo colapsar, que quede atado, que quede destrozado, y que lo arrastren. Tanto en las primeras carreras como en las posteriores. ¡Ahora, ahora! ¡Rápido, rápido!

Los dioses romanos existían para ayudarlo a uno a conseguir lo que quería. Si alguien sufría un daño, lo que deseaba era desquitarse.

Imagínese ahora otra categoría a la que podríamos llamar «tablilla de bendición al enemigo»:

Éusqueros me hizo mucho daño. ¿Podrías librarme de mi prisión de odio y resentimiento? ¿Podrías ayudar a Éusqueros para que busque un arrepentimiento genuino? ¿Podrías perdonar su pecado y el mío? ¿Podrías sanar nuestra relación personal?

¿Cuántas de estas «tablillas de bendición al enemigo» piensas que se han hallado en Bath?

Ninguna.

La gente no elevaba oraciones así a Zeus o a Baco. La lealtad férrea a los amigos y la feroz oposición a los enemigos se consideraban nobles. Los dioses romanos existían para ayudarlo a uno a conseguir lo que quería. Si alguien sufría un daño, lo que deseaba era desquitarse.

Jesús estaba citando la sabiduría popular cuando señaló: «Ustedes han oído que se dijo: "Ama a tu prójimo y odia a tu enemigo"».

¡Por supuesto que lo habían oído! El escritor griego Jenofonte había mencionado que el hombre debe prestar ayuda a sus amigos y causarles problemas a sus enemigos. En su lecho de muerte Ciro de Persia dio este consejo final: «Tomen nota de mis últimas palabras: Si hacen bien a sus amigos, también serán capaces de castigar a sus enemigos». Ciertos filósofos estoicos observaron que la cólera está por debajo de la dignidad humana y advirtieron sobre el peligro de rendirse a un espíritu de venganza.

Sin embargo, David Konstan, profesor de literatura, dijo que el perdón tal como nosotros lo conocemos no existía en la Grecia y Roma antiguas. Las personas tenían varias maneras de apaciguar la cólera y restablecer las relaciones personales, pero esos medios eran regidos más por estándares de honor, estatus y vergüenza que por el pecado, la expiación y la gracia. (A manera de analogía, cuando mi perro hace algo malo, se va por sí mismo a su jaula y pone cara de culpable hasta que ve que mi cólera se ha aplacado. Eso no es arrepentimiento; es simplemente manejo del dolor). La sabiduría popular antigua decía: «Ayuda a tus amigos y castiga a tus enemigos». Una monografía sobre el tema se titularía *Cómo ayudar a los amigos y hacer daño a los enemigos*. En cambio, Jesús declaró: «Pero yo les digo: Amen a sus enemigos y oren por quienes los persiguen, para que sean hijos de su Padre que está en el cielo. Él hace que salga el sol sobre malos y buenos, y que llueva sobre justos e injustos».

La cólera, el dolor, la amargura y el resentimiento constituyen una fuerza gigantesca en la vida, y nadie flota por encima de ellos.

La gente a veces se pregunta: ¿Es posible perdonar cuando la otra parte no se ha arrepentido? Se puede distinguir entre el perdón, es decir el no ejercer el derecho a desquitarse haciendo daño, y la reconciliación, que requiere intenciones sinceras de ambas partes. No se nos ordena que finjamos confiar en alguien que no es digno de confianza.

Pero debajo de todo eso subyace el mandato de amar. Se nos llama a amar a la persona arrepentida que nos ha hecho daño y se nos llama a amar a la persona no arrepentida que nos ha lastimado.

Jesús sigue: «Si ustedes aman solamente a quienes los aman, ¿qué recompensa recibirán? ¿Acaso no hacen eso hasta los recaudadores de impuestos? Y si saludan a sus hermanos solamente, ¿qué de más hacen ustedes? ¿Acaso no hacen esto hasta los gentiles?».

Aquí habla de saludar a alguien, que es la más humilde e insignificante de las conductas. Cuando uno saluda a alguien, está reconociendo su existencia y recibiéndolo de buen grado en su mundo. En nuestros días, a menudo incluye solo una palabra: «¡Hola!» Las generaciones futuras nos celebrarán por nuestra elocuente urbanidad.

En los días de Jesús el saludo era *shalóm aleká*, que quiere decir: «La paz sea contigo». No basta con no matar a alguien. Jesús enseña que debemos saludar, orar, pedir y esperar *shalóm* (la integridad y paz de Dios) para nuestros enemigos. Eso está tan asociado con Jesús que nada menos que una pensadora como la teórica política alemana Hannah Arendt, la primera mujer designada para integrar una cátedra en la

Universidad de Princeton, afirmó que el perdón y el amor a los enemigos es una contribución distintivamente cristiana a la raza humana: «El descubridor de la función del perdón en el ámbito de los asuntos humanos fue Jesús de Nazaret».

Un día Jesús dejó caer una bomba. Al principio de su ministerio las cosas marchaban bien, y él había atraído a una multitud tan grande que tuvo que enseñar desde una embarcación en medio de un lago para que todos pudieran oír. Esa noche les dijo a los discípulos: «Pasemos al otro lado».

Esa fue la bomba. El «otro lado» es algo así como un término técnico. Jesús no estaba hablando simplemente de geografía. El otro lado del lago era la región de Decápolis, las «diez ciudades». Ese era en gran parte territorio enemigo. Sus habitantes eran paganos.

> *Decápolis estaba llena de todo lo que Israel no representaba. Los judíos consideraban el «otro lado» como el lugar en el que vivía Satanás.*

Había una tradición rabínica en cuanto al «otro lado» en los días de Jesús. Se decía que Decápolis, el «otro lado», era donde se habían establecido las siete naciones de Canaán. Estaba llena de templos paganos (en algunos de ellos todavía se realizan excavaciones), se destacaba por una exaltación de la violencia, los excesos sexuales y la codicia, que era todo lo que Israel no representaba. Aun más, del «otro lado», el cerdo, el animal más impuro para Israel, se consideraba sagrado y se lo usaba para la adoración.

Los judíos consideraban el «otro lado» como el lugar en el que vivía Satanás. Era oscuro, perverso, opresivo y demoníaco. Nadie iba al otro lado; y menos un rabino.

En las Escrituras hebreas Dios había prometido expulsar de la tierra prometida a «los cananeos, los hititas, los heveos, los ferezeos, los gergeseos, los amorreos y los jebuseos». Se los conocía como las siete naciones de Canaán, y se los nombraba de ese modo incluso en los tiempos de Jesús. Pablo resumió diciendo que Dios había derrocado a las siete naciones de Canaán y le había dado su territorio como herencia a su pueblo.

Decápolis era también centro del poder romano en tiempos de Jesús. Allí había una legión de seis mil soldados romanos. El símbolo de una legión romana era la cabeza de un jabalí.

Y Jesús, de manera casual, sugirió un día: «Pasemos al otro lado».

¿Qué estaba haciendo? ¿No sabía él que el Reino es para *nuestro* lado? Era casi como si no supiera que aquel era el *otro* lado. Como si pensara que ese era *su* lado. Casi como si creyera que ambos lados le pertenecían, o que él mismo pertenecía a ambos lados. Como si dijera que todos los pueblos de la tierra ahora iban a ser bendecidos por él; incluso las siete naciones de Canaán.

«Pasemos al otro lado», dijo Jesús. Los discípulos no se alegraron al respecto, pero fueron.

Cuando llegaron, las grandes multitudes a la que los discípulos se habían acostumbrado brillaban por su ausencia. Su comité de bienvenida estaba compuesto por un solo individuo poseído por demonios, loco, atormentado, que vivía en los sepulcros y se mutilaba a sí mismo. Estaba tan trastornado que habían tenido que expulsarlo de su propia comunidad.

Cayó de rodillas ante Jesús. «¿Qué tienes conmigo? ... En el nombre de Dios no me atormentes».

Jesús le preguntó al espíritu malo: «¿Cómo te llamas?» y la respuesta fue: «Me llamo Legión, porque somos muchos».

Legión es una palabra cargada en este relato. Había una legión de soldados extranjeros que vivían allí. Esa palabra era un recordatorio de que había enemigos por todas partes. Los espíritus pidieron que los enviara a los cerdos, los que se precipitaron a su destrucción.

Frente a ese relato cualquier israelita se acordaría de la historia registrada en 1 Macabeos acerca de cómo Roma había obligado a los patriotas judíos a comer carne de cerdo, y de que cuando ellos se resistieron, los había masacrado. Así que el cerdo también era un símbolo del poder de la legión. Pero el hombre atormentado fue librado de la legión.

La respuesta de la gente resulta fascinante. Se nos dice que los que cuidaban los puercos corrieron e informaron por todas partes acerca de la liberación del hombre. La gente del «otro lado» vino para ver lo que había sucedido. Vieron al hombre lunático vestido y en sus cabales.

No respondieron a este milagro como los de Galilea o Jerusalén. No empezaron a traer ante Jesús a sus niños enfermos ni a sus amigos lisiados. Le suplicaron que se fuera.

¿Por qué? Porque él tenía poder, pero no era uno de ellos. Era del otro lado. Y a lo mejor podría usar su poder para hacerles daño.

Jesús aceptó y se fue. El hombre que había estado poseído por el demonio le rogó que lo dejara ir con él. Jesús, que hasta ese momento les había estado diciendo a todos: «Síganme», le respondió que no. Y agregó: «Ve y cuenta tu experiencia».

Imagínense cómo se sentiría el hombre mientras la barca se alejaba sin él. Pero hizo lo que Jesús le dijo. Le contó a la gente de Decápolis todo lo que Jesús había Jesús por él. «Y toda la gente se quedó asombrada».

Pero aquí va el resto de la historia. Jesús volvió a Decápolis poco tiempo después. En esa ocasión grandes multitudes acudieron a verlo. «Lo siguieron por toda aquella región y, adonde oían que él estaba, le llevaban en camillas a los que tenían enfermedades. Y dondequiera que iba, en pueblos, ciudades o caseríos, colocaban a los enfermos ... Le suplicaban que les permitiera tocar siquiera el borde de su manto, y quienes lo tocaban quedaban sanos».

En otras palabras, las siete naciones de Canaán alababan al Dios de Israel. La primera vez que Jesús fue al «otro lado», no encontró a nadie, excepto a un mísero y patético lunático. La segunda vez que llegó allí, se produjo una de las reacciones más espectaculares de todo el Nuevo Testamento. La gente resultó más receptiva hacia Jesús que en cualquier otro lugar al que él hubiera ido.

Habían oído que este Jesús se preocupaba por la gente, que él estaba «del lado de ellos».

El tema de que Jesús ama «al otro lado» sigue subyacente bajo la superficie. Es parte de lo que podríamos llamar «un duelo entre los dos relatos de la alimentación de multitudes».

En Marcos 6, Jesús dio de comer a una multitud sobre la orilla del lago que pertenecía a Israel. Sobraron doce canastas de comida; pensemos en las doce tribus de Israel. Dios se preocupa por su pueblo.

En Marcos 8, Jesús le dio de comer a una multitud «del otro lado», y sobraron siete canastas de alimento. ¿Por qué la variación?

Lo que voy a decir es apenas una especulación, pero me resulta casi como si Jesús estuviera diciendo: «Vienen buenas noticias para las doce tribus; pero también hay buenas noticias para las siete naciones de Canaán. Doce tribus, siete naciones; en realidad eso a mí no me importa demasiado. Yo las amo a todas. Son buenas noticias para este lado, y son buenas noticias para el otro lado».

¿De qué lado estás?

La enseñanza de amar a los enemigos tal vez sea la enseñanza más conocida de Jesús y la que más se transgrede.

Los seres humanos solemos colocarnos en alguno de los dos lado. Tendemos a dividir la raza humana en *nosotros* y *ellos*. Esto sucede por razones religiosas, pero también puede ocurrir por una cuestión de etnia, de cultura o de idioma. Dos de las palabras más poderosas que utiliza la raza humana son *nosotros* y *ellos*.

Si alguien está *dentro* de nuestro grupo de pertenencia, tendemos a magnificar sus cualidades positivas y a hacer la vista gorda en cuanto a sus cualidades negativas. Pero si alguien se encuentra *fuera* de nuestro grupo, buscamos lo malo y pasamos por alto lo bueno. Consideramos a cada miembro de ese «nosotros» como un individuo único. Pero tendemos a pensar de «ellos» como si fueran todos iguales.

En un estudio de desarrollo clásico, algunos investigadores dividieron a un grupo de muchachos de un campamento en dos grupos, el grupo W y el grupo X, simplemente para analizar el poder del *nosotros* y el *ellos*. Tomaban a un muchacho, le daban un poco de dinero, y le decían que tenía que dividirlo entre dos muchachos de los dos diferentes grupos: «Tienes que darle algo de tu dinero a este muchacho del grupo X, y luego otra cantidad a este muchacho del grupo W».

El plan era conseguir una línea inicial de base y luego introducir algo de antagonismo entre los dos grupos, para ver cuánta oposición se requería antes de que los chicos empezaran a darle más dinero a un muchacho de su grupo. Ni siquiera pudieron lograr una línea inicial. Los investigadores quedaron estupefactos. Dijeron que su hallazgo más claro fue que los muchachos discriminaban a otros muchachos tan pronto como se los asignaba al azar a un grupo diferente.

> *Jesús parecía considerarse a sí mismo como el Hombre de ambos lados, pero sus seguidores a menudo sucumbían ante el nosotros y el ellos.*

Si alguien piensa que las muchachas actúan mejor, tal vez se deba a que *sea* una muchacha, y da por sentado que *su* grupo de pertenencia es superior, lo que simplemente confirma la idea básica. El *nosotros* contra el *ellos* es tan viejo como Caín y Abel («Abel cuidaba rebaños y Caín trabajaba la tierra»).

Jesús parecía considerarse a sí mismo como el Hombre de ambos lados, pero sus seguidores a menudo sucumbían ante el nosotros y el ellos. El nombre de «cristianos» evidentemente fue un apodo peyorativo que los paganos les pusieron a los creyentes; el historiador Tácito hablaba de «una raza de hombres detestada por sus prácticas perversas, conocidos vulgarmente como cristianos». Los cristianos devolvieron el favor: la palabra «pagano» fue acuñada por los cristianos a partir de la palabra latina *pagani*. Podía significar «pueblerino» o «civil»; los cristianos la usaban para referirse a los que no se habían enlistado a través del bautismo para convertirse en soldados de Cristo.

Los que seguimos a Jesús no solo hemos luchado por no transformar a los no cristianos en *ellos*, sino que nos hemos hecho famosos por enfrentarnos entre nosotros.

Un hombre caminaba por el puente Golden Gate de San Francisco cuando vio a una mujer sola, a la que obviamente le pesaba la soledad. Corrió para decirle que Dios la amaba. A ella se le llenaron los ojos de lágrimas. Entonces él le preguntó: —¿Eres cristiana, judía, hindú, o qué?

—Soy cristiana, —dijo ella.

Él agregó: —¡Yo también! Qué mundo más pequeño. ¿Protestante o católica romana?

—Protestante.

—¡Yo también! ¿De qué denominación?

—Bautista.

—¡Yo también! ¿Bautista del Norte o Bautista del Sur?

—Bautista del Norte.

Él dijo: —¡Yo también! ¿Bautista del Norte Conservadora, o Bautista del Norte Liberal?

—Bautista del Norte Conservadora.

—¡Esto es asombroso! ¡Yo también! ¿Bautista del Norte Conservadora Fundamentalista, o Bautista del Norte Conservadora Reformada?

—Bautista del Norte Conservadora Fundamentalista.

—¡Asombroso! ¡Yo también! ¿Bautista del Norte Conservadora Fundamentalista de la Región de los Grandes Lagos, o Bautista del Norte Conservadora Fundamentalista de la Región Oriental?

Ella dijo: —Bautista del Norte Conservadora Fundamentalista de la Región de los Grandes Lagos.

—¡Milagro! —exclamó él—. ¿Bautista del Norte Conservadora Fundamentalista de la Región de los Grandes Lagos Concilio de 1879, o Bautista del Norte Conservadora Fundamentalista de la Región de los Grandes Lagos Concilio de 1912?

Ella respondió: — Bautista del Norte Conservadora Fundamentalista de la Región de los Grandes Lagos Concilio de 1912.

Él le grito: —¡Muere, hereje! — y la empujó por sobre la baranda.

Miroslav Volf notó que la tendencia a excluir al *otro*, que los dirigentes religiosos en los días de Jesús a menudo consideraban como una gran virtud, para Jesús constituía un gran pecado. Eso a menudo sorprendió a los discípulos.

Un día, camino a Jerusalén, Jesús quiso detenerse en una población samaritana, pero no lo recibieron bien. Sus discípulos preguntaron: «Señor, ¿quieres que hagamos caer fuego del cielo para que los destruya?». Pensaban que a Jesús le agradaría esa propuesta. *Vamos a adoptar una posición. Vamos a estar del lado de Jesús.* Los seguidores de Jesús a veces piensan de esta manera.

Jesús se volvió y los reprendió. Estaba protegiendo a los samaritanos y regañando a sus seguidores. ¡Qué extraño episodio! De hecho, el Nuevo Testamento está lleno de extrañas narraciones acerca de samaritanos. Jesús entabló una amistad con cierta mujer samaritana que se había casado cinco veces, y ella se convirtió en una gran evangelista en su nombre.

> *Jesús trata a los del otro lado como si fueran los de nuestro lado. No solo nos ama a nosotros. Parece que ama a los samaritanos.*

Él sanó a diez leprosos, pero solo el samaritano volvió para agradecerle. Relató un episodio acerca de un israelita, un sacerdote, un levita y un samaritano en el que el héroe era el samaritano.

De hecho, aun cuando existen muy pocos samaritanos en estos días, se los recuerda más ampliamente que a la mayoría de los pueblos antiguos extintos, y casi siempre con el adjetivo «buen» adelante, gracias a alguien que se suponía que debía ser su enemigo.

Jesús trata a los del *otro* lado como si fueran los de *nuestro* lado. No solo nos ama a nosotros. Parece que ama a los samaritanos. Y no solo a ellos.

Hay un dicho en la película *El padrino* (película cuyo título, irónicamente, constituye otro recordatorio de la vida de Jesús) que señala: «Mantén cerca a tus amigos, y aún más cerca a tus enemigos».

Con una implicancia enteramente diferente, tal vez estas palabras provengan del corazón del Dios que Jesús proclamaba.

El heroico personaje de Conan el bárbaro, en realidad parafraseaba a Ghengis Khan cuando dio su famosa respuesta a la pregunta: «¿Qué es lo mejor de la vida?». Él dijo: «Aplastar a tus enemigos, ver que se los arree delante de ti, y oír las lamentaciones de sus mujeres».

Una idea alternativa provino de Galilea: Lo mejor en la vida es amar a tus enemigos y ver que se reconcilien contigo.

Cuando los soldados se acercaron a Jesús para arrestarlo y matarlo, Pedro sacó una espada y le cortó la oreja a un hombre llamado Malco. Jesús le dijo a Pedro que guardara su espada, y luego recogió la oreja y la volvió a unir a la cabeza de Malco. Imaginemos el diálogo: «Lamento lo que hizo mi discípulo Pedro. He estado trabajando con él por tres años, pero no ha avanzado gran cosa. Disculpa el asunto de la oreja».

Figurémonos lo que habrá sucedido cuando Malco llegó a su casa esa noche, y su esposa le preguntó: «¿Cómo te fue en el trabajo hoy?». Malco le habrá respondido: «Pues bien, me cortaron una oreja, pero sucedió algo muy extraño. El hombre al que debía apresar para ser crucificado me sanó. ¿Por qué haría él eso?».

A este breve y extraño relato se lo consideraba tan importante que aparece en los cuatro Evangelios. Dale Bruner lo explica de esta manera: «Los enemigos de Jesús no constituyen su único problema. A lo largo de la historia, los seguidores de Jesús, celosos en extremo, han sido una carga igual de pesada para él».

Para Jesús, las categorías no se dividen en: *Nosotros* y *ellos. Perfecto* e *imperfecto. Santo* y *Pecador.* Eso colocaría a toda la humanidad del mismo lado: el lado equivocado. Pero Jesús estaba determinado a hacer de ese, *su* lado.

Lo cual no quiere decir que Jesús concordara con todas las personas todo el tiempo, o que fuera relativista, o que temiera al conflicto. En verdad, su mismo compromiso con ellos tuvo mucho que ver con que lo mataran. Pero nunca sucumbió al prejuicio del grupo de pertenencia. Continuamente comunicaba su propósito de amar a aquellos que deberían haber sido *ellos.* Los que pertenecemos a la iglesia a menudo no interpretamos bien esto. Hablamos de otras religiones, otras etnias, otras culturas, otra conducta sexual, otra política, otras denominaciones. ¿Qué no nos hemos permitido con el fin de convertir a la gente en *ellos?* Esto debería hacer, tal como Anne Lamott solía decir, «que Jesús deseara beber la ginebra en el plato del gato».

Jesús no prometió: «Si me sigues, todos serán como tú y no tendrás enemigos. Busca una iglesia en la que todo el mundo te aplauda constantemente». No se nos da la opción de tener una existencia libre de enemigos.

Dietrich Bonhoeffer, que sabía algo en cuanto a enemigos, escribió:

> Jesucristo vivió en medio de sus enemigos. Al final todos sus discípulos lo abandonaron. En la cruz se halló completamente solo, rodeado de malhechores y escarnecedores. Para eso había venido, para darles paz a los enemigos de Dios. Del mismo modo, el cristiano no pertenece a una vida de reclusión en un claustro, sino al fragor de la lucha. Allí está su comisión, su tarea.

Bonhoeffer citó a Lutero:

«El Reino debe instalarse en medio de los enemigos; y el que no lo aguante es porque no quiere estar en el reino de Cristo; prefiere estar entre amigos, sentarse entre rosas y lirios, y no con los malos sino con gente consagrada. ¡Oh ustedes blasfemos y traidores de Cristo! Si Cristo hubiera hecho lo que ustedes hacen, quién jamás habría sido librado».

> *Los seguidores de Jesús empezaron a oponerse a servir en las fuerzas militares romanas, en parte, para evitar la adoración al emperador, pero también para evitar el derramamiento de sangre.*

Uno de los primeros héroes cristianos fue Esteban, al que mataron por causa de su fe, y sin embargo murió pronunciando unas palabras extrañas para el mundo antiguo: «¡Señor, no les tomes en cuenta este pecado!».

Los seguidores de Jesús empezaron a oponerse a servir en las fuerzas militares romanas. Y si se veían obligados a hacerlo, se negaban a matar. Se resistían, en parte, para evitar la adoración al emperador, que era un aspecto de la vida militar; pero también para evitar el derramamiento de sangre. Orígenes, padre de la iglesia, respondió a un crítico diciendo que sería mejor que los cristianos oraran como un «ejército de piedad» por la seguridad del emperador y bienestar del pueblo en lugar de servir en las fuerzas militares. Es como si la práctica del pacifismo hubiese empezado allí.

Este concepto de pacifismo sería recogido por los cuáqueros y los amish, y entre ellos las prácticas de la no violencia y el amor por los enemigos forjarían las almas. En octubre de 2006, el mundo se conmovió cuando cinco niñas murieron como víctimas de un tiroteo en una escuela en el condado de Lancaster, Pennsylvania, y la comunidad amish perdonó al que había disparado y donó dinero para su viuda e hijos.

Una de las atrocidades del apartheid fue la justificación teológica que permitía mantener a los sudafricanos blancos en uno de los estándares de vida más altos del mundo en tanto que los sudafricanos negros sufrían de manera indescriptible. Uno de los héroes de la resistencia fue un clérigo anglicano llamado Desmond Tutu, que irradiaba gozo en medio del sufrimiento. Cierta vez, en una gran concentración, en un escenario peligroso vigilado por oficiales hostiles, les espetó a los ceñudos agentes de la ley: «¡Puesto que el amor de Cristo en última instancia prevalecerá, los invitamos a que se unan al equipo ganador!».

La realidad de este amor por los enemigos fue tan poderosa, que leemos acerca de un comandante pagano del ejército romano llamado Mauricio, que quedó tan impresionado por los seguidores de Jesús que estaban dispuestos a morir, que se negó a realizar otras ejecuciones, acción que lo condujo a su propia muerte.

————

Las enseñanzas de Jesús inspiraron a un escritor llamado León Tolstói a escribir un libro titulado *Resurrección,* que fue prohibido en Rusia, y que a la vez inspiró a un abogado educado en Inglaterra para empezar una comunidad tolstoyana en Sudáfrica. La última carta que Tolstói le escribió a alguien que no pertenecía a su círculo íntimo, iba dirigida a este abogado para elogiar el enfoque de Jesús, de sacrificio propio y amor a los enemigos.

El nombre de ese abogado era Mahatma Gandhi. Con el tiempo volvió a la India y no se convirtió al cristianismo, sin embargo no hay manera de entender el movimiento nacionalista que Gandhi promovió como algo aparte del Sermón del Monte y del amor sufriente de Jesús.

Hay algunas otras ironías: ¿Con cuánta frecuencia nuestros esfuerzos por «ponernos del lado» de Jesús han hecho que la gente le restara importancia a las enseñanzas de otras religiones para que Jesús pareciera superior? Caricaturizamos las enseñanzas del Islam o del Budismo sin prestarles un oído equitativo en nombre del cristianismo. Al hacerlo, nos ponemos nosotros mismos contra Aquel al que decimos respaldar.

Las enseñanzas de Jesús y las estrategias de Gandhi a su vez inspiraron a Martin Luther King Jr., que pronunció probablemente el más conocido discurso estadounidense del siglo veinte: «Tengo un sueño».

Taylor Branch escribió que King estaba hablando en base a un texto preparado. En cierto momento King citó las palabras del profeta Amós: «No estaremos satisfechos sino cuando la justicia corra como las aguas. No estaremos satisfechos sino cuando la justicia corra como un torrente poderoso». La multitud no pudo guardar silencio. Empezó a aplaudir. Comenzaron a gritar: «¡Dilo! ¡Dilo! ¡Amén!», como si esa multitud fuera la iglesia.

Martin Luther King no pudo volver al texto que había preparado. Resulta muy obvio cuando uno ve el video. Deja de mirar su texto al hablar. Cuentan que la cantante Mahalia Jackson, que estaba sentada detrás de él en ese momento, reaccionó como lo hubiera hecho en el coro de una iglesia: «Háblales del sueño, Martin». Y él comenzó a cantar ante una nación como lo haría un profeta. «¡Tengo un sueño!».

King pasó de Amós a Isaías, señalando que «Un día ya no se juzgará a los hijos de Dios por el color de su piel sino por el contenido de su carácter. Tengo un sueño hoy. Tengo un sueño de que todo valle será levantado, y toda montaña será derribada. La gloria de Dios será revelada, y toda carne lo verá. ¡Tengo un sueño!». Fue el lenguaje de los profetas, utilizado por un predicador del evangelio de Jesús, lo que inspiró la conciencia de toda una nación.

> *Fue el lenguaje de los profetas, utilizado por un predicador del evangelio de Jesús, lo que inspiró la conciencia de toda una nación.*

Charles Colson relata esta experiencia:

En un gran espacio abierto de una prisión en Ruanda, el obispo anglicano John Rucyahana les habló a una multitud de asesinos responsables del genocidio de 1994. «Cierren los ojos», les dijo. «Retrocedan mentalmente a 1994. ¿Qué ven?», les preguntó. «¿Qué huelen? ¿Qué oyen?».

Muchos de los que formaban parte de la multitud empezaron a llorar. Les dijo a los hombres que visualizaran las caras de las víctimas. Los gemidos aumentaron. «Ahora», continuó el obispo John, «eso que los hace llorar es lo que deben confesar».

Ya resultaba asombroso que el obispo John, siendo él mismo un tutsi, les hablara a los hutus, perpetradores del genocidio de esa tribu. Pero esto es aun más sorprendente si tenemos en cuenta que la propia sobrina de John, Madu, fue brutalmente violada y asesinada durante la matanza. Pero el obispo John tenía una razón para extenderles su compasión a estos hombres: él también había hallado el perdón de sus pecados a través de Jesucristo.

Ayudó a iniciar el Proyecto Arbóreo Umuvumu, que ha reunido a decenas de miles de perpetradores y víctimas del genocidio, ofreciéndoles a los delincuentes la oportunidad de confesar sus crímenes y a las víctimas la oportunidad de perdonar. Muchos lo han hecho.

Volvamos a la experiencia de María y Oshea. ¿Cómo puede una madre de un único hijo acabar viviendo en la casa lindera del hombre que le quitó la vida a ese hijo?

Después de que su hijo murió, María trató de decir todas las cosas apropiadas. En el juicio declaró que era una hija de la iglesia y que por eso perdonaba al asesino de su hijo. Lo dijo con sinceridad. Pero con el paso del tiempo resultó claro que ella no había perdonado. La amargura y el resentimiento la carcomían como un cáncer.

La iglesia no la ayudó gran cosa. Después de la muerte de su hijo, el pastor señaló que la muerte de su hijo se debía a que María no había orado lo suficiente. Así que ella abandonó esa iglesia. Pero no pudo abandonar su dolor. Los de su iglesia le decían que siguiera avanzando, que dejara atrás el pasado. *¿Todavía no has superado el asunto?*

El momento crucial se produjo cuando María tropezó con un relato de dos mujeres que se encontraron en el cielo. Por las coronas que llevaban se dieron cuenta de que ambas eran madres. Cada una quería conocer la experiencia de la otra.

«Yo hubiera tomado el lugar de mi hijo en la cruz», dijo una.

«Ah, tú eres la madre de Cristo», señaló la otra, cayendo de rodillas.

Limpiando con un beso una lágrima, la primera madre le preguntó: «Dime quién es tu hijo, para que yo pueda afligirme contigo también».

«Mi hijo es Judas Iscariote».

Ese fue el fin del poema, pero solo el principio de un peregrinaje. María decidió que su llamado era ayudar a las madres de hijos asesinados y a las madres de hijos que habían quitado vidas, para que se reunieran y se sanaran juntas. Pero tendría que enfrentar la realidad de su propio corazón primero.

Después de doce años, decidió que para ser libre tendría que enfrentar al objeto de su dolor, para ver si en realidad lo había perdonado. Fue a hablar con los funcionarios del programa legal del Departamento Correccional. Le advirtieron: «No te vas a encontrar con el muchacho de dieciséis años que mató a tu hijo. Ha estado en la cárcel doce años. Ya es adulto. La vida de la prisión lo ha estado moldeando por más de una década». Con todo ella insistió en que debía intentarlo.

Los funcionarios fueron a hablar con Oshea. No le interesaba el asunto. «¿Por qué tengo que ver a esa mujer? Ella solo va a querer hacerme daño y culparme». Él todavía no estaba listo para mirar la realidad más allá de la interpretación que le permitía no culparse a sí mismo.

María esperó nueve meses. Habló de nuevo con los oficiales, y ellos volvieron a preguntarle a Oshea. Algo había estado trabajando en su mente, y accedió.

María fue con su amiga Regina a ese encuentro. «Es bueno que Dios nos envíe de dos en dos», dijo María. «Cuando llegué a la mitad de la rampa, reflexioné: "Dios, no puedo hacer esto". Me hubiera vuelto a casa. Regina me impulsó a subir el resto de la rampa».

María dio inicio a la primera conversación con Oshea con un pensamiento cuidadosamente preparado: «Yo no te conozco. Tú no me conoces. Empecemos desde allí».

La idea de que ella quería conocerlo antes de juzgarlo, de alguna manera, calmó el espíritu del hombre. Él decidió confiar en el proceso. Hablaron por horas.

Cuando terminó la primera entrevista, Oshea le preguntó a María si podía darle un abrazo.

Ella le dijo que sí.

Cuando los brazos de él la estrecharon, la inundación se desató. Ella se echó a llorar. Oshea de inmediato tuvo recelo en cuanto al abrazo: *Yo había estado en la cárcel doce años, junto a criminales endurecidos; ese fue el instante más aterrador de toda mi vida.*

Pero desde ese momento se empezó a establecer un vínculo entre María y Oshea. Ella iba a visitarlo y hablaban. Ella tenía que estar dispuesta a entender su versión acerca de lo que había sucedido. Él tenía que estar dispuesto a ver lo que le había robado a ella.

En diciembre del 2009, Oshea fue puesto en libertad. María decidió organizar para él una fiesta «de bienvenida al mundo exterior». Les pidió a algunas monjas que vivían cerca que la ayudaran. A nivel local se las conocía como «las hermanas encapuchadas».

El dueño del edificio en el que vivía María tuvo una idea. «¿Qué tal si invitas a Oshea a vivir aquí, en este complejo, en el apartamento junto al tuyo?».

«Él nunca aceptaría».

«Pero, ¿qué tal si le preguntas?».

Ella lo hizo. Ahora él vive a una puerta de distancia. Está estudiando y tiene un trabajo.

«A veces», dice Oshea, «cuando me siento alicaído, desalentado, cuando las cosas marchan mal, miro a María, y me digo: "¡Vamos!, ella me dio otra oportunidad. Tengo que darme yo mismo otra oportunidad"».

A veces hablamos del perdón como una herramienta para que la víctima se libere del dolor; y es eso, pero mucho más. Oshea y María se han entregado el uno al otro dones que ninguno habría conocido sin el milagro del perdón.

Sucedió porque hace mucho tiempo alguien dijo: «Ama a tu prójimo» y «Ama a tu enemigo».

Y un enemigo se convirtió en vecino.

CAPÍTULO 8

Hay cosas que
no son del César

El liderazgo, dice Ron Heifetz, de Harvard, es el arte de desilusionar a las personas a un ritmo que puedan aguantar.

En la última semana de su vida, Jesús superó el ritmo de desilusión esperado. Explicó su negativa a esgrimir el poder que las multitudes querían: «Mi reino no es de este mundo». Su visión de una esfera por encima del poder político a la larga cambiaría los reinos humanos. Nuestra comprensión acerca de que el gobierno debe ser limitado es parte de su legado.

Pero primero eso hizo que lo mataran.

———

La gente a menudo piensa en el Domingo de Ramos como un inocente desfile infantil. Pero no lo fue. Años antes del nacimiento de Jesús, el gran templo de Israel había sido profanado por poderes extranjeros. Bajo los macabeos, Israel ganó cierto grado de libertad, lo que incluyó recuperar el control del templo. Para su rededicación se usaron ramas de palma.

Así, las palmas llegaron a ser un símbolo del nacionalismo judío. Durante dos guerras importantes en contra de Roma, los rebeldes israelitas ilegalmente acuñaron monedas con dibujos de palmas. La rama de palma era un símbolo político como el elefante, o el burro, o el Tío Sam en los Estados Unidos. Agitar palmas delante de Roma era como agitar una bandera roja delante de un toro.

Se trataba de una declaración de guerra. La «entrada triunfal» constituyó para las multitudes una declaración militar. Juan lo indica así a través de los gritos de la multitud. Ellos empezaron a citar el Salmo 118: «¡Hosanna! [Señor, ¡sálvanos!] ¡Bendito el que viene en el nombre del

Señor!». En el Salmo 118, el siguiente versículo es: «Desde la casa del
Señor los bendecimos». No es esto lo que la multitud decía.

Lo que decían era: «¡Bendito el Rey de Israel!». En otras palabras:
«Bendito el que va a derrocar a Pilato, Herodes y César». Esas son palabras de pelea. Pero Jesús no iba a luchar. Los hosannas cesarían abrup-
tamente. Él desilusionó al pueblo a un ritmo que no pudieron soportar.
El título «Rey de Israel» pendió odiosamente sobre Jesús desde su nacimiento hasta su muerte. La idea de que era un rey confundía a todos.
En especial a los reyes.

Ya hemos visto la tensión que existía entre Herodes el Grande y el bebé
«que ha nacido rey de los judíos». La tirante relación entre Jesús y los
reyes empeoraba a medida que Jesús iba creciendo. Herodes murió poco
después de nacer Jesús y sus posesiones fueron un caos. Él dejó siete
testamentos diferentes.

Tres de sus hijos: Arquelao, Herodes Antipas y Herodes Felipe,
fueron a Roma para tratar de sacar tajada y conseguir tanto territorio
para gobernar como pudieran. (Se da una proliferación de Herodes en
el Nuevo Testamento, incluyendo una nieta llamada Herodías. Era un
nombre como el que el campeón de boxeo de peso pesado George Foreman les puso a sus cinco hijos: George Jr., George III, George IV, George V y George VI).

Arquelao le pidió a César que lo nombrara rey. Los soldados del
César habían ejecutado poco tiempo atrás a tres mil patriotas judíos en
el área del templo durante la Pascua. Los israelitas enviaron una delegación para decirle que no querían que Arquelao los gobernara; pidieron
que se los pusiera bajo la autoridad de Siria.

De todas maneras, César nombró a Arquelao como gobernante.
Cuando regresó a la región, hizo que trajeran ante él a la delegación
judía y los mandó ejecutar.

Se nos dice que durante la niñez de Jesús, «[José] al oír que Arquelao reinaba en Judea en lugar de su padre Herodes, tuvo miedo de ir
allá ... y fue a vivir en un pueblo llamado Nazaret».

Ahora veamos a Jesús meterse en problemas con esa multitud del
Domingo de Ramos.

«Pasó a contarles una parábola, porque estaba cerca de Jerusalén
y la gente pensaba que el reino de Dios iba a manifestarse en

cualquier momento. Así que les dijo: "Un hombre de la nobleza se fue a un país lejano para ser coronado rey y luego regresar ...

Pero sus súbditos lo odiaban y mandaron tras él una delegación a decir: 'No queremos a éste por rey'".

A pesar de todo, fue nombrado rey y regresó a su país».

El relato no tiene un final feliz. El rey dice:

«Pero en cuanto a esos enemigos míos que no me querían por rey, tráiganlos acá y mátenlos delante de mí».

Dicho esto, Jesús siguió adelante, subiendo hacia Jerusalén.

Ese viaje a Jerusalén era riesgoso porque durante la Pascua Jerusalén se convertía en un lugar peligroso para los que hablaban en términos de reino.

Cuando los israelitas oían la frase «reino de Dios», no pensaban en un lugar al que los seres humanos irían después de morir. Creían que era el día en el que Dios aplastaría a Roma, restauraría el templo y le daría a Israel su propio rey.

La gran crisis de Israel en los días de Jesús, como lo ha sido por muchos siglos, era: «¿Dónde está Dios y su Reino?».

Ya había un reino, pero estaba en Roma. Se decía que el César era divino. Roma tenía un refrán del que más adelante la iglesia cristiana se apropiaría: «El César es el Señor».

Las monedas romanas llevaban grabadas la imagen del César. Tenían una inscripción que decía: *divi filius*: «Hijo de Dios». Un israelita consagrado ni siquiera llevaría una moneda romana, porque se consideraba una violación al mandamiento que ordenaba no tener imágenes forjadas. Pero para Roma la religión era una herramienta esencial del Estado para servir al bien común.

Así que Herodes se arrogó la prerrogativa de nombrar como sumo sacerdote a quienquiera fuera el más colaborador, en lugar de designar a un miembro de la familia sacerdotal tradicional. Herodes puso bajo llave las vestiduras sagradas en la Fortaleza Antonia, y el sumo sacerdote tenía que sufrir la humillación de pedir permiso para ponérselas con el fin de entrar al Lugar Santísimo cada año, y después devolvérselas a Roma. Herodes estaba tratando de poner bajo llave un reino que no permanecía bajo llave.

El anhelo en los días de Jesús era el anhelo del reino de Dios. La pregunta en los días de Jesús era: «¿Cómo será establecido en la tierra?».

Había tres respuestas que se esbozaban ante esa pregunta. Jesús diferiría con respecto a las tres.

———

Los zelotes decidieron *rebelarse*. Ellos conformaban un partido nacionalista extremo dedicado a imponer el reino de Dios mediante el derrocamiento de los romanos, a través de la utilización de cualquier medio, incluyendo la violencia. Fueron luchadores por la libertad (o terroristas) dependiendo de la política.

Los esenios decidieron *alejarse*. A ese grupo no se lo menciona en la Biblia, aunque los rollos del Mar Muerto se hallaron en una comunidad probablemente formada por esenios. Creían que todo se había corrompido tanto (no simplemente Roma, sino también el resto de Israel y el sistema del templo) que la única respuesta era *retirarse por completo* y dedicarse a una vida de pureza. Dormían en cuevas. Eran tan austeros que se negaban hasta a ir de cuerpo el Sabbat, y se daban un baño ritual antes de cada comida. Eran los «hijos de luz», y todos los demás eran los «hijos de las tinieblas». Creían que su pureza haría que Dios destruyera a sus enemigos y les otorgara el reino.

Los saduceos decidieron *integrarse*. Eran pragmáticos. No creían ni en los ángeles ni en la resurrección. Estaban interesados en el aquí y ahora. Observaron a los romanos y se figuraron: *Si no puedes vencerlos, únete a ellos*. Trabajaban con los cobradores de impuestos y mostraban lealtad al César. Por consiguiente, los cargos de importancia en Israel les fueron otorgados. «Cuando vayas a Roma, haz como los romanos...».

Así que, si uno vivía en Israel, estas eran las tres principales opciones para responder a la gran crisis de la época: revuelta, retirada o integración.

———

Jesús se metió en problemas con cada uno de estos grupos.

Un centurión le pidió ayuda a Jesús, y luego él señaló: «Les aseguro que no he encontrado en Israel a nadie que tenga tanta fe».

Imagínense la reacción de los zelotes ante el elogio de Jesús a un soldado romano. Jesús dijo: «Si alguien te obliga a llevarle la carga un kilómetro, llévasela dos». Esa era una referencia directa a la aborrecida ley que permitía a los soldados romanos obligar a los civiles a llevar su equipaje por una milla. Los zelotes no pusieron el dicho de Jesús «Haz una milla más» en sus tarjetas de salutación. Los problemas de Jesús apenas empezaban.

> Si Jesús decía que «sí», la gente lo detestaría por ceder ante Roma. Si decía que «no», Roma siempre tendría disponible otra cruz.

Los zelotes se equivocan. El reino de Dios no vendrá a través de la violencia. Pero los zelotes no fueron el único grupo al que Jesús ofendió.

Él tocó leprosos, habló con prostitutas y gentiles, y comió con pecadores. Ignoró las regulaciones de la pureza. *Los esenios se equivocan. El reino de Dios no se realizará retirándose y creando una subcultura religiosa.*

Al mismo tiempo, Jesús se negó a optar por Roma como los saduceos. Un día le preguntaron: «Maestro, sabemos que eres un hombre íntegro y que enseñas el camino de Dios de acuerdo con la verdad. No te dejas influir por nadie porque no te fijas en las apariencias. Danos tu opinión: ¿Está permitido pagar impuestos al césar o no?».

Un hombre llamado Judas, de Galilea, había dirigido una revuelta por causa de ese mismo asunto cuando Jesús era niño. Roma lo crucificó a él y a unos dos mil de sus seguidores, dejando luego las cruces levantadas como sutil advertencia para que se pagaran los impuestos.

Si Jesús decía que «sí», la gente lo detestaría por ceder ante Roma. Si decía que «no», Roma siempre tendría disponible otra cruz.

—¡Hipócritas! ¿Por qué me tienden trampas? Muéstrenme la moneda para el impuesto.

Y se la enseñaron.

—¿De quién son esta imagen y esta inscripción? —les preguntó.

—Del césar —respondieron.

Los detalles importan. Jesús no tenía una moneda. No creía que el César tuviera derecho a que se lo adorara. No era saduceo.

«—Entonces denle al césar lo que es del césar y a Dios lo que es de Dios».

La segunda parte de esa declaración iba a cambiar al mundo. La implicación que surge de aquí es que existían cosas que no eran del César. El derecho a dictaminar que se le rindiera adoración no le pertenecía al César. El derecho a una lealtad suprema no le pertenecía al

César. La valoración de la dignidad humana no le pertenecía al César. La conciencia religiosa de un solo israelita, indefenso, no le pertenecía al César. El título de Señor no le pertenecía al César.

Para Roma, la existencia de los dioses *incrementaba* inmensamente la autoridad del César. Para Jesús, la existencia de Dios *limitaba* inmensamente la autoridad del César. El reino de Roma no era el reino del cielo. Existía otra esfera por sobre la del César, ante la que todos, incluyendo al César, debían rendir cuentas. Una idea no probada se estaba planteando aquí; la que podríamos llamar separación entre la Iglesia y el Estado. El oponente original a esta idea no fue la Iglesia; fue el Estado.

«Hay cosas que no son del César». Cuando Jesús terminó de hacer esta declaración, el poder indiscutible de los gobernantes humanos había encontrado su coto; y Jesús había firmado su propia sentencia de muerte. Para Roma eso era traición. Pero en realidad era una traición de otro tipo.

Jesús no iba a adorar al César; pero tampoco lo detestaría, ni lo difamaría, ni lo ignoraría. Dios le había dicho a Abraham que *todos los pueblos de la tierra* serían bendecidos a través del pueblo de Dios. Jesús no solo quería bendecir a Israel, quería bendecir a Roma. Jesús quería bendecir al César. La cólera y la violencia no son el camino; la retirada no es el camino; la integración no es el camino. Hay otro camino. Hay cosas que no son del César.

Jesús siguió adelante para conectarse con personas a las que la política separaba.

Simón, tú eres zelote; detestas a los romanos y a los colaboracionistas como los cobradores de impuestos; te elijo. Mateo, tú eres un colaborador, un cobrador de impuestos aborrecido. Te elijo. Te alojarás con Simón.

Jesús parecía ser un hombre peligroso.

Esta es nuestra estrategia. No tenemos dinero, ni influencia, ni estatus, ni edificios, ni soldados; las cosas marchan exactamente según el plan. Les diremos a todos que están siguiendo el sendero errado: el dinero romano y la élite de poder, a los revolucionarios, a los enclaustrados, a los colaboradores.

Cuando nos detesten —y muchos lo harán— cuando nos insulten y nos echen en la cárcel, incluso cuando maten a algunos de nosotros, no vamos a pelear, no vamos a huir, ni tampoco a rendirnos. Simplemente seguiremos amándolos. Seguiremos invitándolos a que se unan a nuestro lado. Esa es mi estrategia. ¿Qué piensan?

El dolor y sufrimiento de Israel mientras esperaba el reino, en realidad, habían conducido a que el pensamiento humano diera un gran paso.

En el mundo antiguo todas las naciones adoraban a sus propios dioses. El historiador Rodney Stark escribió: «En las civilizaciones antiguas el concepto de una "iglesia estatal" no existía en realidad, porque la gente no las distinguía como dos instituciones separadas». «Iglesia estatal» hubiera sonado como «alcalde gubernamental»; ¿hay alguna otra clase? Algo tendría que suceder en el mundo para que a la religión y el estado se los consideraran esferas separadas.

La comprensión general interpretaba que cuanto mejor le iba a la nación, más alto era el estatus del dios de ese pueblo. Si la nación de uno era la mejor, eso demostraba que el dios de uno era el dios más grande.

> La muerte del sueño de grandeza nacional de Israel condujo a una visión profética, la de un Dios que está por sobre todas las naciones.

De modo que la muerte del sueño de grandeza nacional de Israel condujo a una visión profética, la de un Dios que está por sobre todas las naciones, un Dios que es para *todas* las naciones. Generaciones atrás, el profeta Jeremías le había dicho a Israel que debía orar por la prosperidad de Babilonia, aun cuando Babilonia lo hubiera derrotado y llevado cautivo. En otras palabras, Dios se proponía algo con el exilio. Dios estaba desilusionando a la gente a un ritmo que podía aguantar.

Dios quería personas que estuvieran presentes de una manera radicalmente nueva en cualquier país que tuvieran que ocupar. No tenían que controlarlo, ni retirarse del país, ni integrarse a ellos. Podían amarlo.

Dios se interesa por Babilonia. Dios se interesa por Roma.

La mayoría se preocupa por lo que puede sacar de Babilonia o Roma. Yo vivo en el área de la Bahía de San Francisco, el equipo local de fútbol americano profesional es San Francisco 49ers. Los buscadores de oro descubrieron oro en California en el año 1849 y eso atrajo a miles de personas, pero todos vinieron para llevarse el oro. Nadie vino para devolver el oro. La gente viene a California para sacar algo, para ganar fama, para enriquecerse, para broncearse, para encontrar placer.

La gente va a Hollywood porque quiere hacerse famosa. Se dirige a la zona del Silicon Valley porque quiere enriquecerse. Y aquellos que se van a Fresno, es porque les han dado la dirección equivocada.

Jesús llamaba a las personas a amar a Roma; a dedicarse a las empresas, a la educación, a las artes, a la artesanía y a los barrios, a fin de que Roma floreciera; pero les dijo que no adoraran a Roma.

La tensión entre Roma y la iglesia resultaría dolorosa y fructífera. Roma no sabía qué hacer con aquel movimiento de Jesús. Algo sin precedentes en el mundo estaba echando raíces, algo para lo que no existían pautas.

Desde la perspectiva de Roma, la religión era esencial para mantener el bienestar común. La misma palabra *religión* estaba relacionada con el término «ligamento»; aquello que mantiene unido al cuerpo. Existían muchas religiones en el Imperio Romano. Y los gobernantes les permitían a los pueblos adorar a otros dioses mientras que ofrecieran sacrificios al emperador. Rendir honor a las deidades locales era parte de un compromiso con el bien común. Si uno se muda a la ciudad de Nueva York, alentará a los Yankees.

La idea de que existía un Dios verdadero, real, particular, tenía gigantescas implicaciones para el gobierno. Para el año 220 d. C. Tertuliano ya había escrito: «Sin embargo, es un derecho humano fundamental, un privilegio de la naturaleza, que todo hombre deba adorar de acuerdo con sus propias convicciones; la religión de un hombre ni le hace daño ni ayuda a otro hombre. Con certeza no es parte de la religión imponer una religión a la que el libre albedrío y no la fuerza debería conducirnos».

Robert Wilkins escribió: «Aquí no estaba en cuestión simplemente la religión tradicional en contraposición con una nueva religión que había surgido en Palestina. Aquí también se ponía sobre el tapete *una comprensión diferente de la religión* ... [Para Roma] el cristianismo estaba aflojando los lazos que ataban la religión al mundo social y político». Los cristianos no le estaban dando al César aquello que el César consideraba que le correspondía por derecho.

Esto explica por qué algunos de los emperadores más morales, como Marco Aurelio, fueron algunos de los peores perseguidores del cristianismo. Él no era, como Calígula o Nerón, una versión antigua del Dr. Maligno. Se lo admiraba por su carácter. (Era bueno ser justo, aun para los antiguos romanos). Pero desde su perspectiva, los cristianos estaban privando a Roma de la máxima devoción necesaria para mantener lo que Virgilio llamó el *imperium sine fine*, «el reino que no tendrá fin».

Hay cosas que no le pertenecen al César; y una de ellas es un reino que no tendrá fin.

Los seguidores de Jesús tuvieron que luchar en su relación con el estado de una manera en la que ningún otro seguidor de ninguna religión jamás tuvo que hacerlo. Un escritor del siglo segundo, explicando la identidad de ese movimiento, lo expresó de esta manera:

A los cristianos no se los distingue del resto de la humanidad por su ubicación geográfica, ni por su habla, o sus costumbres. Pues, en tanto que moran en ciudades de griegos y bárbaros, según le toca a cada uno en suerte, ... la constitución de su ciudadanía es, no obstante, muy asombrosa y reconocidamente paradójica. Moran en sus propios países, pero solo como peregrinos ... *Todo país extranjero es tierra patria para ellos, y toda tierra patria es un país extranjero.*

Esta epístola en realidad habla de los cristianos como una «tercera raza»; las categorías comunes de los griegos o los bárbaros no los pueden describir con precisión.

Unos pocos siglos más tarde, Agustín, siguiendo a Jesús, hizo una distinción entre lo que él llamó la ciudad terrenal y la ciudad celestial. Debido a que la devoción máxima de un ser humano pertenece a la ciudad celestial, las exigencias de la ciudad terrenal son limitadas. Eso quiere decir que la conciencia de cada individuo se vuelve una especie de santuario. Ningún rey puede reclamar para sí la autoridad que le pertenece tan solo a Dios. Hay cosas que *no* son del César.

> *La tensión entre Jesús y los gobernantes terrenales, y los siglos de intranquilidad y persecución produjeron un legado que ayudó a forjar el mundo occidental.*

Agustín argumentaba: «¿Qué son los reinos sino raterías? Porque ¿qué son en sí mismas las raterías, sino reinitos?». Luego pasó a citar la experiencia de un pirata atrevido capturado por Alejandro Magno que le dijo: «Como yo me apodero de propiedades con un barquichuelo, se me llama ladrón; pero como tú te apoderas de toda la tierra con una gran flota, se te llama emperador».

La tensión entre Jesús y los gobernantes terrenales, y los siglos de intranquilidad y persecución a la iglesia cristiana produjeron un legado que ayudó a forjar el mundo occidental. Una de las diferencias primordiales entre Jesús y Mahoma es que Mahoma fue un líder militar. El historiador Bernard Lewis lo señala así: «En el árabe clásico y en otros idiomas clásicos del islam, no hay binomios de términos que correspondan a lo "laico" y a lo "eclesiástico", a lo "espiritual" y a lo "temporal", a lo "secular" y a lo "religioso", porque ese tipo de parejas expresan una dicotomía cristiana que no tiene equivalente en el mundo del islam».

Al mismo tiempo, los cristianos a menudo se han olvidado de que lo primero que «le pertenece a Dios» es la exigencia de que amemos; incluyendo la obligación de amar a los que siguen otras religiones. Uno de mis profesores universitarios escribió un libro de persuasión cristiana con una cubierta que llevaba una caricatura de un cruzado medieval montado a caballo y que con su lanza apuntaba a la garganta de un árabe postrado, que le decía: «Háblame más de ese cristianismo tuyo; estoy profundamente interesado».

De hecho, los seguidores de Jesús a menudo se han comportado peor cuando *poseían* el poder político que cuando este los perseguía. Durante los primeros siglos de los césares se trató a los cristianos con descuido, en el mejor de los casos, y con opresión, en el peor de ellos. Pero un día emergió un desafío aun más grande.

El César se convirtió.

En el siglo cuarto, el camino de Jesús pasó de ser ilegal a ser legal, y luego a constituirse como obligatorio. (Es difícil imaginarse la respuesta de Jesús a esto: «*Cristianismo: religión oficial del Imperio Romano*»). Desde el punto de vista humano, eso debió haberse considerado como un hecho providencial. Sin embargo, el poder humano siempre está sometido a la ley de consecuencias no intencionadas.

Para la iglesia de los primeros siglos, Nerón había sido un desastre. Apuñaló a su madre para matarla después de que no logró ahogarla; envenenó a una tía con un laxante, asesinó a una de sus esposas encinta dándole puntapiés en el estómago, y ejecutó a otra inventándole un adulterio. Se casó («con dote, velo y todo») con un muchacho llamado Esporo, al que hizo castrar para que fuera más femenino, y vivió con él como si fueran marido y mujer. Corre el rumor de que cantó una ópera mientras Roma ardía, y halló un chivo expiatorio en los cristianos a los que hizo quemar como antorchas humanas.

Sin embargo, en su época la iglesia floreció.

Pablo le dijo a la iglesia de Roma que orara por las autoridades, entre las que se encontraba el emperador, que era Nerón, quien luego haría matar a Pablo.

Hay un reino que no es de este mundo. Hay un amor que es más fuerte que el odio. Unos pocos siglos más tarde, el emperador Constantino se convirtió al cristianismo mediante una visión de la cruz. Muchas cosas buenas resultaron: se acabó la persecución, se dictaron leyes más morales, y se echaron los cimientos del arte, la cultura, la educación y el legado político de la civilización europea occidental.

Sin embargo...

De alguna manera, el hecho de convertirse en la religión establecida de Roma fue un golpe del que la iglesia cristiana todavía no se ha recuperado por completo. Las reuniones que previamente se tenían en secreto en las catacumbas ahora se realizaban en imponentes edificios públicos. Un clero que se había forjado en base a la devoción, ahora se veía inundado de riqueza y estatus. Los obispos empezaron a llevar un estilo de vida como el de los ricos y famosos. Convertirse al cristianismo llegó a ser una ventaja desde lo vocacional y lo financiero. Ahora que los cristianos tenían poder, proscribieron y persiguieron no solo a los paganos sino también a otros cristianos a los que consideraban herejes. «Dada su situación de monopolio, el clero cristiano privilegiado se contentó con reproducir una iglesia muy similar a las religiones subsidiadas del templo de las antiguas civilizaciones».

———

Sin embargo, el reino de Jesús que «no era de este mundo» continuaba mostrándose de maneras inesperadas. A fines del siglo cuarto, un hombre brillante llamado Ambrosio llegó a ser obispo de Milán (Agustín se maravillaba de que Ambrosio ¡pudiera leer sin mover los labios!; algo desconocido en esos días). Cuando el emperador Teodosio masacró a siete mil personas en Tesalónica para aplastar una rebelión, Ambrosio quedó espantado y se negó a permitir que el emperador entrara en su iglesia. «No tienes la menor idea de tu culpa en esta gran masacre ... ¿No te das cuenta de lo grande que fue tu crimen? No debes dejarte deslumbrar por el resplandor del púrpura que vistes ... ¿Cómo puedes levantar en oración manos que están manchadas con la sangre de una masacre tan injusta?».

Antes de Jesús, la idea de que un sacerdote de Roma excomulgara al emperador era como si un ratón excomulgara al gato. Ahora el gato cedía. El emperador confesó su culpa ante el obispo, que le impuso un mes de penitencia pública. Cualesquiera hubieran sido los motivos de Teodosio, una idea se reforzó: «El bien y el mal lo determinan los mandamientos de Dios y ... esos mandamientos se aplican por igual a toda persona, incluso al emperador en sus espléndidos ropajes púrpuras». Hay cosas, como el derecho a masacrar inocentes vidas para apuntalar un régimen, que no le pertenecen al César.

En el 890 d. C. un rey inglés llamado Alfredo el Grande compiló el Libro de Leyes y Condenas (*condenas* es la palabra inglesa para juicio o ley). Esa obra derivaba explícitamente de la ley mosaica y de la regla de oro de Jesús y, por consiguiente, a diferencia de la ley de la antigua Roma, se debía aplicar a todos por igual. O, como Alfredo encantadoramente lo dijo: «¡Condena muy parejamente! ¡No condenes con una condena al rico y con otra al pobre! ¡No condenes con una condena a tu amigo y con otra a tu enemigo!». Esta llegaría a ser la base de la tradición inglesa de la ley común. La decisión de Alfredo de basarla en la tradición de Moisés y de Jesús fue deliberada: «No me atrevo a establecer muchas leyes de mi propia cosecha», escribió con modestia.

El reino de Jesús que «no era de este mundo» continuaba mostrándose de maneras inesperadas.

Unos pocos siglos más tarde, un grupo de barones obligaría a que se realizara una reunión con el rey Juan para firmar un documento que llegaría a conocerse como la Carta Magna. Fue redactada primordialmente por Stephen Langton, arzobispo de Canterbury. Aunque fue diseñada para ayudar a muy pocas vidas en su momento, excepto a un puñado de barones acomodados, contenía una idea que desataría una revolución: «Aquí hay una ley que está por encima del rey y que ni él mismo debe quebrantar ... Ahora por primera vez el rey mismo está sujeto a la ley».

Hay cosas que no le pertenecen al César. Una de ellas es la capacidad de considerarse el único que está por encima de la ley.

———

Ideas como los derechos del individuo, la esfera limitada de gobierno, la separación entre la libertad de adoración y el poder del estado, y la libertad de conciencia, serían parte de la reflexión sobre lo que Jesús quiso decir cuando habló de «lo que es del César». Fue esta conexión la que impulsó a John Quincy Adams a decir: «La gloria más alta de la revolución estadounidense fue esta: Conectó en un vínculo indisoluble los principios del gobierno civil con los principios del cristianismo». No es coincidencia que la campana de la libertad en Filadelfia incluya el pasaje profético que Jesús citara al principio de su propio ministerio: El año favorable del Señor para proclamar libertad por toda la tierra. El cuáquero William Penn y el bautista Roger Williams fueron pioneros en la obra política para instilar en la ley la libertad de conciencia religiosa. La influencia de Jesús ayudó a producir un estado en el que las personas pudieran escoger no seguir a Jesús. De esta manera, pero no solo de este modo, Jesús está presente incluso en su ausencia.

A menudo la influencia de la enseñanza de Jesús aflora con un nuevo poder cuando el césar se equivoca. Frente al racismo legalmente atrincherado, Martin Luther King defendió la idea de los derechos humanos en base a lo que él llamó «calidad de ser alguien», que establece que todo ser humano, independientemente de su raza o trasfondo, es «alguien» de valía.

La «calidad de ser alguien» es otra de las propiedades que no le pertenecen al César.

Un teólogo llamado Oscar Romero fue nombrado obispo de San Salvador principalmente debido a que se lo consideraba una figura enclenque que no haría oleaje. Pero pocas semanas después de su nombramiento, uno de sus sacerdotes fue asesinado. Su ministerio se convirtió en un don para los pobres y un desafío para los escuadrones de la muerte del gobierno. Insistió en que el clamor por la justicia se basaba en las ideas que Jesús había enseñado: «Quienquiera que tortura a un ser humano, quienquiera que maltrata a un ser humano, quienquiera que insulta a un ser humano, abusa de la imagen de Dios, y la iglesia toma como suya esa cruz, ese martirio». En ese servicio, poco después de decir esas palabras, un francotirador le disparó al corazón y lo mató.

Hoy, alrededor del setenta por ciento de los seguidores de Jesús viven en el Hemisferio Sur: Sudamérica, África y el Oriente.

El historiador Philip Jenkins percibió que el cambio más impactante en la iglesia de nuestros días es que cien años atrás el ochenta por ciento de los seguidores de Jesús vivían en Europa y los Estados Unidos. Hoy, alrededor del setenta por ciento de los seguidores de Jesús viven en el Hemisferio Sur: Sudamérica, África y el Oriente. Jenkins escribe: «El cristianismo está floreciendo maravillosamente entre los pobres y perseguidos, en tanto que se atrofia entre los ricos y seguros».

Un hombre que conozco fue uno de los pocos médicos de su especialidad en Etiopía en un tiempo en el que los cristianos a menudo eran perseguidos allí. Debido a su especialización médica, era bien conocido, cuidadosamente vigilado y a veces privilegiado. Debido a su fe, fue a la cárcel varias veces. La pequeña iglesia de la que formaba parte, era vigorosa. Lo compartían todo. Cuando se reunían para la adoración, con las cortinas cerradas, su gozo era intenso. Los detalles que unos sabían acerca de las vidas de otros eran mucho más profundos de lo que jamás he visto en cualquier iglesia que haya conocido en los Estados Unidos. Vivían en constante peligro de arresto. No había tal cosa en su mundo como un cristiano nominal; eso sería como ser un equilibrista nominal. Cuando yo visitaba a un grupo de cristianos en la casa de alguien, decían: «Enséñenos», y sacaban papel y lápiz para anotar lo que fuera que pudiera resultarles de ayuda. Eso rara vez me sucede en los Estados Unidos.

Hablé con aquel médico acerca del gobierno. Le dije que debía orar a menudo para que cesara la persecución y el sufrimiento. Me preguntó sin ironía evidente: «¿Por qué razón voy a orar pidiendo que se me alivie el sufrimiento?». No pude pensar en una buena respuesta.

El hombre que gobernaba entonces ya ha caído en el olvido, como figura de vergüenza y escarnio. Su cara a menudo aparecía en grandes carteles junto a Marx y Lenin. Me dijeron que por lo general se los llamaba los tres chiflados. Los que vivieron entrando y saliendo de la cárcel son héroes. ¿Cuál reino importa? ¿Cuál reino es el real?

Hace poco oí a un historiador comentar que César Augusto fue el estadista más exitoso en la historia humana. Si uno le hubiera preguntado a César Augusto cuál sería su legado, él probablemente habría hablado de la ley romana o de la *pax romana,* o de las carreteras y acueductos, o de la gran maquinaria militar, o del imperio más impresionante.

Jamás se le hubiera ocurrido que el evento más celebrado e influyente que tuvo lugar durante su reinado sería el nacimiento de un bebé del que nunca llegó a oír, en una provincia que jamás había visitado. Nunca se le hubiera cruzado por la mente que el más grande «legado» del César definiría la categoría de lo que no le pertenece al César.

La buena vida *en contraposición* a la persona buena

Se plantean dos grandes cuestiones acerca de si una vida ha valido la pena: ¿Quién tuvo una vida buena? y ¿quién fue una persona buena? De la primera pregunta se ocupan los anuncios publicitarios; de la segunda, los funerales.

Dos hermanos vivieron una vida despreciable. Eran granujas, egocéntricos, ávidos de dinero, crueles e intolerantes. Entonces uno murió. Su hermano le pagó a un ministro una suma importante para que celebrara el funeral con la condición de que se refiriera a su hermano como alguien santo. Los ministros a veces hacen mil acrobacias en los funerales. Así que el ministro preparó el panegírico: «Tengo que decirles la verdad: Este hombre que murió era un mentiroso, buscapleitos, engañador y ladrón; pero comparado con su hermano, fue un santo».

Dallas Willard señaló que en los obituarios es que descubrimos lo fundamental de esta pregunta en cuanto a quién fue una persona buena. En los obituarios rara vez se dicen cosas como: «"Ella tenía una figura espigada, abundante cabello, y dientes maravillosamente blancos". "Él conducía los automóviles más veloces y salía con mujeres fáciles". "Ganó cientos de miles de dólares en su tiempo libre en casa"».

Sin embargo, la publicidad está repleta de promesas con respecto a conseguir exactamente aquellas cosas que no tendrían valor alguno en un obituario: gran figura, mucho dinero, buen sexo, deliciosa comida, enormes televisores de pantalla plana. No queremos perdernos la buena vida, y a la vez deseamos que se nos considere como personas buenas. «Si lo comparamos con su hermano...».

Gran parte de la enseñanza de Jesús tuvo en cuenta estas dos cuestiones.

En los tiempos de Jesús, la palabra que se utilizaba para «buena vida» era «bienaventurada» o «dichosa». Las declaraciones de Jesús en cuanto a aquellos para los que estaba disponible la buena vida se llaman bienaventuranzas. Llegaron a ser las declaraciones más famosas sobre la buena vida que jamás se hayan pronunciado. Y tal vez lo más sorprendente sea que él enseñaba que gracias a Dios ahora la buena vida estaba al alcance de cualquiera, sin que importaran las circunstancias externas. «Dichosos los que lloran».

Por otro lado, la declaración de Jesús acerca de lo que impide que alguien llegue a ser una persona verdaderamente buena gira alrededor de una sola palabra, que se ha convertido «tal vez en la más grande contribución de Cristo a la civilización humana». Jesús ha sido el crítico más severo con respecto a la capacidad que tiene la religión para distorsionar la bondad humana. Veamos cómo definió Jesús a una «buena persona» empezando con Jesús el crítico.

El movimiento al que Jesús dio origen produjo muchos hipócritas. Dado que hay unos dos mil millones de cristianos en el mundo, tal vez el cristianismo haya generado más hipócritas que cualquier otro movimiento en la historia.

La hipocresía religiosa es una de las grandes barreras que se interponen a la fe para cualquier persona sensata. ¿Por qué hacerse cristiano cuando la iglesia está repleta de hipócritas y personas profundamente defectuosas?

La presencia de hipócritas dentro de un movimiento no demuestra que el movimiento en sí esté errado.

Mark Twain una vez escuchó a un hombre de negocios codicioso y sin escrúpulos, fanfarronear santurronamente acerca de su plan de viajar al Medio Oriente y leer los Diez Mandamientos desde la cumbre del monte Sinaí. «Tengo una mejor idea», se dice que Twain le respondió, «¿por qué no te quedas en Boston y los aplicas a tu vida?».

Un libro titulado *unChristian* [No cristiano] incluye una encuesta que indica que el ochenta y cinco por ciento de los adultos jóvenes que no asisten a ninguna iglesia cree que los cristianos son hipócritas. El cuarenta y siete por ciento de los adultos jóvenes *dentro* de la iglesia opina lo mismo.

La hipocresía es como una enfermedad cardiaca espiritual universal. En una reciente reunión anual de la American Heart Association (Asociación Estadounidense del Corazón) en Atlanta, trescientos mil médicos e investigadores se reunieron para debatir la importancia de las dietas bajas en grasa para conservar sano nuestro corazón. Pero durante las comidas, consumieron comida rápida repleta de grasa, tal como hamburguesas con tocino y papitas fritas, al mismo ritmo de obstrucción de arterias que los participantes de cualquier otra convención. A un cardiólogo se le preguntó: «¿No le preocupa que sus malos hábitos alimentarios constituyan un mal ejemplo?». Él respondió, «A mí no. Ya me quité la credencial con mi nombre».

Por supuesto, la presencia de hipócritas dentro de un movimiento no demuestra que el movimiento en sí esté errado. Todo sistema de creencias atrae a personas que no logran estar a la altura. Un amigo mío solía enseñar en uno de los departamentos de una universidad altamente respetada, cuyo nombre no voy a decir. Todos los miembros de ese departamento en particular se identificaban como marxistas. Estaban dedicados a oponerse al materialismo capitalista y al consumo conspicuo. Pero cierta vez salieron en un viaje pagado por el departamento, y acabaron rentando un enorme yate con cantina abierta y toda clase de placeres de alto lujo, a los que supuestamente se oponían.

Acabaron llamándose Nieman marxistas, en alusión a la lujosa tienda de ropa. Maravillosa frase.

Nuestras ideas modernas en cuanto a la hipocresía brotan de la crítica ruin que les hacemos a los hipócritas religiosos. La erudita Eva Kittay señaló que la palabra *hipócrita* viene de una palabra griega que comúnmente se asociaba con el teatro. Los *hipócritas* eran los actores en un escenario. Los actores por lo general llevaban una máscara para mostrar qué personaje estaban representando, así que el mismo actor podía hacer de rey en el primer acto y de esclavo en el segundo. Por extensión, la palabra llegó a referirse a personas que simulaban un papel. En el griego clásico, la palabra *hipócrita* no era tan punzante como ha llegado a ser para nosotros.

En el primer siglo, uno de los grandes teatros de la época fue construido en una ciudad llamada Séforis, a menos de una hora de Nazaret. Hay buenas probabilidades de que José y su pequeño hijo aprendiz, Jesús, hubieran trabajado en proyectos de construcción de edificios en Séforis. Tal vez Jesús, desde su niñez, se hubiera familiarizado con los escenarios y los *hipócritas,* es decir, los actores.

Fue Jesús el que criticó la hipocresía religiosa de una manera que impactó la historia. Cuando Jesús habló de la simulación religiosa, usó el término que se utilizaba para los que representaban papeles. Kittay sostuvo que la utilización de este concepto en el Nuevo Testamento es lo que más ha modelado nuestra concepción en cuanto a la hipocresía, debido al énfasis singular sobre la condición interior de la persona y no la mera conducta externa. «El concepto de hipocresía sin duda tomó forma a partir del tono moral que recibió con el surgimiento del cristianismo, en el que la atención a lo que se esconde de la vista (a menudo de la vista de uno mismo) resulta primordial».

Hay un yo *público* visible ante todos en el mundo que me rodea. Uno pasa mucho tiempo manejando la imagen de ese yo público. Luego existe un yo *privado*, que no resulta evidente para el mundo. De hecho, tal vez ni uno mismo conozca las profundidades del yo privado, porque tiene que ver con el propio corazón; y Jesús dijo que solo Dios conoce el corazón en profundidad. Eso es lo que más importa. La condición del corazón es el énfasis primordial de la enseñanza de Jesús con respecto a la bondad humana.

La persona buena es aquella cuyo corazón, su ser interior, está recubierto e impregnado del amor divino. Por consiguiente, la persona buena no es simplemente la que hace cosas buenas; es alguien que genuinamente *quiere* hacer cosas buenas.

> *Jesús declaró que Dios no tolera la hipocresía. Esta enseñanza desató una revolución en el mundo antiguo.*

Lo que sucede en el corazón, que es invisible y solo Dios puede conocer, es lo que hace tan patente lo horrible de la hipocresía, la simulación y la actuación en el ámbito público.

La enseñanza de Jesús con respecto a la condición del corazón fue tan penetrante que ingresó en el vocabulario moral de la raza humana. La palabra hipócrita se usa diecisiete veces en el Nuevo Testamento. Cada vez que se usa, el que lo hace es Jesús. Sé de pocas palabras tan singularmente suyas.

«Los registros literarios muestran claramente que solo Jesús fue el que introdujo este término *hipocresía*, con su consiguiente carácter, en el registro moral del mundo occidental».

Es irónico que a pesar de la merecida y abundante crítica que la iglesia recibe por producir hipócritas, le rindamos tributo al pensador cuya enseñanza nos mostró el cuadro de lo que es la hipocresía, y que le da forma a nuestra comprensión moral dos mil años después.

Los contrastes entre la hipocresía y la genuina bondad se entremezclan en muchas de las enseñanzas de Jesús. Mateo incluye el registro de toda una charla que tuvo lugar pocos días antes de la muerte de Jesús y que solo se refiere a este tema. Si usted alguna vez se ha molestado a causa de los hipócritas religiosos, si alguna vez quiso colgar un blog furioso en cuanto a cómo ellos le revuelven el estómago, tiene que ponerse en la fila de Jesús, porque no sé de ningún otro discurso al respecto que diera algún otro enemigo de la religión que resultara más fuerte en su represión.

Jesús empezó diciendo: «¡Ay de ustedes...!». «Ay» no simplemente quería decir que se avecinaban problemas; significaba que se avecinaban problemas en forma de castigo divino. Jesús declaró que Dios no tolera la hipocresía.

Esta enseñanza desató una revolución en el mundo antiguo. La raza humana siempre se ha preocupado con respecto a lo que hace buena a una persona. El cristianismo no tiene el monopolio de la bondad, y la gente cree que es así por ignorancia o arrogancia.

———

Todas las sociedades, como Sumeria, Egipto y Grecia tuvieron códigos morales. Sin embargo, su moralidad no tenía las raíces en su religión. Los dioses querían que se los reconociera y se los apaciguara, pero no diseñaron un marco ético para la vida humana. «Los dioses griegos no dictaban leyes». No podían, porque ellos mismos habían sido algunos de los mayores transgresores. Los dioses tenían el mismo conjunto de apetitos y defectos que los seres humanos. La historiadora Mary Lefkowitz escribió: «La vida de los dioses es una forma altamente idealizada de lo que la vida humana sería si los mortales fueran inmortales, eternos y fuertes». Los dioses de Homero se comportaban como alarmantes versiones supergigantes de Homero Simpson. Robin Lane Fox escribió:

> De Bretaña a Siria, los cultos paganos se proponían honrar a los dioses y evadir la mala suerte que pudiera resultar de la cólera misma de los dioses por algún descuido. Como la corriente eléctrica, el poder de los dioses tenía gran potencial para beneficiar o hacer daño; pero a diferencia de la electricidad, era impredecible y los mortales no podían hacer más que intentar canalizar su fuerza de antemano.

Jesús pondría a disposición del mundo la gran enseñanza de Israel: El monoteísmo ético. Hay solo un Dios, y él es fuente y juez de todo lo bueno.

Esta idea de un Dios que dicta mandamientos morales y juzga la tierra con el tiempo se extendió tanto que en nuestra cultura, aunque no lo creamos, ese es el ser en el que pensamos cuando oímos la palabra *Dios*. Pero no siempre ha sido así. Es una idea cultivada por Israel que penetró en la conciencia más amplia del mundo principalmente por el movimiento de Jesús.

Jesús dirigió gran parte de su enseñanza referida a la verdadera naturaleza de la bondad a los eruditos conocidos como fariseos. En nuestros días la palabra *fariseo* se ha vuelto una caricatura. A menudo nos consideramos superiores a ellos. En realidad, eran los dirigentes espirituales más admirados de sus días.

En otras palabras, Jesús estaba hablando acerca de una condición que está a un pelo de distancia de cualquiera que toma en serio la fe en Dios. Jesús sabía que esa condición se infiltraría en cualquier movimiento de fe, incluyendo el suyo propio. Thomas Cahill escribió que: «Cualquier cristiano que se imagina moralmente superior solo tiene que echar un vistazo a la historia posterior a la persecución cristiana contra los judíos, para darse cuenta de que los cristianos han tenido mucho más éxito en rechazar a Jesús que cualquier judío».

»¡Ay de ustedes, maestros de la ley y fariseos, hipócritas! Les cierran a los demás el reino de los cielos, y ni entran ustedes ni dejan entrar a los que intentan hacerlo.

»¡Ay de ustedes, maestros de la ley y fariseos, hipócritas! Recorren tierra y mar para ganar un solo adepto, y cuando lo han logrado lo hacen dos veces más merecedor del infierno que ustedes.

»¡Ay de ustedes, guías ciegos! ...

»¡Ay de ustedes, maestros de la ley y fariseos, hipócritas! Dan la décima parte de sus especias: ... Pero han descuidado los asuntos más importantes de la ley, tales como la justicia, la misericordia y la fidelidad ...

»¡Ay de ustedes, maestros de la ley y fariseos, hipócritas! Limpian el exterior del vaso y del plato, pero por dentro están llenos de robo y de desenfreno ...

»¡Ay de ustedes, maestros de la ley y fariseos, hipócritas!, que son como sepulcros blanqueados ...

»¡Ay de ustedes, maestros de la ley y fariseos, hipócritas! ...

»¡Serpientes! ¡Camada de víboras! ¿Cómo escaparán ustedes de la condenación del infierno?».

Como alguien que regularmente predica a personas de fe, quedo pasmado ante la valentía de este hombre. No puedo imaginarme la tensión que produjo. Con razón se ganó enemigos.

Me deja estupefacto el hecho de que él usara las advertencias más fuertes en cuanto a la condenación del infierno no como advertencias dirigidas a personas *fuera* de su comunidad de fe, sino a los que estaban *dentro*.

> *El interior sucio del vaso es simplemente la condición caída; la parte externa lavada es lo que caracteriza a la hipocresía.*

Usó ilustraciones y argumentos corrientes en su día para transmitir su comprensión de la naturaleza humana y del corazón humano. Utilizó la figura del vaso sucio. Jesús no estaba hablando de principios generales sobre cómo lavar platos. La limpieza ritual era parte importante de la religión. La Mishná (enseñanzas acerca de cómo guardar la ley) hacía todo lo posible por enseñar eso, empezando con: «Todos los utensilios tienen una parte de adentro y una parte de afuera». Los discípulos de Shammai y los discípulos de Hilel en realidad debatían el orden correcto para limpiar por dentro y por fuera.

Jesús estaba utilizando un ritual bien conocido para señalar su significado más profundo. *Todas las personas tienen una parte interna y una parte externa; y lo que más le interesa a Dios es el interior de las personas.*

«De hecho, constituyó una gran revolución en la historia humana que el Dios judío y cristiano se revelara como Uno que ve directamente las conciencias, y no se deja engañar meramente por los actos externos».

De acuerdo con los parámetros de Jesús, la hipocresía no tiene que ver simplemente con no lograr vivir a la altura que aspiramos. Todos hacen eso. La esencia de la hipocresía es el engaño; engaño de un espíritu cruel y egoísta, aunque a veces sea inconsciente.

El interior sucio del vaso es simplemente la condición caída; la parte externa lavada es lo que caracteriza a la hipocresía. ¿Por qué va a querer alguien blanquear un sepulcro? Para hacer que la gente piense que hay vida allí, y no muerte. No es solo que los religiosos descuiden la justicia, o la misericordia, o la fe. Además, dan un diezmo de sus especias, un diminuto aspecto de sus vidas financieras, para convencer a todos de lo fieles que son.

Yo te engaño para que pienses que soy mejor de lo que soy. Escondo mi disgusto por ti detrás de una sonrisa cortés. Pretendo ayudarte cuando espero que fracases. Me muestro cariñoso cuando por dentro estoy lleno de crítica o egoísmo. Puedo incluso convencerme yo mismo de que soy consagrado, o lleno de amor, o amable. Puedo ser hipócrita sin siquiera saberlo. Así como aún no conocemos los límites externos del universo, tampoco hemos descubierto aún los límites externos de la capacidad de los seres humanos para engañarse a ellos mismos. Para muestra basta un botón: «El ochenta y cinco por ciento de los estudiantes de medicina piensan que es impropio que los políticos acepten regalos de los grupos que tienen intereses creados. Pero solo el cuarenta y seis por ciento piensa que es impropio que los médicos acepten regalos de las compañías que producen fármacos».

Debido al énfasis que Jesús pone en cuanto al corazón, la bondad no empieza con una conducta apropiada. Empieza con una apertura a la verdad en lo referido al caos del propio ser interior. «Si se mantienen fieles a mis enseñanzas, serán realmente mis discípulos; y conocerán la verdad, y la verdad los hará libres».

La verdad nos hará libres; pero primero nos hará desdichados.

Hagamos un experimento mental. Imagínese que usted va a buscar su automóvil después de que le han hecho una alineación. El mecánico le dice: «Este coche está en excelente forma. Resulta claro que usted tiene una gran capacidad automovilística como para cuidar muy bien de su auto». Más tarde ese día, los frenos le fallan. Usted descubre que el líquido de frenos se ha acabado. Podría haber muerto.

Regresa al mecánico y le pregunta: «¿Por qué no me lo dijo?».

«Pues bien, no quería que usted se sintiera mal. Además, para ser franco, temía que a lo mejor usted se enfadaría conmigo. Quiero que este sea un lugar en el que se sienta seguro, querido y aceptado». Usted se enfurecería, y le diría: «¡Yo no vine aquí para que se me haga un breve apuntalamiento del ego basado en la fantasía! Cuando se trata de mi automóvil, quiero la verdad».

Ahora va a que le hagan un examen físico. El médico le dice: «Usted es un magnífico espécimen físico. Tiene el cuerpo de un atleta olímpico. Merece que se lo felicite». Más tarde, ese día, al subir las escaleras, su corazón le falla. Poco después descubre que sus arterias están tan tapadas que estuvo a un tris de toparse con la Parca.

Usted vuelve al médico y le dice: «¿Por qué no me lo dijo?».

«Pues bien, yo sé que su cuerpo está en peor forma que el rollizo Michelin, pero si le digo a la gente esas cosas, se ofenden. Es mal negocio. No vuelven. Quiero que este sea un lugar confiable en el que usted sienta que se lo ama y se lo acepta». ¡Usted se enfurecería! Le diría al médico: «Cuando se trata de mi cuerpo, ¡quiero la verdad!».

En el mundo antiguo, decir la verdad era tarea de los filósofos. Los templos existían para aplacar a los dioses. Jesús comenzaba a introducir el poder de la verdad en el ámbito de la religión.

Un día yo estaba conversando con dos personas en una lavandería local. Era claro que ninguna de ellas tenía mucho dinero. Ambas eran miembros fieles de dos diferentes iglesias locales. Así que les dije que yo era pastor. Aunque por lo general eso no apuntala el estatus de uno, me sirvió allí. Me preguntaron: «¿Dónde trabaja?». Se los dije.

La respuesta inmediata fue: «Hay un montón de ricos que van a esa iglesia». Eso era como para dar por finalizada la conversación.

Pero ellos no querían que me sintiera mal, así que uno de los dos me dijo: «Oigo que, sin embargo, hacen muchas cosas buenas allí...». Fue el «sin embargo» lo que me llegó. Me di cuenta de que al «ministrar a los triunfadores» me siento más identificado con ellos. Cuando miro a través de los ojos de alguien que vive en la pobreza, de repente mi perspectiva se vuelve realmente diferente. La misma opulencia de la que secretamente me veo tentado a enorgullecerme se vuelve bochornosa en presencia de la necesidad. No miro por esa perspectiva muy a menudo, porque el corazón es engañoso más que todas las cosas.

En Grecia, los grandes que decían la verdad y confrontaban a los seres humanos con sus debilidades éticas eran los oradores como Demóstenes, o los filósofos como Sócrates. En Israel, el diagnóstico vendría de la boca de Jesús, y cambiaría la forma en que se percibía el mal.

En el mundo de Jesús, hacer el mal no es tanto transgredir un principio moral como herirlo y decepcionarlo a él, un Amigo, que también es nuestro Creador. Eso le da al pecado un peso que nos acosa y supera la capacidad humana de poder arreglarlo. «Para Platón resulta extraño el clamor de San Pablo: "De hecho, no hago el bien que quiero, sino el mal que no quiero"».

> *En el mundo de Jesús, hacer el mal no es tanto transgredir un principio moral como herirlo y decepcionarlo a él.*

Esto condujo a otro enfoque de la sanidad: Debido a nuestra condición de criaturas, de caídos, y del autoengaño, no podemos sanarnos nosotros mismos. C. S. Lewis escribió, diciendo que la mayoría de nosotros admite que algo de «moralidad» o «conducta decente» está presente en nuestra vida, pero que esperamos poder aferrarnos a nuestra vida natural con lo que sea que nos quede, y eso significa que vivimos o bien una vida de fingimiento o de desdicha.

Finalmente, o uno se da por vencido en su intento de ser bueno, o se vuelve una de aquellas personas que, se suele decir, «viven de apariencias», siempre descontentas y quejosas; siempre preguntándose por qué los demás no lo notan más; y siempre mostrándose como mártires. Y una vez que nos hemos transformado en eso, nos volvemos una plaga mucho mayor para cualquiera que tenga que vivir con nosotros, aún más de lo que habríamos sido si simplemente hubiéramos seguido siendo abiertamente egoístas.

El camino cristiano es diferente: más duro y más fácil. Cristo dice: «Dámelo todo. No quiero tanto de tu tiempo ni tanto de tu dinero, ni tanto de tu trabajo; te quiero a ti. Yo no vengo a atormentar tu ego natural, sino a matarlo. Nada a medias sirve de algo. No quiero cortar una rama aquí y otra rama allá; quiero derribar todo el árbol ... Entrégame todo el yo natural, tanto los deseos que consideras inocentes como los que piensas que son perversos; todo el paquete. En su lugar te daré un nuevo yo. De hecho, me daré yo mismo a ti: mi propia voluntad será la tuya».

Resulta que la vida buena está disponible solo para la persona buena.

En el siglo cuarto, cuando el cristianismo se convirtió en la religión estatal de Roma, las personas empezaron a hallar que era más fácil ser cristianos nominales que paganos nominales. Así que algunos de los seguidores de Jesús empezaron a irse al desierto para buscar una manera de vivir en la que el autoexamen y la confesión transparente se practicara una vez más. Eso llegó a codificarse en pautas como la Regla de Benedicto, que se ha usado por siglos.

Surgieron otras expresiones parecidas. A principios del siglo veinte, surgió un movimiento llamado el Grupo Oxford, para recapturar el poder de prácticas tales como el autoexamen sincero y la confesión transparente. Un hombre de negocios estadounidense llamado Rowland Hazard, dominado por el alcoholismo buscó tratarse con el psiquiatra suizo Carl Jung. Jung (cuyo padre era ministro) le dijo a Hazard que su caso era casi irremediable (como el de otros alcohólicos) y que su única esperanza sería una conversión espiritual dentro de un grupo religioso. Hazard a la larga halló su camino hacia un Grupo Oxford, y allí halló el poder para vivir una vida de sobriedad. Eso condujo a una cadena de conexiones que a la larga lo llevaron hasta William G. Wilson (mejor conocido como «Bill

W.»), que en parte por influencia de Hazard, llegó a ser cofundador de los Alcohólicos Anónimos, e incorporó los principios del Grupo Oxford de una forma algo secularizada mediante los Doce Pasos.

Eso no quiere decir que los programas de recuperación no existan aparte de Jesús, sino que, según la verdad de los hechos, los Doce Pasos brotaron de la corriente que Jesús inició mil novecientos años antes.

Alrededor del mismo tiempo, se escribió un maravilloso relato sobre cómo el entrar a un nuevo patrón de vida y relaciones personales puede producir transformación. Lo escribió Beerbohm, y lo tituló *Un cuento de hadas para hombres cansados.*

George Lord había llevado una vida desenfrenada: codicia, apuestas, relaciones personales superficiales, promesas rotas a mujeres, demasiado licor. Estaba disfrutando de una comida a todo lujo con su amante, cuando vio a una mujer joven e inocente, y al instante se enamoró de ella. Desesperadamente buscó casarse con ella, pero ella había hecho votos de casarse solo con un hombre que tuviera cara de santo. Poco después, Lord pasó por una tienda de máscaras e hizo que el dueño le confeccionara una máscara de cera de tamaño real que reprodujera precisamente la imagen que quería. Volvió a la mujer que le había ganado el corazón, le propuso matrimonio y ella aceptó.

Ese momento marcó el principio de una conversión moral. Firmó el certificado de bodas como Jorge Cielo. Donó mucho de su dinero a los pobres. Pagó a todos los que había engañado. Se mostró humilde ante gente que nunca antes había notado. Entró en el camino de vida de un santo.

Algún tiempo después su antigua amante lo vio y decidió desenmascararlo ante su esposa. Se produjo una lucha, la máscara cayó al suelo, y su antigua amante se rió triunfalmente. Él debió voltearse y darle la cara a su esposa.

Cuando lo hizo, quedó estupefacto por su pregunta: «¿Por qué te hiciste hacer una máscara que se viera precisamente como tu propia cara?». Desde que había entrado en el camino del santo, un poder invisible y desconocido había estado obrando.

Había crecido hasta reflejar la misma imagen.

Me resulta irónico que tal vez ninguna otra religión haya producido tantos hipócritas como el cristianismo. También me resulta doloroso que haya mucha hipocresía en mí. Veo a la vez condenatorio y reconfortante que nadie jamás haya diagnosticado y denunciado la hipocresía con más poder que el fundador del cristianismo, y que sin embargo, nadie jamás les haya ofrecido a los mismos hipócritas más esperanza.

CAPÍTULO 10

Porque, después de todo,
este es un mundo pequeño

Holden Caufield, el narrador adolescente de *Cazador oculto* escribió sobre su atracción hacia Jesús y su ambivalencia en cuanto a sus seguidores:

> Soy una especie de ateo. Me gusta Jesús y todo eso, pero no me interesa gran cosa el resto de la Biblia. Tomemos a los discípulos, por ejemplo. Me sacan de quicio, a decir verdad. Se portaron bien después de que Jesús murió, pero mientras él estuvo vivo, no lo tuvieron en cuenta. Todo lo que hicieron fue desilusionarlo continuamente. Casi cualquier otro personaje de la Biblia me gusta más que los discípulos.

Holden solía meterse en discusiones sobre los discípulos con un compañero de clases llamado Arturo, al que le encantaba citar la Biblia:

> Él insistía en decirme que si no me gustaban los discípulos, entonces tampoco podía gustarme Jesús. Decía que debido a que Jesús había seleccionado a sus discípulos, se suponía que a uno le deberían gustar. Le dije que sabía que él los había escogido, pero que los había elegido *al azar*...
>
> Apuesto mil dólares a que Jesús nunca enviaría al viejo Judas al infierno ... Pienso que cualquiera de los discípulos lo hubiera enviado al infierno, y rápido, para colmo; pero apostaría cualquier cosa a que Jesús no lo hizo.

Jesús seleccionó a algunos al azar, y todo lo que hicieron ellos fue aprovecharse de él sin ningún melindre. La palabra que la Biblia usa para esto es *elección*. La fastidiosa esposa de Cristo.

Un día, al comienzo de su ministerio (Marcos coloca este relato apenas pocos versículos después del comienzo del capítulo 1), Jesús vio a Simón y Andrés pescando y los invitó a que fueran sus discípulos. «Al momento» ellos lo siguieron. Un poco más allá vio a otros dos hombres, Jacobo y Juan. «En seguida» los llamó, y ellos también respondieron.

No era raro que los rabinos tuvieran discípulos. Un hombre no podía realmente ser rabí sin ellos. Es como la vieja definición de liderazgo: «El que guía sin que nadie lo siga, solo está dando una caminata».

> No era raro que los rabinos tuvieran discípulos. Un hombre no podía realmente ser rabí sin ellos.

Lo que sí *resultaba* inusual era que Jesús reclutara a los hombres. Se acostumbraba que fueran los discípulos los que iniciaran el proceso de solicitud. El hecho de que el Rabí diera el primer paso equivalía a algo parecido a la desesperación. Harvard no anda en busca de universitarios para sus institutos terciarios.

Jesús puede haber hecho ese reclutamiento para reflejar una idea profundamente embebida en la vida judía: que el llamamiento empieza en Dios. Jesús escogió a los doce discípulos tal como Dios escogió a las doce tribus de Israel. Eso no quiere decir, como la gente a menudo piensa, que Dios ama a Israel *más* de lo que ama a otros pueblos, o que quiere que Israel tenga un sendero privado al cielo. Él escogió a Israel *para* el mundo, y no *en lugar* del mundo, cuando las Escrituras declaran acerca de Israel: «¡Por medio de ti serán bendecidas todas las familias de la tierra!». Lo «azaroso» de la elección es algo que se le recuerda a Israel para ayudarlo a tener presente que no deberían ser ni excluyentes ni arrogantes. Los escogió «al azar».

Dios podía haber escogido a quien quisiera.

La banda de discípulos de Jesús se mantuvo unida durante tres años. Viajaron, aprendieron y oraron juntos. Vieron a Jesús llorar y cansarse. Pero a la hora de seguirlo, se equivocaron con la misma frecuencia con que acertaron. A menudo a uno le queda la impresión de que Jesús podría haber ministrado mucho más fácilmente sin ellos.

Scott Peck escribió que el Jesús de los Evangelios no es el personaje de sonrisa dulce que acaricia a los niños y camina con parsimonia, según la imagen que tiene la mayoría de la gente. Y tal vez ese sea el secreto mejor guardado del cristianismo: «Quedé absolutamente apabullado por la extraordinaria realidad del hombre que hallé en los

Evangelios. Descubrí a un hombre casi continuamente frustrado. Su frustración salta a la vista prácticamente en cada página: "¿Qué tengo que decirles?" "¿Cuántas veces tengo que decírselos?" "¿Qué tengo que hacer para llegar a ustedes?"».

Después de la muerte de Jesús, había una probabilidad abrumadora de que el grupito se desbandara. Luego de que Jesús fue ejecutado, las esperanzas de sus discípulos se desvanecieron, y tratar de continuar con el movimiento pondría sus propias vidas en mayor peligro. Sin embargo, como dato histórico, ellos continuaron; y es tanto lo que dependió de este acontecimiento que lo reservaremos para un capítulo posterior.

Pero no se debió a que formaran un grupo de individuos extraordinarios. Pocos días después, dos de ellos estaban enseñando en la zona del templo. El sanedrín los llamó para examinarlos. Dos pescadores interrogados por la élite intelectual era lo mismo que si dos empleados de una playa de estacionamiento tuvieran que contestar preguntas de mecánica cuántica ante los catedráticos del Instituto de Tecnología de Massachusetts.

Sin embargo, en realidad fue la facultad del Instituto de Tecnología de Massachusetts la que quedó desconcertada. Observaron que esos dos pescadores «eran gente sin estudios ni preparación», y «reconocieron que habían estado con Jesús».

Ese grupito de individuos que había seguido a Jesús formó una especie de comunidad alternativa. Cambiaron su forma de vida. Se reunían a diario. Aprendieron de las enseñanzas que Jesús les había transmitido a sus discípulos. Oraban, servían, «y compartían la comida con alegría y generosidad». Pusieron a disposición de los demás sus posesiones para ayudarse unos a otros. Y, en cuanto a los de afuera, vemos, según la memorable traducción de Eugene Peterson que, «a la gente en general le gustó lo que veía».

Los discípulos llegaron a entender que tenían una misión o llamamiento. (Nuestra noción de que alguien reciba un «llamamiento» no es una idea secular; viene del relato de Jesús y del concepto de que las personas son «llamadas» por alguien mayor que ellas mismas). Su tarea era formar una comunidad que reflejara la presencia y el poder de Dios que aprendieron de Jesús, extender el amor de esta comunidad a toda persona, e invitar a todo aquel al que le interesara a unírseles.

Cuando comenzó, la persecución surgió y fueron dispersados, tomaron esto como una convocatoria a esparcir la Palabra.

Roma, y las naciones antiguas en general, no supieron qué hacer con ese movimiento. Simplemente no había existido nada parecido antes. Tratemos de captar lo que sentiría un miembro antiguo del imperio que procuraba entender a un grupo para el que no había categoría.

En el mundo antiguo, existían naciones, familias, etnias, gremios, religiones tribales, escuelas filosóficas. La iglesia no era nada de eso. Pablo señala esto en cuanto a la iglesia: «En esta nueva naturaleza no hay griego ni judío, circunciso ni incircunciso, culto ni inculto, esclavo ni libre, sino que Cristo es todo y está en todos. Por lo tanto, como escogidos de Dios, santos y amados, revístanse de afecto entrañable y de bondad, humildad, amabilidad y paciencia».

> *Los romanos en realidad llamaban ateos a los cristianos porque rechazaban a los dioses romanos.*

Roma no consideraba al cristianismo como una religión, porque por definición las religiones estaban asociadas con ciudades y tribus. Si uno se mudaba a una nueva ciudad, podía llevar consigo a sus dioses, pero también podía abrazar a los dioses de la nueva ciudad. La religión era social y política: «Uno no hablaba de "creer en dioses" sino de "tener dioses". La idea de "conversión", es decir, una decisión consciente e individual de abrazar un cierto credo o manera de vida, era totalmente foránea para los antiguos».

La idea de conversión en sí misma vendría al mundo a través de Jesús.

Para ese mundo, el movimiento de estos seguidores de Jesús era como la descripción que Churchill hizo de Rusia: «Un acertijo envuelto en un misterio dentro de un enigma». Los romanos en realidad llamaban ateos a los cristianos porque rechazaban a los dioses romanos.

Los cristianos hablaban entre ellos llamándose «hermano» y «hermana», y eso también era extraño en el mundo antiguo. Debido a este vocabulario, a los cristianos se los acusó de incesto. Como tomaban la comunión, se les acusó de canibalismo. Esas acusaciones llegaron a un oficial romano conocido en la historia como Plinio el Menor. Él quedó tan perplejo por ese movimiento que torturó a dos diaconisas buscando información y luego las hizo ejecutar por su «obstinación inflexible».

Los romanos en realidad tendían a entender a la iglesia como una asociación sepulcral. Los pobres del Imperio Romano a veces formaban asociaciones y pagaban una pequeña cantidad para asegurarse de que habría una fiesta funeral y un entierro decente. Como los miembros de la iglesia se aseguraban de que incluso los más pobres entre ellos fueran sepultados cuando morían, inicialmente se pensó que era otra de esas asociaciones.

Pero ninguna asociación sepulcral jamás se extendió como esta.

Por ejemplo, ¿alguna vez has subido al juego mecánico del famoso parque de diversiones llamado «Es un mundo pequeño»? Esa cancioncita te enloquecerá después de pasar en el juego mecánico suficiente tiempo. ¿De dónde vino la idea de un mundo unido, con personas de todo género, de toda nacionalidad, de toda posición, como si fuera una familia? ¿Dónde hubo antes de Jesús un movimiento que activamente procurara incluir a todo ser humano, sin que importara su nacionalidad, etnia, estatus, ingresos, género, trasfondo moral o educación, para ser amado y transformado?

No solo es que nunca antes había existido una comunidad como esta, sino que ni siquiera jamás había existido la *idea* de una comunidad como esta. Fue idea de Jesús. Y estaba sucediendo.

Mientras que los sacerdotes y magistrados paganos competían en su «amor por el honor», los cristianos calificaban eso como «vanagloria» ... A los pobres, viudas y huérfanos, los cristianos les daban limosnas ... Los paganos jamás habían visto ningún mérito espiritual en la condición de los pobres ... En tanto que las sociedades comerciales paganas y la mayoría de los grupos religiosos segregaban por sexo a su membresía, los cristianos incluían a hombres y mujeres por igual. En el mundo griego, por lo general a los esclavos se los excluía de estos grupos paganos; los cristianos admitían incluso a esclavos de amos paganos.

Tertuliano dijo: «Es nuestro cuidado de los desvalidos, nuestra práctica de la benevolencia lo que nos caracteriza ante los ojos de muchos de nuestros oponentes. "Simplemente miren", dicen, "miren como se aman unos a otros"».

Por mucho tiempo el mayor problema de la iglesia fue el sufrimiento. Pero, de repente, el éxito se convirtió en su problema más grande.

A fines del siglo cuarto el cristianismo era la ley de la tierra. Cuando el cristianismo llegó a ser aceptable en Roma, experimentó un crecimiento fenomenal, lo que irónicamente cambió su carácter. Cesó la persecución, la riqueza inundó las iglesias, el patrocinio produjo una estampida hacia el sacerdocio, y las conversiones llegaron a ser motivadas por un deseo de ganar el favor, un empleo o una promoción. Ahora los que adoraban los antiguos dioses paganos empezaron a sufrir; la iglesia pasó de ser la perseguida a ser la perseguidora. Como Jaroslav Pelikan dijo, llegó a ser «más fácil ser cristiano nominal que pagano nominal».

Pero había algunos dentro de la iglesia que anhelaban algo más profundo que un cristianismo nominal; y así surgió un nuevo movimiento inesperado.

Un joven cristiano llamado Antonio oyó el relato de que Jesús le había dicho al joven rico que vendiera todo lo que tenía y lo siguiera. Así que Antonio lo abandonó todo y se mudó al desierto de Egipto. Aunque antes había habido allí monjes y ermitaños, Antonio fue el primero en «unir la geografía de la tierra con el conflicto de su alma». Vivió una vida asombrosamente larga y finalmente murió como mártir a manos de Roma cuando tenía más de cien años (¿acaso no era demasiado tarde entonces?). Su influencia fue impresionante; cientos de cristianos dejaron atrás las riquezas y la comodidad para seguir el camino de Jesús. En Egipto surgió una comunidad del desierto que, según se informa, contaba con veinte mil mujeres. Y se acuñó el dicho: «Hay tantos monjes en el desierto como laicos en el resto del mundo», como presagio de la descripción que se hiciera del restaurante del afamado beisbolista Yogi Berra: «Está tan atestado que ya nadie va allá».

Mediante estas comunidades monásticas, algunos empezaron de nuevo a buscar el camino de Jesús por sobre todo. Las personas procuraban poner su tiempo, su trabajo, su oración, y sus posesiones bajo el objetivo mayor de la unidad con Dios, lo que a la larga condujo a las «reglas» (nosotros hablaríamos de ellas como una «forma de vida») de Agustín y Benedicto.

La gente del desierto tenía su propio conjunto de problemas. A menudo promovían una espiritualidad de dos vías, que dejaba fuera de la espiritualidad profunda a las personas comunes. El deseo de ser un «atleta» espiritual nunca está lejos de la santurronería. Las disciplinas espirituales se desligaron de la sabiduría y el propósito. Se dice que Simón Estilita vivió treinta años atado por una cuerda sobre una columna que tenía quince metros de altura. Su carne se pudrió alrededor de la cuerda, y pululaban en él los gusanos. Cuando los gusanos se caían, él los volvía a poner y decía: «Come lo que Dios te ha dado».

Pero el mejor aspecto era que esas personas en el desierto se convirtieron en «comunidades alternativas para el bien común». Esos grupos que llegaron a conocerse como dominicanos, franciscanos, benedictinos, jesuitas, estaban llenos de personas cuya búsqueda decidida de una vida santa afectó el desarrollo político y educativo del mundo occidental, y produjo comunidades que han defendido la causa de los pobres y desvalidos.

———

El sentido de misión enviaría primero a Patricio a Irlanda y a la larga a miles alrededor del mundo, hasta que para el año 1000, las comunidades cristianas se extendían desde Groenlandia hasta la China. «El tremendo logro de ganar a los teutones y eslavos para el cristianismo y luego para la civilización fue resultado del continuo sacrificio propio y de los esfuerzos heroicos de cientos de monjes por todas partes de Europa». De estas y de otras maneras, un grupo pequeño de seguidores que intentó renunciar al mundo acabó forjándolo de nuevo.

En el siglo trece, el hijo de una familia noble, que aspiraba a ser caballero, recibió más bien algo que interpretó como un llamamiento: «Ve y repara mi iglesia, que como ves, amenaza con la ruina». Francisco de Asís dejó atrás dinero y seguridad, y empezó a atraer seguidores: tres, luego doce, luego tres mil, en pocos años. Combinó la sencillez con gran alegría: se dice que su Cántico del Hermano Sol fue la primera obra significativa en italiano vernáculo. Muchos himnos alabando a Dios por la creación («Todas las cosas brillantes y hermosas») han sido parafraseados de su poema. G. K. Chesterton dijo que fue como si Europa hubiera atravesado siglos de purga de la adoración a la naturaleza a fin de que pudiera volver a la naturaleza y adorar a Dios.

> *De estas y de otras maneras, un grupo pequeño de seguidores que intentó renunciar al mundo acabó forjándolo de nuevo.*

George Fox era un zapatero espiritualmente frustrado en la Inglaterra del siglo diecisiete, que iba de religión en religión hasta que, como lo señaló: «Oí una voz que decía: "Hay solo uno, solo un Jesucristo, que puede hablar a tu condición", y cuando escuché eso, mi corazón en verdad saltó de gozo». George Fox se dedicó a enseñar que todas las personas tienen directo acceso a Dios mediante la Luz Interna: el Espíritu de Jesús. La doctrina de la Luz Interna, dice la historiadora Dorothy Bass, «en el siglo diecisiete ... fue una idea revolucionaria que trastornó el orden tradicional de la sociedad». Eso conduciría a nuevas oportunidades para que las mujeres lideraran en la iglesia, y a un profundo compromiso para promover la paz. Los cuáqueros levantarían en las colonias las primeras protestas contra la forma racista de esclavitud presente allí.

Imaginemos un mundo sin iglesia cristiana. No existiría Notre Dame, ni la catedral de San Pablo, ni iglesias en locales comerciales en Watts, ni iglesias de hogar en China. Y luego, pensemos en las personas: no habría Pedro, ni Pablo, ni Timoteo, ni Agustín, ni Tomás de Aquino, ni Francisco de Asís, ni la madre Teresa, ni Martín Lutero, ni Martin Luther King, ni Dietrich Bonhoeffer, ni Juana de Arco, ni Juan Milton, ni John Wycliffe, ni Juan Wesley, ni Juan Calvino, ni Juan el Bautista, ni Juan el apóstol, ni el Papa Juan XXIII, ni Johnny Cash.

Y sin embargo, como Holden Caulfield escribió, los seguidores de Jesús a menudo lo usan sin tenerlo en cuenta para nada.

Una especie de parábola acerca de esto proviene de un erudito y escritor que es mi favorito, y escribió la paráfrasis bíblica titulada *The Message* [El Mensaje]. Eugene Peterson creció en un hogar cristiano pentecostal muy consagrado, pero cuando empezó el primer grado, sintió la tensión de la vida con los no cristianos. Un buscapleitos de segundo grado, llamado Garrison Johns, escogió a Eugene como su víctima. Peterson escribió:

> Se me había preparado para el mundo más amplio del barrio y la escuela, memorizando «Bendice a los que te persiguen», y «Presenta la otra mejilla». No sé cómo Garrison Johns supo eso de mí; tal vez algún sexto sentido que los matasiete tienen, supongo. Casi todas las tardes, después de clases, me daba alcance y me golpeaba. También se enteró de que yo era cristiano, y me insultaba llamándome «Jesucita».
>
> Yo llegaba a casa prácticamente todos los días amoratado y humillado. Mi madre me decía que siempre había sido así el camino de los cristianos en el mundo, y que sería mejor que me acostumbrara a eso. También me decía que se suponía que yo debía orar por él. Un día yo estaba con siete u ocho amigos, cuando Garrison nos alcanzó esa tarde y empezó a golpearme. Allí fue cuando sucedió. Algo se rompió. Por un momento los versículos bíblicos desaparecieron de mi sentido consciente, y arremetí contra Garrison. Para mi sorpresa, y la de él, yo era más fuerte que él. Lo derribé al suelo, me senté sobre su pecho, sujeté con mis rodillas sus brazos contra el suelo, y allí estaba él, impotente y a mi merced. Era demasiado bueno para ser verdad.

Le golpeé en la cara con mis puños. Me sentí bien, y volví a golpearlo. La sangre brotó de su nariz, de un rojo encantador sobre la nieve.

Le dije a Garrison, «Di "me rindo"». No quiso decirlo. Volví a golpearlo. Más sangre. Entonces mi educación cristiana volvió a reafirmarse. Le dije: «Di: "Creo en Jesucristo como mi Señor y Salvador"». No quiso decirlo. Volví a golpearlo. Más sangre. Probé de nuevo: «Di: "Creo en Jesucristo como mi Señor y Salvador"», y lo dijo.

Garrison Johns fue mi primer convertido.

Y aquí cito al hombre que redactó *TheMessage*.

«Se aprovecharon de Jesús sin tenerlo en cuenta para nada».

John Somerville menciona algunos de los pecados más perceptibles de la iglesia: las cruzadas, la inquisición, las guerras religiosas que tuvieron lugar de 1550 a 1650, la caza de brujas, la esclavitud, el racismo, la opresión de las mujeres, el antisemitismo, y la oposición a la ciencia.

Los cristianos destacan que todos los seres humanos, dentro y fuera de la iglesia, están profundamente marcados por el pecado. Incluso exige cierta humildad poder reconocer el pecado. A un amigo mío, de una profunda tradición

> *«Nadie que reconoce la total depravación de los seres humanos puede ser tan malo».*

reformada, le gusta decir: «Nadie que reconoce la total depravación de los seres humanos puede ser tan malo».

G. K. Chesterton escribió: «La iglesia es justificada no porque sus hijos no pequen sino debido a que pecan». Tal vez tenga razón: pero eso implica demasiada justificación. A cualquiera que se encuentre fuera de la fe y diga que la iglesia parece un caos, puedo contestarle solamente: «Deberías ver lo que es desde adentro».

Y sin embargo...

De alguna manera Jesús continúa resplandeciendo.

Jesús empezó con lo pequeño. A menudo sus seguidores rinden mucho mejor cuando hacen cosas pequeñas. Un hombre que conozco concibió la idea de empezar un ministerio en el que voluntarios gurúes de la tecnología (también conocidos como adolescentes) llevan en unas camionetas sus computadoras con el sistema de chat y tele conferencia a los asilos de ancianos de modo que los residentes puedan ver y hablar con sus nietos, familias, o amigos que viven del otro lado del continente. Lo llama «Chillidos sobre ruedas».

A veces la gente viaja por todo el mundo. Cené con un antropólogo misionero llamado Dan Shaw. Él supo que quería ser antropólogo desde que tenía diez años. Dedicó gran parte de su vida a traducir las Escrituras para un pueblo en Papúa, Nueva Guinea. Enfrentó una dificultad: ellos creían en lo sobrenatural, y veían espíritus y dioses en muchos lugares, pero no tenían una palabra que describiera a un Dios grande que fuera gobernador y creador de todo.

Dan llegó a conocerlos y con el correr de los años halló que en las familias extendidas había una figura a la que llamaban *jai-yo*, figura paternal que arbitraba disputas, se aseguraba de que se atendiera a toda persona y decidía lo que era justo. Dan empezó su traducción de Génesis: «Allá antes del tiempo de los antepasados, *Jai-yo* creó los cielos y la tierra».

La gente dijo: «Vaya. No teníamos ni idea. Él es *Jai-yo* sobre todo».

Dan preguntó: «¿Qué tal si él fuera *Jai-yo* para todos? No solo para ustedes, sino también para sus enemigos, para los caníbales al otro lado del río».

«Oh, no. Tendríamos que hacer las paces con ellos».

Y la paz sucedió.

Un día, como quiera que haya sucedido, Jesús invitó a Pedro, a Andrés, a Jacobo, y a Juan a seguirlo. ¿Cómo sería nuestro mundo si él no hubiera hecho eso?

Al final del tiempo que pasaron juntos no habían causado mayor revuelo. Si hubiéramos estado allí el día después de su muerte, habríamos visto el Imperio Romano con su pax romana, sus quinientos mil kilómetros de carreteras, su extensión hacia Asia, África y Europa, su historia de dominio, y su estatus social, que era la envidia de todo el Mediterráneo... Y luego, habríamos observado a unos cuantos fracasados, aterrados, desmoralizados, derrotados, confundidos, exseguidores de un carpintero ejecutado...

Si alguien hubiera levantado apuestas a favor de que el grupo subsistiría dos mil años después, todo el dinero inteligente se habría apostado a favor del Imperio Romano, que hoy está tan extinguido como el pájaro dodo.

¿Quién fue ese hombre?

CAPÍTULO 11

Un verdadero
matrimonio a la antigua

Las palabras *Jesús* y *sexo* tienden a provocar fuertes emociones de una u otra manera.

En nuestros días, las personas a menudo consideran que la idea de reservar la intimidad sexual para la relación entre esposos dentro del matrimonio es anticuada. De hecho la realidad indica precisamente lo contrario. La actividad sexual fuera del pacto matrimonial es un arreglo social mucho más antiguo. La idea de reservar la intimidad sexual para el matrimonio es, históricamente, la recién llegada al barrio.

En el mundo antiguo, fuera de Israel, no se consideraba que la relación sexual estuviera restringida al matrimonio por razones morales. Tenía poco que ver con la religión, aunque algunos cultos de la fertilidad practicaban la prostitución en el templo debido a que creían que la fertilidad humana hacía fértil a la misma naturaleza. Algunos filósofos desdeñaban la falta de dominio propio; pero en su mayor parte, el lema sexual del mundo antiguo era *carpe diem.*

Al menos, si eras hombre.

Hablando de manera general, las leyes y normas sociales romanas estaban diseñadas para proteger las aventuras sexuales de los hombres casados. Un escritor del primer siglo ahora conocido como Pseudo-Demóstenes escribió acerca del verdadero matrimonio a la antigua: «Tenemos queridas para nuestro placer, concubinas para que sirvan a nuestras necesidades, y esposas para tener hijos legítimos».

Larry Yarbrough destacó que puesto que la mayor parte de la evidencia literaria proviene de hombres propietarios de élite, es interesante considerar en nuestras especulaciones lo que la señora de Pseudo-Demóstenes pudo haber pensado de esa declaración.

Para los oídos modernos un «doble estándar sexual» suena obviamente injusto. Para los antiguos no era así. La mujer casada que tenía relaciones sexuales fuera de su matrimonio era culpable de adulterio. No así el hombre casado, a menos que tuviera relaciones sexuales con la esposa de otro hombre; y en ese caso, la violación era en contra del otro esposo; era un crimen contra la propiedad. Todavía más, a un hombre se lo declaraba proscrito si condonaba el adulterio de su esposa.

En el mundo antiguo, se celebraba la sexualidad como un medio de procreación y como un apetito que había que saciar, muy parecido al apetito de comida o agua. Los médicos griegos a menudo diagnosticaban que las mujeres tenían «histeria», que proviene de la palabra griega «útero», algo que, según ellos era producido por un útero *vagabundo*. Decían que la histeria se podía curar con el coito. El médico romano Rufo recetaba relaciones sexuales a los adolescentes como cura para la melancolía, epilepsia y dolores de cabeza. Uno se imagina que tenía muchos pacientes.

Al principio Roma requería que los romanos se casaran y criaran hijos; era un deber cívico, como pagar impuestos.

Los antiguos eran tan capaces como cualquiera de sentir amor, apego, deseo sexual, dominio propio y celos. La tranquilidad doméstica se admiraba y se proclamaba a menudo, lo suficiente como para que un esposo escribiera en la lápida de su esposa que habían estado casados por treinta años *s.u.q.*, y todos hubieran entendido que quería decir *sin ulla querella* («sin ninguna pelea»). «Pero, aunque cualquier transeúnte hubiera entendido lo que significaba, ¿se lo hubiera creído? ¿Lo creeríamos nosotros?».

El punto en el que el matrimonio hallaba un mayor significado era dentro del contexto político y económico. En las familias acomodadas de Egipto, y en muchos lugares del Cercano Oriente, los hermanos a menudo se casaban con sus hermanas a fin de mantener las propiedades en la familia. En Roma se consideraba que la familia era la base de la ciudad, y la ciudad era el cimiento del imperio. Al principio Roma requería que los romanos se casaran y criaran hijos porque los necesitaba para extender el imperio. Era un deber cívico, como pagar impuestos.

César Augusto prohibió el matrimonio entre miembros de diferentes clases porque, como notamos por las palabras de Cicerón, «había que preservar las categorías». Todavía más, a los esclavos técnicamente no se les permitía casarse. Casi una mitad de la población del Imperio

Romano estaba conformada por esclavos, así que el matrimonio era algo así como una institución elitista.

Los dioses tenían poco que decir en cuanto al matrimonio. Las reglas para un culto público en Pérgamo exigían un día de intervalo después de la relación sexual con la esposa de uno, pero dos días después de tener relaciones sexuales con la esposa de algún otro. El historial sexual de Zeus (un escritor lo describe como «el máximo jugador») no sugiere que el dominio propio haya sido una virtud en el Olimpo.

El silencio de los dioses en cuanto a las relaciones sexuales condujo a un mundo de sexualidad y descendencia muy diferente. Particularmente en la cultura griega, las relaciones sexuales entre hombres adultos y muchachos, a menudo entre los doce y dieciséis años, se daban por sentadas. Se dice que el emperador romano Cómodo tenía trescientos muchachos disponibles para mantener relaciones sexuales. El escritor cristiano Taciano dijo que los romanos «consideraban la pederastia particularmente privilegiada y trataban de acorralar manadas de muchachos como hatos de yeguas pastando».

A las esclavas se las ofrecía con propósitos sexuales por decisión del *paterfamilias*. A las muchachas que nacían libres a menudo las familias las casaban lo más temprano posible: un estudio basado en las excepciones indica que al veinte por ciento de las muchachas paganas se las casaba antes de cumplir los trece años (en la comunidad cristiana era como una tercera parte de eso). Generalmente el esposo era unos diez años mayor.

La enseñanza de Jesús puso al matrimonio y la sexualidad en un marco fundamentalmente diferente al del mundo antiguo. Partió de las enseñanzas del judaísmo, y estas pasarían por Jesús al mundo más amplio.

Cuando tenía como treinta años, Jesús y sus amigos se presentaron en una boda. Las bodas en Israel generalmente duraban siete días. Se sabía que las familias invitaban a numerosas personas, a veces a todo el pueblo. Los rabinos decían que la asistencia de Dios a las nupcias de Adán y Eva demostraba la importancia de las bodas; incluso suspendían las clases en las escuelas para que los alumnos pudieran concurrir.

La falta de asistencia a una boda se consideraba un insulto. Era costumbre disponer de tanta comida en una boda como para que sobrara. A aquel que invitaba a un vecino a asistir a su boda y no le mostraba la hospitalidad apropiada, se lo cataloga como ladrón. Así que quedarse sin vino en una boda era un serio problema.

No se nos dice qué pensamientos pasaron por la mente de Jesús cuando aceptó la invitación a asistir a las bodas en Caná. Jesús no estaba casado, lo que era altamente inusual. Los rabinos a menudo se maravillaban de que el primer mandamiento de la Torá fuera: «Ama a Dios», o «No adores ídolos» y no «Sean fructíferos y multiplíquense». Se esperaba que los rabinos encarnaran eso; y Jesús era un rabí.

La Biblia no dice nada con respecto a si Jesús en algún momento consideró que el matrimonio fuera para él. Es difícil imaginar a un rabí que no lo pensara. No se nos dice si él se sintió atraído por una mujer, aunque se nos indica que fue tentado «en todo» como el resto de la humanidad, así que hay que descartar cualquier imagen que tengamos de Jesús flotando serenamente por encima de las hormonas y los deseos.

Cuando el vino se acabó, la madre de Jesús le pidió que interviniera.

«—Mujer, ¿eso qué tiene que ver conmigo? —respondió Jesús—. Todavía no ha llegado mi hora».

Philip Yancey señala que si Jesús hubiera actuado, eso habría significado que su hora *había* llegado, y desde ese momento su vida hubiese cambiado. Un hombre conocido por tener poderes milagrosos habría atraído multitudes de lesionados, pobres y enfermos. También habría atraído la atención de las autoridades. «El reloj hubiera comenzado a marcar ese tiempo que no se detendría sino en el Calvario».

Jesús actuó; el anfitrión se tranquilizó, la fiesta siguió su curso, y la multitud se regocijó.

Y el reloj empezó su marcha.

Solo Jesús comprendió que se había puesto en funcionamiento toda una cadena de eventos que lo conducirían a una confrontación con sus enemigos que no le permitiría sobrevivir. La vida normal para él ya se había perdido para siempre.

¿Es posible que en una boda Jesús se hubiera dado cuenta de lo imposible que habría sido el matrimonio para él?

Otro día Jesús expuso su interpretación de la instrucción de la Torá con respecto al matrimonio:

«—¿No han leído —replicó Jesús— que en el principio el Creador "los hizo hombre y mujer", y dijo: "Por eso dejará el hombre a su padre y a su madre, y se unirá a su esposa, y los dos llegarán a ser un solo cuerpo"? Así que ya no son dos, sino uno solo. Por tanto, lo que Dios ha unido, que no lo separe el hombre».

El matrimonio, decía Jesús, no es en su esencia solo una institución económica o social. Es un pacto dirigido por Dios que refleja la capacidad humana para trascenderse a uno mismo y vivir en comunidad. Es unión de espíritu y carne. No sirve al estado; es anterior al estado.

Jesús conecta el matrimonio con la creación. En Génesis Dios hace buena la creación al ir separando elementos: separa la luz de las tinieblas, la tierra seca del mar, los cielos de la tierra. Pero ahora, con el hombre y la mujer, toma lo que estaba separado y lo *une*; y así Jesús dice que lo que Dios ha unido no lo separe el *hombre*.

Casarse es entrar en un acto de creación divina: «lo que Dios ha unido». Se entiende que es una realidad espiritual. La sexualidad, es decir, ser una carne, es la expresión más intensa y física de ella.

En Roma las bodas a menudo no contaban con mucha organización, y por supuesto, había muchos arreglos sexuales sin matrimonio. En la iglesia cristiana, la boda se formalizó alrededor de estas bases.

Walter Wangerin escribió: «El matrimonio empieza con una promesa». Un hombre y una mujer se presentan en una iglesia o capilla, o en un jardín, el uno frente al otro, ante testigos, y ante el Dios Todopoderoso. Hacen sus votos, dicen una promesa; se dan su palabra. Sobre eso se edifica un matrimonio.

Se trata de una promesa ofrecida voluntariamente, abrazada por completo, presenciada con gozo, y mantenida meticulosamente; eso es lo que constituye un matrimonio. Algunos dicen: «No necesito un pedazo de papel». Jamás ha sido un asunto de papeles. En los días de Jesús ni siquiera tenían papel. Es una cuestión de promesas: «Todo el tiempo que Dios les conceda de vida».

> *Se trata de una promesa ofrecida voluntariamente, abrazada por completo, presenciada con gozo, y mantenida meticulosamente; eso es lo que constituye un matrimonio.*

Un hombre y una mujer se dan su palabra (en un mundo inestable y cambiante, ahora hay una certidumbre inviolable en la que pueden apoyarse) en las buenas y en las malas, en riqueza o pobreza, en enfermedad o en salud. Cuando uno es joven y sexy y el aire se llena con la fragancia de Chanel N°5, y cuando uno es viejo y le faltan los dientes, y el aire se impregna del aroma de la pomada para dolores musculares, uno puede contar con esa promesa.

Este es mi voto solemne.

El voto nupcial es una expresión conmovedora, maravillosa y aterradora, porque se trata de una promesa vitalicia. Trasciende la atracción y la utilidad. Ha sido colocada en el contexto de un pacto. Es un pequeño eco de lo que Dios realiza cuando hace votos de amor eterno.

La promesa, según los cánones de Jesús, no es simplemente para evitar el adulterio o el divorcio. Es para procurar la unidad en todo nivel: físico, intelectual y espiritual; una unidad que no reduce la individualidad del otro sino que la hace florecer.

Las palabras de Jesús impulsaron a Shakespeare a escribir acerca de este amor:

> Así que amaron, ese amor de dos
> Tuvo la esencia de ser uno;
> Dos distintos, sin división:
> En el amor, el número tres fue eliminado.

Dos personas distintas, dos conjuntos de deseos y apetitos, juntos en la unidad de un compromiso de amor del uno hacia el otro. Hay algo trascendente en el matrimonio. El amor hace lo que las matemáticas no logran; dos llegan a ser uno, y sin embargo se regocijan en ser dos. «En el amor, el número tres fue eliminado».

La relación sexual tenía un nuevo significado y un nuevo contexto.

En el mundo antiguo, la lealtad primordial de uno era para con los padres; sin embargo el hombre y la mujer deben dejar a sus padres para producir una nueva lealtad primaria: una unión, y esa unión del uno con el otro se debe expresar mediante la intimidad sexual, siendo una carne. En otras palabras, la relación sexual es algo así como un sacramento. Es una señal externa que apunta a la realidad interna, a un estado espiritual.

En la intimidad sexual, de alguna manera, los dos se entrelazan o conectan con el alma del otro. La relación sexual tiene un significado espiritual tanto como una función biológica. Cuando dos personas tienen intimidad sexual, sus cuerpos están haciendo una promesa, sea que se lo propongan o no. No es simplemente sexo.

«Adán y su esposa estaban desnudos, pero no sentían vergüenza». Ese es un pasaje que nunca enseñaron en la iglesia mientras yo crecía. Señala la bondad del cuerpo humano y la libertad de la sexualidad redimida; dos verdades con las que la iglesia a menudo ha luchado a través de los siglos.

Porque el Dios que Jesús presenta, a diferencia de los dioses del monte Olimpo, en efecto tiene un punto de vista sobre la sexualidad humana.

Adán le hizo el amor a su mujer Eva, y ella concibió y dio a luz a Caín. Y ella dijo: «¡Con la ayuda del Señor, he tenido un hijo varón!». Nótese que Eva no menciona a Adán. Me he preguntado si acaso eso no hizo algo de mella en su ego masculino. «Oye, yo también estuve allí».

La mención de Dios es deliberada: Dios interviene. Para Eva la intimidad sexual era un fenómeno rico que incluía una conexión con su esposo, una conexión con su hijo, y una conexión con Dios. La relación sexual, a la luz de las enseñanzas de Jesús, siempre incluyen a Dios, porque Dios es el creador de los seres humanos. Por consiguiente, Dios está inevitable y profundamente interesado en que el sexo se exprese, se disfrute, se saboree y se atesore de acuerdo con su diseño.

Una de las maneras en las que descubrimos cómo considera una cultura la sexualidad es mediante el vocabulario que utiliza para describir el acto sexual. «Tener sexo» connota la noción de que es un producto de consumo que uno posee o controla. «Hacerlo» expresa una comprensión casual o animal de la relación sexual.

Jesús enseñó que la palabra principal para referirse al sexo en la Torá es la palabra hebrea *yada*. *Yada* por lo general se traduce como «conocer, observar, estudiar cuidadosamente, estudiar a». Cuando hay *yada*, también hay una relación personal. No es un conocimiento estéril, abstracto y distante. También hay interés y cariño; existe compromiso. *Yada* es conocimiento personal, por experiencia.

> *Cuando hay yada, también hay una relación personal, interés y cariño; existe compromiso. Yada es conocimiento personal, por experiencia.*

La palabra *yada* se usa en el libro de Oseas cuando Dios promete desposar a su pueblo con él para siempre, «y entonces conocerás (*yada*) al Señor».

G. K. Chesterton una vez escribió que si la incompatibilidad fuera todo lo que se necesitara para el divorcio, nadie permanecería casado. «He conocido muchos matrimonios felices, pero nunca uno compatible. Todo el propósito del matrimonio es luchar y sobrevivir al instante en el que la incompatibilidad se vuelve incuestionable; porque un hombre y una mujer, como tales, son incompatibles».

Las enseñanzas de Jesús sobre el matrimonio y el adulterio han llegado a conocerse ampliamente (aunque no se las siga). Pero imagínese la reacción que produjo en el mundo antiguo, en el que el doble estándar estaba codificado en la legislación romana, el oír esta enseñanza: «Ustedes han oído que se dijo: "No cometas adulterio"».

Si uno pertenecía a Israel, había «oído que se dijo». Pero si uno era un hombre que vivía en otra parte, no habría «oído lo que se dijo»; y a lo mejor no se entusiasmaba demasiado con la idea. Pero el asunto empeora. «Pero yo les digo que cualquiera que mira a una mujer y la codicia ya ha cometido adulterio con ella en el corazón».

Estas palabras son el principio del fin del doble estándar sexual.

Jesús *no* está diciendo que mirar a alguien y sentir atracción sexual sea malo. Este es uno de los lugares en los que él focaliza el núcleo del asunto de ser una buena persona, no es meramente una cuestión de tener una conducta apropiada, es cuestión de tener un buen corazón. La persona buena no es alguien que simplemente evita el adulterio. La persona buena es la que ha aprendido a no relacionarse con las mujeres como si fueran objetos sexuales, es la que no comete adulterio aun cuando pueda salirse con la suya.

Nótese que Jesús no pone sobre las mujeres la responsabilidad primaria de la conducta sexual de los hombres. Él no dice: «Diseñen una sociedad en la que se mantenga a las mujeres puertas adentro o cubiertas con tela burda a fin de que no seduzcan a los hombres con su belleza».

Cada uno debe guardar su propio corazón.

La escritora Naomi Wolf, autora sin ningún fin religioso interesado, publicó hace años un ensayo cavilando acerca de las heridas que absorbe el alma mediante las relaciones sexuales casuales con múltiples personas y la pérdida de un sentido de amor fiel que puede durar toda la vida. Un pastor amigo, Andy Stanley, dijo que una vez le preguntó a una mujer que no podía creer que Jesús hablara en serio en cuanto a reservar la relación sexual para el matrimonio: «¿El sexo fuera del matrimonio ha hecho tu vida mejor o simplemente más complicada?». Esa pregunta tiene su forma de tocar un lugar sensible del alma.

De una manera amplia, algo parecido tenía lugar en el mundo antiguo. Para la cultura grecorromana la idea de reservar la intimidad sexual al ámbito del matrimonio no era pintoresca y anticuada; resultaba nueva y revolucionaria. Nunca se llegó a establecer de manera global, y hasta el día de hoy, nadie que yo conozca se libra de luchar contra ella.

Pero el marco que Jesús estableció, la idea de que el matrimonio es una relación de pacto entre un hombre y una mujer, que la relación sexual tiene un componente espiritual, que la fidelidad es una cualidad que deben atesorar tanto los hombres como las mujeres, y que a los hijos hay que protegerlos en lugar de explotarlos sexualmente, llegaría a moldear nuestro mundo.

Corinto era un puerto bien conocido en el mundo antiguo por la disponibilidad de una amplia variedad de opciones sexuales. Existía un templo en Corinto dedicado a la diosa griega del amor, Afrodita. Un escritor dice que había mil prostitutas en el templo. Un escritor griego, llamado Aristófanes, en efecto acuñó el término *corintizar* como eufemismo de tener relaciones sexuales. Lo que sucedía en Corinto, quedaba en Corinto.

El apóstol Pablo escribió a la pequeña iglesia de Corinto: «Huyan de la inmoralidad sexual».

Sus lectores entendieron lo que quería decir. La intimidad sexual está reservada a las personas casadas, y punto. En las palabras de la teóloga Beyonce: «Mejor que le pongas un anillo».

La epístola de Diogeneto relata que los cristianos compartían su mesa pero no su cama. En otras palabras, como una vez le oí decir a Tim Keller, los antiguos eran cicateros con su dinero pero generosos con sus cuerpos; los cristianos eran mezquinos con sus cuerpos pero generosos con su dinero.

Jesús ejercería un impacto en la soltería también. Jesús mismo vivió siendo soltero. Enseñó que tanto hombres como mujeres pueden permanecer sin casarse por dedicación a Dios; lo que iba al revés de la mayor parte de las tradiciones judías y no judías. La soltería se normalizó.

———

El matrimonio existió por siglos, en Occidente primordialmente, como una institución espiritual, y no tan solo civil. Los votos nupciales más antiguos existentes en inglés brotan del Libro de Oración Común. Es la dimensión espiritual lo que le da al matrimonio su mayor belleza:

> «Nos hemos reunido aquí en presencia de Dios para presenciar el enlace de este hombre y esta mujer en Santo Matrimonio; el cual es un estado honorable instituido por Dios en el paraíso, y en este santo estado vienen ahora a unirse estas dos personas. Por lo cual, si hay alguien que sepa de algún impedimento por el que no puedan ser unidas lícitamente, dígalo ahora, o de aquí en adelante guarde silencio.
>
> (Y también después, hablando con los que vienen a casarse se les dirá,)

Yo les requiero y encargo a ambos que, como deben responder en el terrible día del juicio, cuando los secretos de todos los corazones serán descubiertos, si alguno de ustedes sabe de algún impedimento por el cual no puedan unirse legítimamente en matrimonio, lo confiesen. Porque, ténganlo por cierto, todos los que son unidos en contraposición a lo que la Palabra de Dios permite no son unidos delante de Dios; y su matrimonio no es válido».

En nuestros días las iglesias continúan siendo los sitios preferidos para las bodas, a menudo incluso entre personas que no son religiosas, porque reflejan la noción de que hay algo profundamente espiritual y no simplemente económico en el matrimonio. Cuando nuestra hija Laura se comprometió, su prometido, Zach, organizó un elaborado proceso que reflejaba la profundidad de la promesa que harían. Ese momento tuvo lugar cuando los dos estaban solos en el piso superior de un edificio alto desde donde se ve San Francisco.

> *Es la dimensión espiritual lo que le da al matrimonio su mayor belleza.*

Laura se encontró con una mesa preparada con pétalos de rosas, champaña y fresas, y pensó que eso tenía el propósito de ser un momento especial para alguna otra persona, y no para ella. Se dijo: *Será mejor que nos vayamos de aquí.*

Así que se volvió hacia Zach para decirle que debían irse. No sabía que ese era *su* momento. Cuando se volvió, Zach estaba rodilla en suelo, y le mostraba un anillo.

Le dijo: «Laura Kathleen Ortberg, ¿quieres casarte conmigo?».

Ella le respondió: «¿Hablas en serio?».

Así que él tuvo que repetírselo, y entonces ella le dijo: «Sí. Sí quiero casarme contigo».

Nancy y yo celebramos la ceremonia de casamiento, y nuevamente nos impresionó la solemnidad espiritual de la institución. Por supuesto, no toda palabra fue sombría. Me di cuenta de que, aunque a menudo lo he visto en películas, en realidad yo nunca dije: «Si alguien sabe de alguna razón por la que este matrimonio no se deba celebrar...». Mi cuñado se puso de pie y pretendió ser el oficial de libertad condicional de Laura y dijo que tenía una serie de razones. La familia del novio se sorprendió.

Pero incluso esa salvaguarda antigua de «si alguien sabe algo...» subraya el papel que desempeña la comunidad en el matrimonio. Los aspectos sociales, económicos y sexuales de la promesa están entretejidos como una realidad espiritual. El movimiento que Jesús empezó nos proveyó la ceremonia y las palabras que conmueven a las personas dos mil años después. El concepto del matrimonio como una promesa para procurar la unidad y la fidelidad entre dos almas en su mayor parte subsiste.

———

La iglesia también tiene su historial de errores y asuntos estrafalarios cuando se trata de la sexualidad. A fin de evitar la lujuria, algunos monjes orgullosamente llevaban cuenta de cuántos años habían pasado desde que habían visto a una mujer (es imposible imaginarse a Jesús haciendo eso). Orígenes tomó erróneamente las palabras irónicas de Jesús en cuanto a la mutilación física como camino hacia la bondad espiritual y se hizo castrar. Todo el punto de Jesús era que mutilar el cuerpo *no* es el camino a la bondad porque no cambia el corazón.

¡Uy!

Agustín describía su historial sexual de manera muy parecida al modo en que nosotros hablaríamos de una adicción; él la llamaba una «cadena de hierro» que lo ataba. Se encontraba dividido en sí mismo; quería seguir a Dios pero era incapaz, o no estaba dispuesto a cambiar su conducta sexual. Quería, pero no quería. Escribió que solía orar: «Señor, hazme casto, pero no todavía».

Algunos de los escritos de Agustín tienen una noción nebulosa del cuerpo en general. Duane Friesen escribió que la pasión sexual era, para Agustín, una de las señales más vívidas de la caída, porque en la pasión sexual el cuerpo no tiene control completo de la razón. Agustín teorizó que antes de la caída, los seres humanos eran capaces de procrear sin ninguna pasión:

> Con certeza, todo miembro del cuerpo era igualmente sumiso a la mente, y con certeza, el hombre y su esposa podían desempeñar sus papeles activos y pasivos en el drama de la concepción sin los lascivos impulsos de la lujuria, con perfecta serenidad del alma.

El doble estándar que Roma aplicaba para los hombres y las mujeres se fue debilitando; sin embargo, a veces fue reemplazado por un doble estándar referido a los que tenían poder y a los que no lo tenían. Henry VIII tenía escaso interés en la Reforma hasta que su esposa, Catalina de Aragón (que inicialmente había estado casada con el hermano fallecido de Henry), no pudo darle un heredero, y él se sintió atraído por Ana Bolena. Alegó culpa retroactiva por casarse con la viuda de su hermano mayor, basado en Levítico 20:21, y le pidió el divorcio al papa. El papa se mostró renuente porque no quería enfadar al emperador Carlos V, del Sacro Imperio Romano, que resultaba ser sobrino de Catalina.

La Iglesia de Inglaterra nació de muchas luchas nobles por una reforma, pero este evento en particular no fue uno de ellos. Debido a que Henry VIII tenía dinero y poder, tuvo acceso a opciones matrimoniales que no estaban disponibles para el resto de la cristiandad.

Los cristianos a veces hablan del «matrimonio cristiano» como una institución monolítica con un libro de reglas detalladas. La realidad es que lo que se consideraba un buen matrimonio cristiano en los tiempos romanos difería enormemente de lo que significó en la Edad Media, cuando muchos cristianos consideraban el matrimonio como una opción inferior al celibato.

Martín Lutero adujo que los votos del celibato iban en contra del sentido común y que solo los hombres mayores de setenta años podían hacerlos con sinceridad. La llegada del Viagra probablemente hubiera hecho que esa edad se estirara. Lutero una vez llamó al matrimonio un «hospital para la lascivia».

> *Lo que se consideraba un buen matrimonio cristiano en los tiempos romanos difería enormemente de lo que significó en la Edad Media.*

El propio matrimonio de Lutero con la exmonja Catalina von Bora (él la había hecho secuestrar de un convento en la parte posterior de una carreta de un vendedor de pescado entre barriles de arenques) cambió de nuevo la comprensión europea del matrimonio. Antes de la Reforma, los hombres y mujeres se paraban o se sentaban en lados opuestos de la congregación; después comenzaron a sentarse juntos como familia. A la familia ahora se la veía como la comunidad espiritual primaria que formaba la iglesia, una «redefinición radical de lo sagrado».

Los que escriben sobre la vida espiritual siempre han entendido que los pecados del espíritu son más peligrosos que los pecados de la carne. Pero la disciplina eclesiástica rara vez se ejerce por pecados del espíritu. La iglesia a menudo parece verse tentada a reducir toda la moralidad a la sexualidad. La universidad a la que yo asistí ocasionalmente expulsaba a un miembro de la facultad por «comportamiento inmoral». En todo caso, «inmoral» quería decir sexo. Un chiste recurrente entre el cuerpo docente era que no estaba permitido tener relaciones sexuales de pie porque podía hacer que dieran ganas de bailar.

El pecado sexual a menudo se ha convertido en el sello de agua que se utiliza como prueba primordial para separar las ovejas de los cabritos. A los niños, particularmente a las niñas, a menudo se los ha criado para sentir vergüenza de sus cuerpos y temer sus deseos. Los líderes a menudo han despotricado contra los pecados sexuales como si fueran imperdonables, mientras secretamente usaban su posición de reconocimiento para ocultar su propio pecado.

¡Qué diferentes son las enseñanzas de Jesús. Vez tras vez los pecadores más escandalosos, incluyendo los que cometen pecados sexuales, se sienten atraídos a él.

Cuando Mateo escribió la genealogía de Jesús, incluyó a cuatro mujeres; práctica inusual. Dos de ellas eran gentiles. Tres de ellas estaban contaminadas por el escándalo sexual. Y una quinta que se menciona, María, fue objeto de chismes, puesto que se casó embarazada.

En el libro de Hebreos, al capítulo 11 se lo llama la Galería de los héroes de la fe, y se menciona allí a grandes hombres de la Biblia, como Noé, Abraham, Moisés, Gedeón y David. Luego aparece este comentario: «Por la fe la prostituta Rajab no murió junto con los desobedientes, pues había recibido en paz a los espías».

El escritor no menciona el oficio de ningún otro; ni David el rey, ni Samuel el sacerdote, ni Abraham el agricultor, ni Gedeón el juez. ¿Por qué el de Rajab?

Gracia.

El mismo Jesús que constituía un imán para las pecadoras sexuales que habían fracasado en el matrimonio fue el que redefinió lo que era un matrimonio. «Esposos, amen a sus esposas, así como Cristo amó a la iglesia y se entregó por ella». Se han celebrado más matrimonios, pronunciado más votos nupciales, y solicitado más bendiciones nupciales en su nombre que en ningún otro.

El personaje que modificó, más que ningún otro, el matrimonio en el mundo occidental, nunca se casó.

CAPÍTULO 12

Sin parangón en toda
la historia del arte

Hace años escuché una entrevista que le hacían a una mujer que dirige la oficina más grande de oradores del mundo. El periodista le preguntó: «¿Cuál es la cualidad número uno que hace de alguien un orador eficaz?». Yo pensé que podría ser la inteligencia, la elocuencia o el carisma, pero ella no señaló nada de eso.

Dijo que la única cualidad que hace de alguien un orador eficaz es esta: la pasión. Si alguien siente pasión por un tema, si cree que ese asunto es absolutamente importante, si eso lo cautiva de un modo genuino, esa pasión aflora. Pensemos en aquella maestra que inspiró nuestra vida. Tal vez no haya sido la más ingeniosa, o la más pulida, pero ella estaba atrapada por la importancia que tenía lo que enseñaba, y algo de esa pasión resultaba contagioso.

No lograr inspirar es el terror de todo orador. Cuando empecé a predicar, vi que una persona se quedaba profundamente dormida durante los primeros diez minutos de mi charla, y se me cayó el alma al suelo. Camino a casa le dije a Nancy: «Cariño, debes irte a la cama más temprano». Fuimos hechos para responder a la inspiración. Toda persona lleva un letrero invisible que dice: «Inspírame. Recuérdame que mi vida es importante. Invítame a dar lo mejor de mí; apela a aquello noble y honorable que haya en mí. No me lleves por la senda del menor esfuerzo. Preséntame el desafío de hacer de mi vida algo más que una carrera por el éxito o el dinero».

Por otro lado, llevar una vida sin inspiración, seguir la corriente, olvidarse de que los hijos bien valen la pena todo el esfuerzo que requiere ser un buen padre, no hacer un buen trabajo porque resulta demasiado difícil, vivir un día como si no importara, es una de las mayores tragedias del mundo.

La inspiración viene de un lugar que está más allá de nosotros mismos. En hebreo, griego, latín, inglés y español, la palabra *inspirar* está relacionada con el aliento que entra en nosotros desde afuera y nos da vida. El sociólogo Peter Berger escribió: «Si algo caracteriza a la modernidad es la pérdida del sentido de trascendencia; de aquella realidad que supera y abarca nuestros asuntos cotidianos». Anhelamos ver un dirigente político o un reformador con una visión moral elevada. Escuchamos a los oradores motivadores esperando que enciendan en nosotros la llama. Anhelamos la belleza y el arte a fin de ser transportados a un plano más elevado. Cuando a Mickey Hart, de los Grateful Dead, se le preguntó por qué su banda estaba tan fascinada con el canto polifónico de los lamas tibetanos, respondió: «Porque ellos y nosotros estamos en el asunto de transportar a otros».

Las grandes causas requieren inspiración para reformar la sociedad. Nosotros esperamos que alguien nos impulse a marchar.

Todos hemos escuchado oradores talentosos que inspiran por un tiempo. Su embeleso temporal se construye sobre la retórica diestra y la manipulación de las emociones. Dos oradores griegos del siglo cuarto a. C. supuestamente promovían el clamor que se oía entre las multitudes: «Cuando Isócrates habla, la gente dice: "¡Qué bien habla!" Cuando Demóstenes habla, ellos dicen: "¡Marchemos!"».

Las grandes causas requieren inspiración para reformar la sociedad. Los artistas requieren inspiración para producir belleza. Los individuos requieren inspiración para superar el letargo o la apatía y reavivarse.

Nosotros esperamos que alguien nos impulse a marchar.

Un día Jesús llevó a Pedro, Santiago y Juan a un monte para orar. Muchas veces, en la Biblia y en otros lugares, las montañas han sido lugares en los que las personas tienen una experiencia con Dios. Los montes son lugares de visión. Una montaña es literalmente el lugar en el que el cielo y la tierra están más cerca.

Se nos dice que mientras Jesús estaba orando, su rostro cambió. Se volvió radiante. A menudo asociamos la inspiración con la luz. Incluso en las caricaturas, el símbolo para representar una idea es una bombilla sobre la cabeza del personaje. Se dice que las novias se ven radiantes. Los investigadores han hallado que cuando una persona está enamorada, el flujo de sangre en los capilares cerca a la piel aumenta; así que el amor literalmente hace que una persona «resplandezca». Cuando un orador está totalmente cautivado por una visión, decimos que está «encendido».

Los tres discípulos que estaban con Jesús en el monte tuvieron una visión. Fue una visita mística y gloriosa, divinamente inspirada que incluía un mensaje trascendente. Pedro sugirió que sería bueno que ellos estuvieran allí, y que debían construir tres enramadas para quedarse. El texto señala que él dijo eso porque «no sabía qué decir». Al parecer no consideró el silencio como una opción.

Jesús le dijo que no, que tendrían que irse; había trabajo que hacer. El propósito de esa visión inspiradora no era el éxtasis temporal, sino recibir poder para la tarea que tenían por delante. La transformación de Jesús en lo que llegó a conocerse como el Monte de la Transfiguración fue simplemente una expresión más vivida de la visión que encarnaba su constante mensaje: Existe una realidad trascendente y está más cerca de lo que pensamos. Esta clase de inspiración le infunde a lo que hacemos una significación que a veces no alcanzamos a percibir.

Jesús inspiraba.

Jesús inspiró a un engañador acomodado llamado Zaqueo a repartir la mayor parte de su fortuna. Inspiró a una samaritana a convertirse en una evangelista, y ella, a su vez, inspiró a tantos de su pueblo que lograron que Jesús, un rabí judío, se quedara en su ciudad samaritana y les enseñará durante dos días enteros. Inspiró a Pedro a dejar su barco. Inspiró a una mujer llamada Juana, cuyo esposo, Chuza, trabajaba para un hombre llamado Herodes, que había matado a Juan el Bautista e intentaba acabar con Jesús. Juana usó el dinero que ganaba trabajando para Herodes para ayudar a financiar el ministerio de Jesús. Él inspiró a cuatro amigos de un paralítico a abrir un agujero en el techo para ayudar a su amigo. Inspiró a una mujer que padeció de flujo de sangre durante doce años a abrirse paso entre la multitud simplemente para tocar el borde de su manto.

El *mensaje* de Jesús, que inspiraría al mundo, era que existía un Dios trascendente y que el carácter de este Dios es amor. En el mundo antiguo, se consideraba real la existencia de un ámbito espiritual, pero no se creía que fuera moralmente trascendente. Aristóteles sostuvo: «Sería excéntrico afirmar que uno ama a Zeus». Nadie jamás compuso cantos que dijeran: «Sí, Zeus me ama, sí, Zeus me ama, *La Ilíada* lo dice así». Los adeptos a las religiones orientales por lo general no creen en un dios personal. Cuando alguien afirma: «Creo en un Dios de amor», estamos oyendo el eco del Nazareno.

El novelista Reynolds Price escribió que Jesús anuncia con la voz más clara que hemos oído la frase que la humanidad anhela oír: «El Hacedor de todas las cosas me ama y me desea ... En ningún otro libro de nuestra cultura podemos ver graficada con mayor claridad esa necesidad». Juan, el amigo de Jesús, lo resumiría en una sola frase inaudita: «Dios es amor».

La misma noción de *Dios*, así como la de la palabra *madre*, contiene una profunda carga emocional. El escritor Austin Farrer establece un paralelismo entre un huérfano que considera la posibilidad de que su madre todavía esté viva y la situación de una persona que se plantea la posibilidad de la existencia de un Dios. «El corazón se dirige a Dios, incluso a un Dios posible».

Para Jesús, este Dios no era simplemente posible; era real. No solo era fuerte; además era bueno.

Esa visión de un buen Dios transportó a las personas a otra realidad: A un universo fundado sobre el amor. Para Agustín, «"Ser humano es amar ... Somos forjados en amor. Nacemos y estamos destinados a amar. Amar está en nuestra naturaleza. Podemos escoger qué amar; pero no podemos escoger si amar o no ....". El Dios estoico, la razón cósmica, era algo con lo que había que alinearse; el Dios de Agustín era alguien a quien amar».

El mundo antiguo llegó a amar una tríada de valor: lo bueno, lo verdadero y lo hermoso. Eso era una fuente de inspiración duradera. Jesús inspiró al mundo antiguo porque reafirmó

La más grande pregunta de la humanidad siempre ha sido si Dios existe, y cómo es él.

la bondad de ese impulso y reunió lo bueno, lo verdadero y lo hermoso en una sola persona. Su visión no es menos profunda por ser concreta y accesible para todos. Dios es un Padre que da de comer a las golondrinas, produce flores hermosas, y cuenta el número de cabellos que uno tiene en la cabeza; él es la mujer que busca la moneda perdida, y el pastor que va tras la oveja extraviada; él es el padre que corre a recibir a su hijo descarriado.

La más grande pregunta de la humanidad siempre ha sido si Dios existe, y cómo es él.

En un cuento antiguo, una maestra le pregunta a una niña qué está dibujando, y la niña responde: «Estoy dibujando un retrato de Dios».

«Pero nadie sabe cómo es Dios», le señala la maestra.

«Después de que yo acabe, lo sabrán», responde la niña.

Los antiguos a menudo pensaban que los muchos dioses existían bajo un Dios supremo que gobernaba sobre todos. Sin embargo, como el romano Porfirio escribió: «El primer Dios era incorpóreo, inamovible e invisible ... y ni el lenguaje vocal ni el discurso interno están adaptados al Dios más alto». El único Dios supremo era distante e incognoscible.

El mensaje de Jesús es que ese Dios desea ser conocido. Una seguidora de Jesús llamada Juliana de Norwich escribió: «Porque es la voluntad de Dios que nosotros creamos que lo vemos continuamente (a pesar de que a nosotros nos parezca que solo se trata de una visión parcial) y a través de esta creencia, él desea que nosotros adquiramos más gracia, porque Dios anhela que lo veamos, que lo busquemos, ansía que lo esperemos y que confiemos en él».

Sin embargo, no fueron simplemente las palabras de Jesús las que conmovieron a las personas; fue la manera en que su mensaje se encarnó en la vida de ellos. El historiador Paul Johnson escribió:

> El amor de Jesús por las personas, como individuos, fue en cierto sentido su característica más impresionante. Nunca se cansó de hablar con ellas y de penetrar sus secretos. La gente se sentía atraída a él y estaba dispuesta a divulgarlos. Su vida fue una serie de reuniones públicas salpicadas de encuentros casuales que se convirtieron en acontecimientos significativos. Jesús no solo promovió esos encuentros sino que los atesoró ... Estos episodios, aunque a menudo fueran breves, conforman el núcleo humano del Nuevo Testamento y proveen una satisfacción única al lector. *No hay nada como ellos en toda la literatura, ni sagrada ni secular, del mundo antiguo.*

Jesús introdujo una visión de la extraordinaria significación que tiene lo ordinario.

Cuando oigo a William Wallace gritar «¡Libertad!» a un ejército que avanza, o cuando oigo al corredor olímpico Eric Lidel decir que siente el placer de Dios en él cuando corre a velocidad, o cuando escucho el discurso de Enrique V en el Día de San Crispín («Nosotros, los pocos, nosotros, los pocos pero felices, nuestra banda de hermanos...»), o incluso cuando veo al niño de cuatro años en YouTube dar una arenga en Herb Brooks al equipo de hockey «Miracleon Ice» («Esta es *su* hora...»), es posible que me conmueva profundamente. Pero yo no libertaré a

Escocia, ni correré en los Juegos Olímpicos, ni detendré a los franceses, ni les ganaré a los rusos en hockey sobre hielo.

Martin Luther King Jr. diría, muchos siglos después, que quien no ha hallado nada por lo que morir, no está preparado para vivir. Y fue en la visión de Jesús que las personas comunes encontraron algo por lo que morir.

En el mundo antiguo, la vida se consideraba algo de tan poco valor, que la muerte era una especie de deporte sangriento. Es difícil en nuestra época imaginarnos esto, pero las luchas a muerte de los gladiadores eran como la liga de fútbol del imperio. La gente se desilusionaba si se los privaba de las ejecuciones. Un noble romano llamado Símaco se quejó de que había comprado veintinueve prisioneros sajones para usarlos en competencias de gladiadores, pero que se mataron ellos mismos antes de que pudiera hacerlos pelear y morir en la arena.

¿Qué fue lo que puso fin a eso?

Teodoreto de Ciro nos dice que en el año 404 finalmente el emperador Honorio le dio término a las competencias de gladiadores. El golpe de muerte a las competencias surgió cuando un monje llamado Telémaco siguió a la multitud a la arena y, horrorizado por el derramamiento de sangre, trató de impedir la matanza. La multitud estaba frenética (pensemos en cómo las multitudes pueden enfurecerse en los partidos de fútbol en nuestros días, e imaginemos a la chusma presenciando los combates a muerte). La multitud se volvió contra el monjecito y lo mató.

> *Marte puede inspirar a un hombre a matar en la arena. Jesús inspiró a hombres y a mujeres a morir allí.*

Pero la muerte de un solo monje indefenso, y el espectáculo de su cuerpo yaciendo en medio de la sangre, ensombrecieron a la multitud. Se nos dice que se retiraron en silencio de la arena.

Es difícil saber cuán ciertos sean los detalles de este episodio; pero lo que sí resulta claro es que estos espectáculos horrorizaban a muchos seguidores de Jesús, aunque no a sus vecinos paganos. Y que muchos dieron sus vidas tanto dentro como fuera de la arena porque fueron inspirados por la vida y las enseñanzas de alguien que había vivido siglos atrás. Marte, el dios griego de la guerra, puede inspirar a un hombre a matar en la arena. Jesús inspiró a hombres y a mujeres a morir allí.

De acuerdo con el historiador Michael Grant: «el personaje más poderoso, no solo dentro de la historia de la religión sino en la totalidad de la historia del mundo, es Jesucristo, el que llevó adelante una de las pocas revoluciones que han perdurado. Millones de hombres y mujeres, siglo tras siglo, han hallado su vida y enseñanza abrumadoramente significativas y conmovedoras».

La visión de Jesús, con el paso del tiempo, empezó a cautivar la imaginación de los artistas. Todas las expresiones religiosas inevitablemente usan las artes: la música, la poesía, el drama y la danza; porque las artes pueden invitar a nuestros corazones y a nuestras mentes a una realidad más honda. Los artistas, como los santos, dependen de una visitación que está más allá de ellos mismos. El arte es el idioma de la inspiración, la señal de trascendencia. Cuando nos deleitamos en la belleza, damos un paso hacia Dios; o, como lo expresó de una manera más terrenal Celie, la protagonista atormentada de *El color púrpura*, en su regreso a Dios mediante el deleite en la belleza: «Dios ama todo lo que tú amas; y todo un cúmulo de cosas que tú no amas. Pero más que cualquier otra cosa, a Dios le encanta la admiración ... Pienso que Dios se enoja si tú pasas junto al color púrpura en un campo y no lo notas».

Debido a que Israel prohibió las imágenes de Dios y no produjo artes visuales, se podría esperar que la ascendencia de Jesús significara una disminución del arte. Sin embargo, como Jaroslav Pelikan, profesor de Yale, señaló: «La victoria de Jesucristo sobre los dioses de Grecia y Roma en el siglo cuarto no resultó, como amigos y enemigos hubieran esperado, en la eliminación del arte religioso; por el contrario, fue responsable durante los siguientes quince siglos de un aluvión masivo e imponente de creatividad que probablemente *no tenga parangón en toda la historia del arte*».

Tan solo unas pocas décadas después de acabar la vida de Jesús en la tierra, sus seguidores empezaron a componer poesías e himnos para tratar de expresar esta nueva visión. Los íconos comenzaron a aparecer tanto en el arte como en la oración. Fueron discutidos durante siglos (*iconoclasta* quiere decir destructor de íconos); sin embargo, Juan de Damasco adujo que «Dios mismo fue el primer y original hacedor de imágenes del universo». Jesús ha aparecido de un modo tan prominente en pinturas, esculturas y vitrales que sigue siendo la figura más reconocible de todo el mundo, aunque nadie sabe cuál era su apariencia.

En las películas, Jesús por lo general habla en inglés con acento británico y tiene rasgos maravillosamente simétricos, pero el escritor romano Celso, del segundo siglo, en realidad lo describió como «pequeño y feo». Había una tradición cristiana temprana que iba en el mismo sentido, se basaba parcialmente en un pasaje de Isaías 53, que habla del sufrimiento del Siervo de Dios y lo describe como alguien «sin atractivo» para que fueran otros atributos los que atrajeran a las personas a él. Es conmovedor reflexionar en cómo un Jesús poco atractivo fue particularmente sensible hacia aquellas personas de su entorno que tenían dificultades físicas.

La historia de Jesús inspiró a los artistas a examinar la naturaleza tanto de la belleza como de la fealdad. Para el siglo cuarto, Agustín aducía que Jesús debía haber sido «hermoso como un niño, hermoso en la tierra y hermoso en el cielo».

Agustín escribió sobre el uso de las artes y, en particular de la música para inspirar el alma. Sus *Confesiones* a menudo pasan a la poesía: «¡Tarde te amé, Hermosura tan antigua y tan nueva, tarde te amé!».

Agustín mismo mostró cómo el movimiento de Jesús cambió tanto la literatura como las demás artes. Sus *Confesiones* fueron una especie de autobiografía introspectiva que el mundo no había visto antes. Al relatar la experiencia de su travesía espiritual «Agustín estaba reconociendo por primera vez la importancia del yo». El movimiento de Jesús revolucionó el lenguaje. Sin Jesús no habría un Dante, cuya *Divina comedia* fue la principal modeladora del italiano moderno, ni un Martín Lutero, cuya Biblia en alemán se convirtió en la precursora del alemán. Sin Jesús, no existiría la Biblia King James, que llegó a ser, junto con Shakespeare, la fuente más importante en la conformación del inglés, y no tendríamos un Juan de la Cruz, «a quien muchos historiadores y críticos literarios consideran el mejor poeta de la lengua hispana».

La historia del desarrollo de las lenguas y literatura europeas descansa en Jesús más que en cualquier otro personaje de la historia.

De hecho, Pelikan señaló que el latín no logró el estatus de un lenguaje de clase mundial hasta que Jerónimo tradujo la Vulgata Latina. «Así también, las traducciones de la Biblia al idioma vernáculo durante la Reforma ... constituyeron, a su vez, momentos decisivos para esos idiomas, proceso que ha continuado, con idiomas adicionales, desde entonces». En otras palabras, la historia del desarrollo de las lenguas y la literatura europeas descansa en Jesús más que en cualquier otro personaje de la historia.

Los mismos relatos de Jesús en los Evangelios modificaron la literatura. Thomas Cahill escribió:

Lo que hace de los evangelios, desde el punto de vista de la literatura, obras como ninguna otra es que se refieren a un ser humano bueno. Como todo escritor sabe, esa clase de criaturas son casi imposibles de plasmar por escrito, y existen sumamente pocas figuras en toda la literatura que hayan sido a la vez buenas y memorables.

Los villanos siempre reciben las mejores líneas. ¿Quién puede olvidar a Nerón, o a Aníbal Lector (o, ya que estamos en esto, a Judas Iscariote)? Y sin embargo los escritores de los Evangelios (que no dejaron ninguna otra indicación de que estuvieran intentando desarrollar el arte de escribir fuera de este solo ejercicio) triunfaron ampliamente donde casi todos los demás fallaron. Dice Cahill: «A los ojos de un escritor, esta hazaña es un milagro apenas un poco menor que resucitar muertos».

En la vida de Jesús solo se hace una sola mención a la música: él y sus amigos cantaron un himno la noche antes de su muerte. Pero el papa Gregorio insistió en que se usara la música para «elevar el alma a Dios», y los cantos gregorianos llegaron a ser el rock and roll de la Edad Media. La notación de la música moderna fue inventada en la Edad Media por monjes que querían difundir la música. «Do, re, mi, fa, sol, la, si, do» fue lo que de cierto modo se seleccionó (en caso de que nos preguntemos por qué) como recurso mnemónico que proviene de un himno latino para que se pudieran aprender las notas, a fin de mejorar la adoración.

Martín Lutero dijo que «le gustaría ver todas las artes, especialmente la música, usadas en el servicio de Aquel que las dio y las hizo». El coro luterano llegó a ser «uno de los monumentos culturales de comienzos de la Reforma».

Lutero, a su vez, influyó profundamente en el compositor Juan Sebastián Bach, que empezaría cada obra escribiendo en el manuscrito: «JJ»—*Jesus, jusa*, «*Jesús, ayúdame*». (Es una oración universal de todo escritor, pero a menudo se espera estar en una situación desesperada para usarla. Estoy elevando esa oración en este mismo momento). Al final de una pieza, Bach escribía tres letras: S. D. G. (*Soli Deo gloria*), que quiere decir «Solo para gloria de Dios» en toda su música.

Nathan Soderblom destacó:

La música referida a la pasión que se produjo dentro de la iglesia y que experimentó una nueva profundidad, una nueva riqueza, y una nueva intensidad en el siglo dieciséis, constituye, a su manera, el aporte más importante que jamás se haya hecho a las fuentes de revelación del Antiguo y Nuevo Testamentos. Si se me pregunta por un quinto evangelio, no titubeo en mencionar la interpretación de la historia de la salvación que alcanza su punto culminante en Juan Sebastián Bach.

Jorge Federico Handel nació el mismo año que Bach. En el funeral de su hermana, el tema del sermón fue «Yo sé que mi Redentor vive», tema que llegó a convertirse en una de sus arias más famosas. Una compañera en mis años de universidad, Susan Bergman, fue por derecho propio una talentosa escritora y artista cuya vida fue segada demasiado temprano por un tumor cerebral. En mi última conversación con Susan y su esposo, Jud, poco antes de su servicio fúnebre, su habla era trabajosa y desigual; la última frase completa que jamás le oí decir fue: «Yo sé que mi Redentor vive».

Imaginemos un mundo sin el «Coro Aleluya», sin el *Mesías*, sin el Réquiem de Mozart. El teólogo Karl Bart escuchaba a Mozart mientras escribía su voluminosa *Dogmática de la iglesia*. Dijo que Mozart era el equivalente virtual de una parábola.

Tampoco la influencia de Jesús ha quedado restringida a lo que a veces se llama cultura elevada. Sería irónico que aquel que se identificaba con los pecadores, los esclavos, y los campesinos, fuera recordado por influir en el arte de la élite. Es el único ser humano que ha tenido su propia categoría Grammy: Música evangélica.

A Jesús se lo recuerda en las tonadas de las colinas de los Apalaches. Una amiga mía estuvo enemistada durante muchos años con su padre, famoso violinista de un solo brazo (sostenía el arco entre sus rodillas) y tocaba con un brillo que impresionaba a las multitudes en los Apalaches. Pero se había dado por vencido respecto a Dios, así que no era simplemente el único violinista de un solo brazo en los Apalaches; también era el único violinista en los Apalaches que *no* tocaba tonadas evangélicas. Al final se reconciliaron. En la última noche en que ella estuvo con él, junto a su cama en el hospital, él pidió su violín y tocó la vieja tonada evangélica: «Yo volaré». Dejó a un lado su violín, miró a su hija, le regaló una breve sonrisa e hizo un leve movimiento de cabeza. Había hecho la paz con Dios; y lo expresó de una manera en la que jamás podía haberlo hecho con palabras.

Jesús no solo inspiró a los artistas en todas las expresiones, sino que también influyó en el tono en que se producía. A los griegos antiguos les encantaba la belleza de la forma humana. Pero la belleza de la historia de Jesús llegó a ser una inspiración más poderosa: «El flacucho Buen Pastor del arte cristiano primitivo luchó contra el musculoso Hércules y le ganó».

De hecho, Martín Lutero, que no se privaba de dar su opinión, criticó a los artistas medievales por pintar a la virgen María de modo que «no se halla en ella nada despreciable, sino solo cosas grandes y encumbradas». Lutero sentía que esos cuadros debían revelar que Dios está presente con los humildes. Albrecht Durero recibió la influencia de Lutero, y una nueva visión de la belleza empezó a darle forma a su arte.

Hay un relato sin verificar que se relaciona con una de las obras más famosas de Durero. Él procedía de una familia numerosa y pobre; era el tercero de dieciocho hijos. Un amigo suyo convino en trabajar en las minas para sostener a Durero por un período. Muy pronto Durero mostró más destreza que sus maestros, y después de varios años, había ganado suficiente dinero como para que su amigo también trabajara como artista. Pero cuando volvió a casa con las noticias, las manos de su amigo ya estaban demasiado dañadas por el trabajo de minería como para pintar con alguna destreza.

> La influencia del cristianismo se ha señalado como el único y más grande factor de desarrollo de la arquitectura en los últimos dos milenios.

Durero había visto esas manos unidas en oración muchas veces, y quiso captar la belleza de las manos que oran.

Es difícil mirar el cuadro de estas manos sin pensar en el misterio, belleza y humildad de la oración, o del solo nombre humano en el que se eleva la oración. Es difícil imaginarse un mundo sin la Capilla Sixtina, o sin *La última cena* de Da Vinci, o sin el *Hijo pródigo* de Rembrandt ni la *Pietá*.

La iglesia se reunía en las catacumbas, y se juntaba, y todavía lo hace, en chozas, casas, locales comerciales y mercados. Entre los cientos de miles de capillas, iglesias, basílicas, misiones, abadías y catedrales de todo el mundo, están algunos de los edificios más impresionantes que jamás se hayan levantado. Uno puede observar desde la Catedral de Saint Paul, que todavía domina el horizonte de Londres hasta el monasterio Rousanou en Grecia, encaramado tan imponentemente en una gigantesca losa de roca a la que solo se puede acceder por un estrecho puente. La influencia del cristianismo se ha señalado como el único y más grande factor de desarrollo de la arquitectura en los últimos dos milenios. Todos esos edificios se han levantado debido a un Hombre que dijo que las zorras tenían guaridas y las aves, nidos, pero que él no tenía un lugar donde reposar su cabeza.

La visión de Jesús le proporciona un vocabulario moral y artístico al mal.

El artista Hans Holbein produjo una pintura de Cristo después de la crucifixión tan espeluznante que, siglos después, Dostoievski se quedó contemplando la pintura durante días. Eso fue, en parte, lo que lo inspiró a escribir uno de sus libros. Dostoievski redactó: «Mirando ese cuadro, del que sin sentido [la muerte] se ha apoderado, destrozado y tragado (impasible e insensiblemente) a un Ser grandioso e invaluable, un Ser digno de toda la naturaleza y sus leyes, digno de toda la tierra ¡qué tal vez haya sido creada solamente para la venida de ese Ser!».

Quizás la pintura más famosa de Pablo Picasso sea *Guernica*, su protesta contra el general Franco de España por usar bombarderos nazis para destruir la ciudad de Guernica. Es una obra brutal: Una mujer que grita y sostiene en sus brazos a un niño muerto, un hombre que cae víctima de la tortura, un caballo que es inmolado; todo en medio de la brutalidad y las tinieblas. Un profesor mío me dijo que un soldado fascista vio la pintura y le preguntó a Picasso: «Dios mío, ¿hiciste tú eso?». Picasso le respondió: «No; tú lo hiciste».

Eso no quiere decir que todos los artistas de Occidente, o los más importantes, hayan sido creyentes, sino solo que su arte ha sido forjado y enmarcado por Jesús.

Víctor Hugo quedó profundamente desilusionado por el descuido de la iglesia con respecto a los pobres, y la mayor parte de su vida se consideró a sí mismo escéptico. En *Los miserables*, un sacerdote le muestra bondad a un desesperado convicto, Jean Valjean. Con todo, Valjean se roba algo de la plata del sacerdote. Capturado por la policía, lo llevan de vuelta al sacerdote y espera palabras que lo condenen. En lugar de eso, el sacerdote dice: «Sí, yo le regalé la plata. Pero, Jean Valjean, te olvidaste de llevarte mi mejor regalo», y le da los candeleros de plata que le permitirán empezar una nueva vida. Luego, fuera del oído de la policía, el sacerdote le dice: «He comprado tu alma para Dios».

Cuando Nancy y yo vimos la versión musical de *Los miserables*, ella no podía dejar de llorar (y no es llorona) en la línea final: «Amar a otra persona es ver la cara de Dios». «¿Por qué no puso Dios eso en la Biblia?». me preguntó.

Más tarde yo le señalé las palabras de Jacob a Esaú cuando vuelven a reunirse: «¡Ver tu rostro es como ver a Dios mismo!».

«Me alegro de que Dios me haya escuchado», dijo Nancy.

La visión de Jesús inspira a las personas a creer que el cambio todavía puede tener lugar. León Tolstói, cuyo libro *La guerra y la paz* tal vez sea el libro sobre la guerra más famoso de la historia, escribió: «Los hombres necesitan solo confiar en la enseñanza de Cristo y obedecerla, y habrá paz en la tierra».

Dante escribió que encima de las puertas del infierno hay una sola declaración: «Abandonen la esperanza todos los que entran aquí». Dijo que en la visión final de Dios vemos «el Amor que mueve el sol y las otras estrellas», un canto que T. S. Eliot señaló como el punto más alto que la poesía jamás haya alcanzado y que jamás podrá alcanzar.

Eric Metaxas escribió una maravillosa biografía de Dietrich Bonhoeffer. Bonhoeffer sufrió muchas pérdidas desde el punto de vista terrenal. Estaba comprometido en matrimonio cuando murió; permaneció en la cárcel los últimos dos años de su vida; nunca llegó a ser padre, y con treinta y tantos años fue colgado en una horca convencido de que el sacrificio bien valía la pena. Las últimas palabras que le oyó decir un compañero de celda cuando salía para ser ejecutado fueron: «Este es el fin, pero para mí es el principio de la vida».

Sin embargo, en su ser interior, tanto como en cualquiera de nosotros, tenía lugar toda una mezcla de humanidad. Bonhoeffer escribió un poema apenas un mes antes de ser ejecutado:

¿Quién soy yo?
Ellos me dicen a menudo
que saldré de mi celda
con calma, alegre, con firmeza,
como un propietario de su hacienda...

¿Quién soy yo?
Ellos me dicen también
que llevaré estos días de desgracia

con equidad, sonriente, orgulloso,
como el que está acostumbrado a ganar.

¿Soy de verdad lo que los demás me dicen?
¿O soy lo que sé de mí mismo,
sin sosiego, con nostalgia y enfermo,
como un pájaro en su jaula,
luchando por respirar...
triste y vacío al rezar,
al pensar, al actuar,
débil y preparado a decir adiós a todo eso?

¿Quién soy yo? ¿Esto o lo otro?...
Se burlan de mí estas preguntas solitarias.
Quienquiera que sea,

Tú sabes, oh Dios,

Soy tuyo.

Jesús no tenía lugar donde reposar su cabeza, y sin embargo llegó a ser el principal modelador de la arquitectura.

No sabemos qué apariencia tenía Jesús, y sin embargo, es la figura más reconocible del mundo.

No sabemos qué apariencia tenía Jesús, y sin embargo, es la figura más reconocible del mundo.

«No había en él belleza ni majestad alguna; su aspecto no era atractivo y nada en su apariencia lo hacía deseable», y sin embargo llegó a ser el tema de más pinturas y esculturas que cualquier otro.

Nunca escribió un libro, pero llegó a ser el personaje acerca de quién más se ha escrito jamás, y la mayor inspiración para el desarrollo lingüístico global.

Se lo asocia con un solo canto desconocido, pero es el tema de más canciones y música que cualquier otro ser humano.

Murió solo, y sin embargo las personas todavía mueren por él.

CAPÍTULO 13

Viernes

Un viernes Jesús murió en la cruz.

Cuando pensamos en la reputación de Jesús en nuestros días como gran maestro y ser humano ejemplar, una pregunta obvia nos viene a la mente: *¿Como sucedió eso? ¿Por qué murió Jesús? ¿Cómo fue que este hombre, manso y humilde, que bendijo a los niños y era amigo de los pecadores, acabó ejecutado como enemigo del estado?* Resulta que el viernes es el día de los motivos mezclados, las alianzas extrañas, las reuniones secretas, los complots cínicos de relaciones públicas, la intriga política y las emociones explosivas.

De alguna manera, la muerte de Jesús es central dentro de su historia de un modo inusual. Si uno lee la biografía de cualquier persona famosa, aun cuando su muerte haya sido un episodio prominente (por ejemplo, Abraham Lincoln, Mahatma Gandhi, Martin Luther King Jr.), esta constituirá apenas un pedacito de esa biografía. Pero a pocas décadas de la desaparición de Jesús se escribieron cuatro biografías suyas, y la experiencia de su muerte apareció en cada una de estas biografías con una extensión desproporcionada (algo así como una tercera parte del relato).

¿Por qué murió Jesús? Retrocedamos hasta la noche del viernes y luego abrámonos camino a través de la crucifixión por los acontecimientos que culminaron con ella, para intentar descubrir la manera en que Jesús pudo haber entendido lo que sucedió camino a la cruz.

ATARDECER DEL VIERNES

La tarde del viernes está avanzada. Fuera de las puertas de Jerusalén hay tres cruces. En las cruces externas cuelgan los cuerpos de dos ladrones. La cruz del medio está vacía. Su víctima ya ha muerto y se la ha quitado de allí. Sobre la cruz del medio cuelga un letrero: *JESÚS DE NAZARET, REY DE LOS JUDÍOS.* Está escrito en hebreo (o arameo), latín y griego. Esa leyenda denota de alguna manera el eje central por el que pasa la muerte de Jesús.

Muchas fuerzas y personajes poderosos han estado actuando, y acaban destrozando a Jesús. Pero cuando tratamos de entender no resulta claro que los que piensan que están a cargo este viernes en realidad tengan las riendas. El viernes todo el mundo tiene una agenda. *¿Qué es lo que todos ellos quieren? ¿La agenda de quién prevalecerá? ¿Por qué Jesús debe morir?*

La fuerza más obvia es Roma. Roma dirá que Jesús tiene que morir porque constituye una amenaza para Roma, y cualquiera que implique una amenaza para Roma tiene que morir. ¿Por qué ese hombre es considerado una amenaza? Porque él es Jesucristo. La gente erróneamente piensa que Cristo es el apellido de Jesús, pero es un título. Viene de la palabra griega *chrio* («ungir»), así que significa el Ungido, o el Mesías.

Otra fuerza es la conformada por las multitudes de Jerusalén. La gente está esperando un dirigente que dé inició a una revuelta en contra de Roma y la derroque, un dirigente que limpie toda la corrupción del templo (que está bajo el poder romano), y que guíe a Israel a la libertad a fin de que pueda ocupar su lugar como el sueño del mundo y la envidia de las naciones.

Hubo muchos pretendidos mesías durante el primer siglo. Había diferentes líneas de pensamiento en cuanto al Mesías: algunos hacían énfasis en lo profético, otros pensaban que sería el nuevo Moisés, algunos más pensaban que sería el nuevo David. Pero todos concordaban en que él constituiría un problema para Roma.

> *Había diferentes líneas de pensamiento en cuanto al Mesías, pero todos concordaban en que él constituiría un problema para Roma.*

En el Nuevo Testamento leemos acerca de unos pocos de esos supuestos mesías. Hechos 5:36: «Hace algún tiempo surgió Teudas, jactándose de ser alguien, y se le unieron unos cuatrocientos hombres. Pero lo mataron». Según Josefo, a Teudas se le llamó Mesías (pensemos en un «Teudas Cristo»). Afirmó que podía dividir el río Jordán y hacer que las murallas de Jerusalén cayeran (un Josué de días más modernos; la versión aramea del nombre Josué es Jesús). A la larga los romanos lo capturaron y lo decapitaron en Jerusalén frente a las multitudes.

El libro de Hechos también menciona a Judas el galileo, que apareció en los días del censo y dirigió una revuelta. Judas el galileo, nos dice el historiador Josefo, fundó la secta de los zelotes. Él y dos mil de sus seguidores fueron crucificados. Las cruces quedaron luego en pie en los campos de Galilea porque los romanos querían enviar este mensaje: si alguien concibe alguna otra brillante idea para tratar de que la gente deje de pagar impuestos, Roma tiene abundantes cruces adicionales.

Esto sucedió cuando Jesús era muchacho. Judas el galileo era de la región de Galilea, y Jesús creció en la población de Nazaret, en Galilea, así que Jesús debe haber visto esas cruces en las cuales Roma mató a los que siguieron a un hombre que adujo ser el Mesías.

¿Cómo puede uno distinguir quién es el verdadero Mesías? Resulta algo parecido a Arturo y la espada en la piedra. El verdadero rey de Inglaterra sería el hombre que pudiera sacar la espada de la piedra. Nadie podía saber quién sería mientras alguien no lo intentara. Arturo fue el único que logró hacerlo; por consiguiente él fue rey.

La gente pensaba que el Mesías sería el hombre que derrotara a Roma, y cualquiera que estuviera en su lugar no podría saberlo a menos que lo intentara. El castigo por el fracaso era la crucifixión. El que acababa crucificado, no era el Mesías. Hubo por lo menos dieciocho candidatos a Mesías de los que tenemos noticias durante los días de Jesús. Todos encontraron el mismo destino.

Ellos y sus seguidores a menudo saqueaban los arsenales y palacios romanos de Israel. Cada uno se consideraba una especie de Robin Hood: *Son nuestras cosas, y los romanos no tienen ningún derecho a ellas. Nosotros debemos tenerlas.* Roma los consideraba ladrones. La palabra griega para estos saqueadores era *lestes*. A uno de ellos se lo conoce en la historia como el ladrón en la cruz. No estaba allí por alguna ratería en un almacén; fue crucificado porque Roma quería enviar un mensaje.

Jesús fue crucificado, y sin embargo él no pertenecía a ese tipo de dirigente militar, Mesías y rey que la gente estaba esperando. Él hizo las cosas que esperaban que el Mesías hiciera: anunció un nuevo reino, exhibió gran poder, declaró tener gran autoridad. Pero deliberadamente y repetidas veces rechazó lo que parecía ser su destino. Juan nos dice que después de que Jesús diera milagrosamente de comer a una multitud, la gente quiso venir y hacerlo rey por la fuerza. Si él podía hacer que unos pocos pescados y panes dieran de comer a cinco mil personas, imagínense lo que podría hacer con unas pocas espadas y carros de guerra.

Escapó a los montes él solo; se negó a levantar un dedo contra Roma. No era una amenaza militar.

Entonces, ¿por qué acabó en una cruz?

———

VIERNES POR LA MAÑANA

Retrocedemos hasta una escena anterior a ese viernes, cuando los principales sacerdotes llevan a Jesús ante Poncio Pilato. El papel de Pilato al lavarse las manos a menudo se malentiende como un acto de neutralidad pasiva, así que nos resultará útil considerarlo por un momento.

El trabajo de Pilato es para él un gran dolor de cabeza. Ninguno de los que estuvieran en el tipo de trabajo de Pilato querría acabar en el Medio Oriente. Él es un hombre ambicioso, pero enfrenta un reto delicado. Debe mantener a los principales sacerdotes del lado de la cooperación, y al mismo tiempo permitirles tomar la suficiente distancia como para que, con todo, las multitudes anti Roma acepten la autoridad de ellos. Pilato debe mantener circunscriptos a los zelotes que luchan por la libertad, a los fariseos nacionalistas y a los esenios aislacionistas. Estos a menudo se pelean unos contra otros, pero todos concuerdan en aborrecer a Roma. Pilato debe tratar de mantener a raya ese caos. Se viven tiempos brutales; probablemente cualquier gobernante que sobreviva será considerado brutal en tiempos futuros.

En Lucas 13 algunos le cuentan a Jesús acerca de un grupo de peregrinos de Galilea a los que Pilato hizo matar mientras adoraban. Él había mezclado la sangre de ellos con sus sacrificios en el altar. El templo era sagrado; también constituía el símbolo principal de la identidad nacional. Eso significaba que se trataba de la zona cero para la rebelión. Era un lugar peligroso, y cualquier gobernante tenía que ser un hombre peligroso.

Las víctimas eran de Galilea. Jesús venía de Galilea, y Pilato era un hombre peligroso.

En otra ocasión Pilato secuestró (Israel hubiera dicho que «robó») dinero del templo para construir un acueducto. Cuando un grupo de patriotas protestaron, Pilato los hizo ejecutar. A la larga, algún tiempo después de la muerte de Jesús, Pilato habría hecho ejecutar a tantas personas que el descontento general se volvió inmanejable y el César lo destituyó. Eso fue lo último que la historia dice de él. Un escritor antiguo, llamado Filón, señaló que el gobierno de Pilato se caracterizó por el soborno, los insultos, los robos, una crueldad suprema, las ejecuciones sin juicio, y una modalidad furiosa y vengativa.

Así que los principales sacerdotes llevan a Jesús ante Pilato. Han pensado cuidadosamente la acusación que le van a presentar: «Hemos descubierto a este hombre [Jesús] agitando a nuestra nación. Se opone al pago de impuestos al emperador y afirma que él es el Cristo, un rey».

Así es como se plantea el juego. Los principales sacerdotes claramente no están interesados en ayudar a que el César exprima más dinero a Israel. La American Heart Association no promueve que se recojan fondos para las compañías tabacaleras. Los principales sacerdotes no quieren pagarle impuestos al César. Y simplemente tratan de ejercer una presión directa sobre Pilato para que este haga lo que ellos quieren.

Este Jesús es un problema para Roma. Al César no le va a gustar. Será mejor que hagas algo.

> *Pilato resiste a los principales sacerdotes no por compasión hacia Jesús, sino porque siempre se opone a ellos. Nunca quiere hacer lo que estos le dicen que haga.*

Pilato resiste a los principales sacerdotes no por compasión hacia Jesús, sino porque siempre se opone a ellos. Nunca quiere hacer lo que estos le dicen que haga. Por definición, sabe que si ellos se fortalecen, él se debilita.

Cuando Pilato se entera de que Jesús procede de Galilea, trata de pasarle la papa caliente a Herodes, que en efecto tiene jurisdicción sobre Galilea. Pero Herodes no muerde el anzuelo, así que Pilato se vuelve a la multitud. Les recuerda la costumbre de soltar a un prisionero durante la Pascua y les ofrece escoger entre el inocente Jesús o Barrabás. Marcos y Lucas nos dicen que Barrabás había participado en revueltas, o sea en movimientos en contra de Roma. Juan usa la palabra *lestes*, lo que indica que las multitudes considerarían a Barrabás un patriota y un luchador por la libertad.

Así que entendemos por qué la multitud dice: «Suéltanos a Barrabás». Barrabás puede haber sido un homicida, pero estaba dispuesto a matar romanos. Mejor liberarlo a él que al pasivo Mesías.

Finalmente, en una escena famosa, Pilato se lava las manos. No es que Pilato tenga una conciencia sensible o que se preocupe por Jesús. Él sabe que la acusación contra Jesús es falsa, pero Pilato tiene problemas mayores que la suerte de algún Mesías de los que llegan de a docenas. Su reto es mantener firmes las riendas sobre los principales sacerdotes y sobre el templo. Teóricamente, Pilato tiene el control.

Pero los principales sacerdotes cuentan con el naipe del triunfo. «Si dejas en libertad a este hombre, no eres amigo del emperador. Cualquiera que pretende ser rey [eso es, Jesús] se hace su enemigo ... No tenemos más rey que el emperador romano».

¿Qué es lo que quiere el César? Extrañamente, el César quiere granos. Tiene un imperio que alimentar, y el imperio depende cada vez más del grano de Egipto y del Medio Oriente. (El grano era para el Medio Oriente en aquellos días lo que el petróleo es para el Medio Oriente hoy). El César necesita de alguien que haga que los cargamentos lleguen a tiempo, que mantenga a la población en paz, y que le mande la comida que necesita para gobernar un imperio.

¿Por qué muere Jesús? En un sentido real, muere por el trigo, por la comida que se necesita para apuntalar el imperio del César.

Para Pilato la situación es incluso más delicada. El patrón de Pilato en Roma es Sejano, primer subalterno del César. Poco tiempo antes el César había hecho arrestar y ejecutar a Sejano bajo sospecha de traición. También había hecho ejecutar a varios de los subalternos de Sejano. No podía haber una acusación más peligrosa para Pilato que decirle «no eres amigo del César». O bien es amigo del César o el César lo convierte en cadáver.

Pilato no puede arriesgarse a que el César piense que es blando con los terroristas contrarios a Roma, así que se vuelve a Jesús y le pregunta: «¿Eres tú el rey de los judíos?». Ese es un momento cargado de dramatismo. Jesús todavía puede salir libre si simplemente dice que no y le asegura a Pilato que no constituye una amenaza para el César.

Esta fue la pregunta que pendió sobre Jesús durante todo su ministerio. Irónicamente, cualquier día antes de este, todo lo que Jesús hubiera tenido que decir habría sido: «Sí; yo soy el Mesías». Todo Israel (o una buena parte de él) se hubiera levantado en armas y dado su vida por Jesús. La posibilidad de algo como el reciente Domingo de Ramos (la entrada triunfal a Jerusalén) estaba aún en sus manos. Pero él jamás reclamaría el título.

Ahora que no hay multitudes a su alrededor, acudiendo a él, y Jesús está en manos de Pilato; cuando no hay probabilidad de que un ejército se levante para defenderlo; cuando no hay posibilidad de que se lo malinterprete como una figura militar; ahora que es demasiado tarde para que pueda ser salvado, Jesús dice: «Sí, sí, ese soy yo. Es como tú dices. Yo soy el que ellos han estado esperando. Yo soy su rey».

Jesús sabe lo que le va a suceder. Pilato pronuncia la sentencia, pero sin querer pronunciarla. Lo que motiva a Pilato en todo esto probablemente sea una combinación entre la preocupación por su carrera y por la seguridad pública, una maniobra política y la pura supervivencia.

Pero aunque técnicamente él esté legalmente a cargo, no quiere que la crucifixión tenga lugar.

Así que, en realidad, ¿quién es el que hace que esto suceda?

VIERNES, ANTES DE LA SALIDA DEL SOL

Retrocedamos un poco más. ¿Por qué los principales sacerdotes querían que Pilato actuara?

Jesús había reunido una numerosa y volátil multitud de seguidores de entre el pueblo. La gente hablaba de él. Los fariseos y los principales sacerdotes se habían reunido. Uno de ellos señaló: «Este hombre [Jesús] está haciendo muchas señales milagrosas. Si lo dejamos seguir así, todos van a creer en él». Y esta era su preocupación clave: «y vendrán los romanos y acabarán con nuestro lugar sagrado, e incluso con nuestra nación».

No se trataba de un temor ilusorio. De hecho, eso fue exactamente lo que sucedió en el año 70 d. C. Hubo una revuelta y un Mesías más; demasiados mesías. Los romanos dejaron Jerusalén en ruinas, destruyeron el templo, y devastaron la población. En muchos sentidos, el sufrimiento de Israel desde ese día todavía no ha cesado.

Los principales sacerdotes, lo mismo que Pilato, sabían que Jesús no constituía una amenaza militar. Entendían que era una amenaza de otro tipo. Él afirmaba que el reino de Dios, que todos habían estado esperando, de alguna manera ya estaba presente en la tierra; solo que no estaba en el templo; ni en los sacrificios. Venía por medio de Jesús, por ese hombre, por lo que él decía, por la forma en que él vivía y amaba. Trataba de decirles a todos que la presencia de Dios ahora estaba disponible para el mundo por medio de él. Nadie había hecho algo así antes; es más, a nadie jamás siquiera se le había *ocurrido* algo como eso. Las cosas no podían seguir así.

De modo que, antes de la audiencia con Pilato, hubo otra con el sanedrín, una especie de corte suprema formada por los principales sacerdotes y fariseos. Esto tuvo lugar, se nos dice, antes de que rayara el día, a fin de que pudiera ser secreta, porque tenían ante ellos una tarea delicada. Debían lograr que las multitudes aborrecieran a Jesús; tenían que conseguir que Roma y Pilato crucificaran a Jesús.

La manera más rápida de lograr que Pilato crucificara a Jesús sería decirle que Jesús constituía una amenaza para Roma y el César. Pero si les decían eso a las multitudes, esas multitudes defenderían a Jesús. Así que fue necesario concebir dos acusaciones. Acabaron acusando a Jesús de blasfemia, para que las multitudes se pusieran en contra de él, y de traición, a fin de que Pilato lo matara.

Se trataba de una tarea muy difícil. Y, en verdad, no pudieron hacerlo en ese juicio. Según el registro de Marcos, «Los jefes de los sacerdotes y el Consejo en pleno buscaban alguna prueba contra Jesús para poder condenarlo a muerte, pero no la encontraban. Muchos testificaban falsamente contra él, pero sus declaraciones no coincidían».

Jesús pronunció su propia sentencia de muerte. Les dio a los judíos lo que ellos no pudieron conseguir a través de ninguno de los falsos testigos.

Una vez más, todo lo que Jesús tenía que hacer era guardar silencio. Una vez más, no guardó silencio. No hizo ningún esfuerzo por corregir las falsas acusaciones. Se sentó en silencio mientras se mofaban de él, pero cuando le preguntaron: «¿Eres tú el Mesías?» respondió: «Yo soy». Luego les dijo que ellos verían al Hijo del hombre viniendo en las nubes.

No estaba diciendo «Ustedes van a ver un cuerpo que baja flotando desde el cielo». Estaba usando una bien conocida ilustración del Antiguo Testamento para decir: «Ahora ustedes ven a Dios presente y obrando *singularmente* en mí».

Y así Jesús pronunció su propia sentencia de muerte. Les dio a los judíos lo que ellos no pudieron conseguir a través de ninguno de los falsos testigos. Jesús hizo el trabajo por ellos. ¿Por qué? Tenemos que retroceder una vez más hasta antes de la cruz, antes de la reunión con Pilato, antes del juicio de los principales sacerdotes.

VIERNES, ALGÚN MOMENTO DESPUÉS DE LA MEDIANOCHE DEL JUEVES

Getsemaní. La historia de la raza humana empezó en un huerto, con un hombre llamado Adán. La historia de uno que sería llamado el segundo Adán acabaría en un huerto. Cuando Jesús estuvo en el huerto, todavía tenía muchas opciones. Podía luchar como los zelotes. Era joven, tenía carisma. Las multitudes lo seguirían hasta la muerte. Él podía hacer eso.

Podía retirarse como los esenios. Podía irse al desierto y empezar una pequeña comunidad segura. Muchos lo hubieran seguido.

Podía colaborar con los principales sacerdotes. Imaginemos la reforma que Jesús habría realizado de haber contado con el templo como plataforma para su enseñanza.

Podía intentar hacer un trato con Pilato. Pensemos en lo que sería influir sobre el Imperio Romano desde adentro. ¿Qué efecto podría tener eso sobre el mundo?

Podía llamar a Dios para que lo librara. Podía pedir que se le evitara enfrentar esto. Podía pedir legiones de ángeles. Tal vez un milagro más haría que todos se pusieran de su lado.

No hizo nada de todo eso.

Dejando de lado las cuestiones referidas a su divinidad e identidad, esto es lo que Jesús hizo. Aquel hombre solo, abandonado, vulnerable, decidió: *Sé que esto es lo que debo hacer. No voy a pelear ni a huir. No voy a hacer trato, ni voy a deslumbrar. Voy a morir.* Luego oró: «No se haga mi voluntad sino la tuya». Llegó a convencerse de que el verdadero destino mesiánico, el verdadero llamamiento mesiánico, no era conquistar sino morir por amor a otros, y eso hizo.

Pongamos a un lado las teorías y la teología. Jesús sabía que Roma mataba a los rebeldes. Si él no moría, moriría un rebelde llamado Barrabás. Jesús murió en la cruz en lugar de Barrabás.

Jesús sabía que las multitudes, aun en esos momentos, esperaban una palabra de él para marchar contra los romanos. Muchos de los soldados romanos eran simples muchachos de la cercana Siria que trabajaban para el gobierno romano. Jesús no dijo la palabra. En lugar de eso fue a la cruz y murió; y toda una legión de soldados romanos vivió. La muerte de Jesús los salvó.

Jesús sabía que si huía acorralarían a sus discípulos y los ejecutarían. Había sucedido antes y volvería a suceder. Sus discípulos sabían cómo operaba Roma, y esa fue la única razón por la que huyeron aterrorizados de Aquel a quien amaban. La ejecución era siempre el destino de los cómplices de los mesías fugitivos. Jesús murió, y su muerte le salvó la vida a sus seguidores.

Jesús sabía que si decía la palabra, cuando las multitudes lo siguieran (y lo iban a seguir) Roma caería sobre Jerusalén para destruirla. Así que murió para salvar a Jerusalén. Murió por todas esas personas que se habían desilusionado de él, que no lo entendieron, y que a causa de la frustración y el dolor clamaron para que lo crucificaran.

Como si dijera: «Yo pondré mi vida por personas que no entienden. Con eso puedo ganar algo de tiempo. Puedo ganar un poco de espacio.

Se puede formar una comunidad, y debido al amor sacrificial de ellos, eso puede cambiar el mundo».

Como simple realidad histórica, fue el pecado —las tinieblas humanas de todas las personas que intervinieron en el proceso— lo que llevó a Jesús a la cruz. Pero él estaba convencido de que, mediante el amor, la cruz de alguna manera llegaría a ser no solo el símbolo del pecado y la muerte, sino también el símbolo de un amor mucho más poderoso y redentor. Y, sea lo que fuere que uno crea o no crea en cuanto a Jesús, eso exactamente fue lo que sucedió.

Él murió.

Debido a su notable esplendor, valor insólito e inexplicable amor, Jesús se tomó de una situación que podía derrotar todo intento humano de corrección. Identificó con exactitud lo que se necesitaba para lograr la redención. Le costaría la vida.

Jesús identificó con exactitud lo que se necesitaba para lograr la redención. Le costaría la vida.

Dos mil años después, su muerte es la muerte más importante, la muerte más recordada de la historia del mundo.

Pilato, que por sobre toda otra cosa quería ser amigo del César, acabó escribiendo en hebreo (el idioma del pueblo de Dios), en griego (el idioma del mundo culto) y en latín (el idioma del imperio romano): *JESÚS DE NAZARET, REY DE LOS JUDÍOS*, a fin de que todo el mundo pudiera leerlo.

Jesús perduró más, fue mejor estratega, y superó el pensamiento de cualquier otro grupo o poder. Pero no solo eso. Principalmente, amó más que todos los demás; porque Jesús en el huerto tuvo solo una agenda, agenda que superaba a la de todos los demás: el amor. «Moriré el viernes».

El viernes Jesús murió por amor. Dijo que esa era su decisión. No fue decisión de Pilato, ni de Herodes, ni del César, ni de los sumos sacerdotes, ni de las multitudes. Él había dicho: «Doy mi vida por las ovejas ... Nadie me la arrebata, sino que yo la entrego por mi propia voluntad. Tengo autoridad para entregarla, y tengo también autoridad para volver a recibirla».

La cruz ha llegado a ser el símbolo más ampliamente reconocido a través del mundo. Marca más tumbas, adorna más joyas, y está encima de más iglesias que cualquier otro diseño. Hacer la señal de la cruz se conoce tanto en las basílicas como en las canchas de béisbol. Encontrar un logotipo se ha convertido en gran negocio, pero ninguna corporación, país o causa ha producido una imagen tan duradera o ampliamente difundida.

La misma ubicuidad de la cruz nos hace olvidar que es un símbolo extraño. Era el método de ejecución más humillante que Roma tenía a su disposición. Imaginemos la posibilidad de escoger una silla eléctrica, una horca o una guillotina como ícono de algo.

La cruz cambió de ser el símbolo de poder de un imperio humano, a ser el símbolo del amor sufriente de Dios. Cambió de una expresión de amenaza máxima a una expresión de esperanza máxima. Llegó, en cierto sentido, a expresar exactamente lo opuesto de su propósito original; que el poder del sacrificio que se abraza es mayor que el poder de la coacción.

¿Cómo sucedió eso?

Porque Jesús la escogió. Escogió morir en ella. Después del viernes, ni la cruz ni el mundo podrían seguir siendo iguales.

CAPÍTULO 14

Sábado

Hasta donde sabemos, ha habido solo un día en los últimos dos mil años en el que literalmente ni una sola persona en el mundo creyó que Jesús estaba vivo.

El sábado por la mañana después de la crucifixión de Jesús, los discípulos se despiertan sin haber podido dormir por dos días. La ciudad que gritó pidiendo sangre el día anterior está callada. Las multitudes se han desbandado. Jesús está muerto.

¿Qué hacen ellos el sábado?

Resulta extraño que se haya debatido tan intensamente sobre los dos días que rodeaban al sábado, el anterior y el posterior. Algunas de las mentes más brillantes del mundo se dedicaron primordialmente a esos dos días; a través de los siglos han sido tal vez los dos días más estudiados de la historia. La Biblia está llena de lo que sucedió el día antes, el día en que se dio muerte a Jesús. Y los creyentes señalan que el día siguiente, el domingo, fue el que dio origen al gozo que más desafió a la muerte, que infligió una mayor derrota a la tumba, que más destruyó el temor, que inspiró más esperanza, y más trascendencia en la historia del mundo. Los pentecostales todavía se expresan con exclamaciones sobre él. Los carismáticos todavía danzan debido a él. Los bautistas todavía dicen «¡amén!» por él. Los presbiterianos todavía lo estudian. Los episcopales todavía brindan por él con vino. Algunos piensan acerca del domingo en términos más moderados, como una metáfora de la esperanza. Y otros piensan acerca de él como de un enemigo peligroso de la lógica, la razón y la mortalidad. Por ahora, simplemente dejemos tranquilo al domingo.

Este aún no es domingo; tampoco viernes. Es sábado. El día después de esto, pero el día antes de aquello. El día después de que se eleva una oración sin que haya respuesta en camino. El día después de que un alma cae destrozada al suelo sin que haya promesa de que siquiera se levantará de la colchoneta. Es un día extraño este día entre uno y otro. Entre la desesperanza y el gozo. Entre la confusión y la claridad. Entre las malas noticias y las buenas noticias. Entre la oscuridad y la luz.

Incluso en la Biblia no se nos dice nada del sábado, aparte del detalle referido a que se pusieron guardias para que vigilaran la tumba. El sábado es el día sin nombre, el día en que no sucedió nada.

Queda ahora tan solo un puñado de seguidores. El viernes fue el día de la pesadilla; el viernes fue esa clase de día que produce puro terror, del tipo en el que uno funciona solo por adrenalina. El sábado, cuando los seguidores de Jesús despiertan, el terror es cosa del pasado, por lo menos por el momento; la adrenalina ha desaparecido. El sábado es el día en que se dan cuenta de que tienen que seguir adelante.

Los que creen en Jesús se reúnen, tal vez calladamente. Recuerdan. Eso es lo que la gente suele hacer. Las cosas que él dijo. Lo que enseñó. Lo que hizo. Las personas que tocó y sanó. Recuerdan cómo eran las cosas cuando este Jesús los quería a su lado. Recuerdan sus esperanzas y sueños. Ellos iban a cambiar el mundo.

Ahora es sábado.

Tal vez hablan de lo que salió mal. *¡Por todos los cielos!, ¿qué fue lo que sucedió?* Ninguno de ellos quiere decirlo, pero en sus corazones tratan de hacerle frente a este pensamiento inimaginable: *Jesús fracasó.* Jesús acabó en un fracaso. Noble intento, pero no pudo conseguir suficientes seguidores. No pudo convencer a los principales sacerdotes. No pudo ganarle a Roma para hacer la paz. No pudo lograr que bastantes personas dentro del pueblo entendieran su mensaje. Ni siquiera pudo entrenar a sus discípulos para que fueran valientes en el momento de la gran crisis.

Todos saben lo que es el sábado.

> El sábado es el día en que los sueños murieron. Uno tiene que seguir, pero no sabe cómo. Y lo que es peor, no sabe por qué.

El sábado es el día en que los sueños murieron. Uno se despierta y todavía está vivo. Tiene que seguir, pero no sabe cómo. Y lo que es peor, no sabe por qué.

Este día extraño plantea una pregunta: ¿por qué está allí el sábado? No parece contribuir en nada a la línea del relato. Podríamos esperar que si Jesús iba a ser crucificado y luego resucitado, Dios simplemente lo llevaría a cabo. Parece extraño que el Señor extendiera los dos acontecimientos a tres días.

A su manera, tal vez el sábado debía marcar al mundo tanto como el viernes y el domingo.

El viernes, sábado y domingo son centrales en un antiguo calendario. Le atribuyen gran significación al hecho de que este evento fuera un relato que se desarrolla en tres días.

El apóstol Pablo escribió: «Porque ante todo les transmití a ustedes lo que yo mismo recibí: que Cristo murió por nuestros pecados según las Escrituras, que fue sepultado, que resucitó al tercer día [y Pablo añade de nuevo] según las Escrituras». Las Escrituras del Antiguo Testamento están repletas de lo que podríamos llamar «relatos de tres días». Cuando Abraham teme que va a tener que sacrificar a Isaac, encuentra el sacrificio que salvará la vida de su hijo *al tercer día*. Los hermanos de José son puestos en la cárcel, y los sacan *al tercer día*. Rahab les dice a los espías israelitas que se escondan de sus enemigos, y que estarán seguros después *del tercer día*. Cuando Ester oye que su pueblo va a ser masacrado, se retira para ayunar y orar. *Al tercer día*, el rey la recibe favorablemente.

Es un patrón tan recurrente que el profeta Oseas dice: «¡Vengan, volvámonos al SEÑOR! / Él nos ha despedazado, ... / Después de dos días nos dará vida; / al tercer día nos levantará, / y así viviremos en su presencia». Todos los relatos de tres días comparten una estructura. El primer día hay problemas, y al tercer día hay liberación. En el segundo día no hay nada; simplemente la continuación de los problemas.

El problema con los relatos en los que hay un tercer día es que uno no *sabe* que se trata de un relato de tercer día hasta que llega el tercer día. Mientras transcurre el viernes, mientras transcurre el sábado, por lo que uno percibe, la liberación no parece llegar. A lo mejor simplemente se trata de un relato de un día, y ese día de problemas tal vez dure el resto de la vida.

Yo vivo en San Francisco. En el 2010 los Giants jugaban al béisbol de un modo que destrozaba los nervios, perdiendo posibilidades de liderar, y era como para morderse las uñas. Tanto que su lema no oficial para la temporada fue: «Béisbol de los Giants: es una tortura». Los aficionados del equipo pudieron reír al final porque ganó el campeonato. Fue como una historia del tercer día. El domingo estaba en camino. Yo soy fan de los Cubs. Los Cubs no han ganado en más de cien años. Cuando uno es aficionado de los Cubs, siempre es viernes. Ayer fue viernes; hoy es viernes; mañana será viernes. Siempre es viernes cuando uno es fanático de los Cubs. El secreto para sobrevivir es el mismo secreto que para criar a un adolescente: *rebajar las normas*. Es la única manera de salir adelante. Jesús murió el viernes, y luego vino el sábado.

¿La vida es un relato de tres días, o simplemente un día de problemas repetido vez tras vez?

En el mundo antiguo había dos perspectivas con respecto al tiempo: una opinión mayoritaria y una diminuta disensión. La opinión mayoritaria era que la historia se mueve en ciclos interminables. Lo que sucede alrededor gira y vuelve a venir. El universo siempre ha existido sin principio; Aristóteles escribió: «Nada puede brotar de lo que no existe».

Para los antiguos, todos los indicadores parecían confirmar eso: el sol, la luna, y las estaciones se movían por ciclos. Las generaciones vienen y van, las civilizaciones surgen y caen, la prosperidad fluye y se retrae. Los antiguos no esperaban un progreso o que la vida mejorara. A menudo se realizan encuestas en las que se pregunta a las personas si piensan que la vida será mejor en la próxima generación de lo fue en las pasadas. Los antiguos no realizaban encuestas; y si las hubieran hecho, no habrían esperado un sí. Por el contrario, Platón escribió: «Los antepasados están mejor que nosotros, porque vivieron más cerca de los dioses».

Pero había un informe de la minoría.

Génesis empieza diciendo: «Dios, en el principio, creó los cielos y la tierra». Las personas se preguntan qué sucedió antes de eso. Se dice que Agustín, cuando se le preguntó qué hacía Dios antes de crear los cielos y la tierra, respondió que estaba creando el infierno para los que hacen preguntas como esas. También dijo que el tiempo es una de esas realidades que creyó entender hasta que alguien le pidió que explicara lo que es. Pero Agustín acometió la tarea de explicar el informe de la minoría tan profundamente que, de acuerdo a Christopher Dawson, «no fue sólo el fundador de la filosofía cristiana de la historia», sino «en realidad el primer hombre del mundo que descubrió el significado del tiempo». Pensemos el informe de la minoría de esta manera: Debido a su gran amor, Dios creó los cielos y la tierra y puso a los seres humanos en un huerto.

La narración tiene un principio. Hay un árbol en el huerto, llamado el árbol de la vida, que sugiere la bondad y provisión de Dios para esos seres humanos. El relato tiene una parte media. Por la caída, de alguna manera perdimos el huerto. La narración acaba mal. El relato

> *Agustín dijo que el tiempo es una de esas realidades que creyó entender hasta que alguien le pidió que explicara lo que es.*

del evangelio tiene un fin. En el último libro de la Biblia, el libro de Apocalipsis, el árbol de la vida vuelve a aparecer. Pero esta vez no está precisamente en un huerto; de alguna manera el huerto se ha vuelto una ciudad. Eugene Peterson dice que esta es la gran sorpresa del relato:

> ¿Acaso no hemos tenido ya suficientes ciudades en la tierra? Muchos quieren ir al cielo de la manera en que van a la Florida: piensan que el clima será mejor y las personas decentes. Pero el cielo bíblico es ... la invasión de la ciudad por parte de la Ciudad.

El árbol de la vida de Génesis y luego el árbol de la vida del Apocalipsis son como los sujetalibros en las dos puntas de la narración de la historia humana.

Finalmente, las artes, la educación, la economía, y todas las actividades de edificación serán tan impulsadas por Dios y honrarán de tal modo a Dios, que todo el orden creado por él finalmente florecerá. Así que el árbol de la vida de Génesis, y luego el árbol de la vida en Apocalipsis son los sujetalibros de la narración de la historia humana. Ese árbol está al principio de nuestra experiencia. Este árbol estará en el clímax de nuestra experiencia. No formamos parte de un accidente cósmico al azar. Tenemos una experiencia. Mientras tanto, vivimos, según la memorable frase de Rob Bell, «entre los árboles». Después del árbol de Génesis, y antes del árbol de Apocalipsis, vivimos entre los árboles.

Principio, mitad, fin. Creación, caída, redención. Padre, Hijo, Espíritu. Ayer, hoy, mañana. Viernes, sábado, domingo. Vivimos entre los árboles.

Pero Dios es eterno. «Yo soy el Alfa y la Omega», y este título se repite: «El que es y que era y que ha de venir». Alfa es la primera letra del alfabeto griego. «En el principio» (extendámonos tanto como podamos imaginar en esa dirección, y luego vayamos infinitamente más allá) Dios ya existía. Omega es la última letra. «Desde antes que nacieran los montes y que crearas la tierra y el mundo, desde los tiempos antiguos y hasta los tiempos postreros, tú eres Dios».

Él nos está moviendo de un árbol a otro.

Esa no era la perspectiva del mundo antiguo. Los griegos creían en un ámbito eterno. Por lo menos algunos de ellos creían en un dios todopoderoso que era sin término e inmutable, que moraba más allá del tiempo. Pero que no tenía contacto con los seres humanos. Era invisible, e incognoscible, autor de una trama que funcionaba sin él.

Esa concepción en su mayor parte ha muerto dentro de nuestro mundo, por lo menos en Occidente. Incluso los que no creen en Dios creen en un algo como el progreso. Durante el Siglo de las Luces algunos pensadores abandonaron la noción de Dios, pero no lograron abandonar la esperanza de una edad venidera. Le pusieron por nombre «progreso». Dijeron que vendría como resultado de la educación, la tecnología o la ciencia. Pero, con todo, fueron herederos seculares del pueblo de Israel, que creía que la historia conducía a alguna parte. ¿De qué manera se expandió esta idea desde el diminuto Israel hacia un mundo más amplio?

> *«Se ha cumplido el tiempo». El humilde Jesús afirmaba ser la bisagra de la historia.*

Un día un hombre llamado Jesús empezó su ministerio con una sola frase referida al tiempo que se vivía: «Se ha cumplido el tiempo».

Era a la vez una declaración acerca de sí mismo y una declaración en cuanto al tiempo. La historia no conforma un ciclo interminable. El universo mismo, como un equipo profesional de fútbol en el momento del reclutamiento, está «a horario». Hubo un antes del tiempo, cuando el mundo estaba siendo preparado. Habrá un después del tiempo, cuando el mundo responderá. Ahora «se ha cumplido el tiempo». Y lo más sorprendente es que Jesús dijo que lo que indicaba ese momento era su propia llegada. El humilde Jesús afirmaba ser la bisagra de la historia.

Se ha cumplido el tiempo.

———

Agustín dijo que el momento decisivo, no solo de la historia de Israel sino de la historia del mundo entero, se había alcanzado con la llegada de Jesús. Señaló que no era simplemente la historia de Israel, con sus sacerdotes, sacrificios y tabernáculos lo que preparaba el camino. Declaró que Dios es el Dios de toda la historia, y que por «un orden de las cosas y los tiempos, oculto para nosotros pero totalmente conocido para Dios», la historia había estado moviéndose hacia ese momento desde el principio, y el resto de la historia humana fluiría a partir de allí.

Agustín argumentaba que la teoría de que la historia se repite, que «los mismos acontecimientos temporales se repiten por las mismas revoluciones periódicas», ha quedado para siempre refutada porque «Cristo murió por nuestros pecados una vez por todas».

Jesús cambió nuestra manera de pensar la historia. Al año se le dio un nuevo punto de comienzo. En Israel un niño fue llevado al templo

y se le puso nombre al octavo día de su vida. El primero de enero llega
ocho días después del 25 de diciembre. El primero de enero marca el
principio del nuevo año, porque ese es el día en que el nombre de Jesús
vino al mundo. Todo primero de enero marca esto, sepámoslo o no.
Expresa que algo estaba cambiando en cuanto a la idea que la gente tenía
de la historia. Cuando Lucas quiso contarle a su audiencia el tiempo en
que había nacido Jesús, lo hizo remitiéndose al reinado de César Augusto como emperador y Cirenio como gobernador de Siria.

Los acontecimientos se fechaban por el reinado del emperador. Con el
tiempo, el poder de los césares y su control sobre la imaginación humana
se desvaneció a la vez que otra visión crecía. Hacia fines del tercer siglo,
la antigua semana de ocho días usada por Roma había sido reemplazada
por el calendario de siete días de Israel y la iglesia cristiana. Seiscientos años después de Jesús, un monje escita llamado Dionisio el Exiguo
(Pequeño Dionisio) propuso un nuevo sistema de registro de la historia,
ya no centrado en el mito pagano de la fundación de Roma sino en el
nacimiento de Jesús. (En una encantadora parábola de la frecuencia con
que la iglesia cristiana se equivoca, erró los cálculos, así que resultó que
Jesús muy probablemente hubiera nacido cuatro años «antes de Cristo»).
   La producción del calendario que conocemos no tuvo que ver simplemente con una conveniencia cronológica. Lleva en sí la afirmación de
que la vida de este universo no es un accidente ni un ciclo al azar sino
un relato con Uno que lo cuenta. Su acontecimiento fundamental es la
entrada a este mundo de un carpintero judío llamado Jesús. Jesús mismo
vivió su corta vida y también murió en esta región diminuta. Ningún
césar jamás tuvo el menor indicio de su existencia, pero su discípulo
Juan, en el primer siglo, lo llamó Señor de señores y Rey de reyes. En el
primer siglo, mientras el movimiento todavía era diminuto (unos pocos
millares de personas), esa afirmación parecía risible.
   Pero dos mil años después del nacimiento de este carpintero aún
sigue vigente el hecho de que todo ser humano que en cualquier parte
del planeta abra un calendario, desdoble un periódico, o encienda una
computadora, se encuentra ante el recordatorio de que Jesucristo realmente se ha convertido en el gozne, la bisagra, de la historia humana.
César Nerón murió en el año 68 de nuestro Señor. Napoleón (el emperador del mundo) murió en el año 1821 de nuestro Señor. José Stalin
murió en el año 1953 de nuestro Señor. Tal vez Jesús no fuera el Señor

de señores y el Rey de reyes, ¡pero qué extraño resulta ahora que a todo gobernante que jamás haya reinado se lo feche en referencia a la vida de Jesús!

La historia empezó a estudiarse y a leerse de manera diferente. En el siglo octavo un monje y erudito norumbriano conocido en la historia como Beda el Venerable (el más grande apodo de todos los tiempos; mi hija dice que se va a comprar un Volkswagen y apodarlo el Venerable Beetle), escribió *Ecclesiastical History of the English People (Historia eclesiástica del pueblo inglés)*; y se dice que los ingleses le deben a él más que a cualquier otro su sentido de identidad nacional. Escribe acerca del pagano rey Edwin, cuyo consejero le contó una parábola comparando la vida con una golondrina que aletea sobre un salón procurando un momento de luz y luego sale de nuevo a la oscuridad de la cual vino. Le aconsejó al rey que se convirtiera al cristianismo (lo que este hizo), a fin de que la vida fuera más que «un breve aleteo en el salón de banquetes». La vida, y el tiempo que lleva vivirla, son como una sombra.

> *La historia de Jesús alcanza un nivel más personal. Es mi tiempo. Es mi historia.*

Pero la historia de Jesús alcanza un nivel más personal. Lo que me preocupa no es simplemente el tiempo que enmarca al universo. Es mi tiempo. Es mi historia.

Dije antes que el sábado es el día en el que nada sucede. Eso no es exactamente así. El silencio es lo que sucede el sábado. Después de que el problema le cae a uno encima, después de la agonía del viernes, uno clama a Dios. «¡Óyeme! ¡Escúchame! ¡Respóndeme! ¡Haz algo! ¡Di algo! ¡Rescata!». Nada. En el sábado, además del dolor del viernes, se encuentra el dolor del silencio y de la ausencia de Dios. Cuando C. S. Lewis escribió sus memorias referidas a su llegada a la fe en Jesús, las tituló *Surprised by Joy* [Sorprendido por el gozo]. El libro habla de cómo su deseo de alcanzar el gozo lo llevó a la fe en Jesús, y de que en realidad había tomado como título una frase de un poema de William Wordsworth. Cuando Lewis escribió el libro, era un solterón de cincuenta y siete años. Había conocido a una mujer llamada Joy (Alegría) con la que acabó casándose después de que publicó el libro. A sus amigos les encantaba hacerle bromas acerca de que en realidad había sido sorprendido por Alegría.

Después de toda una vida de espera, Lewis conoció el amor solo brevemente. Alegría murió poco después de que se casaron, víctima de cáncer, en una agonía prolongada, muy dolorosa. Así que Lewis escribió otro libro: A *Grief Observed* [Guardar un dolor]. Un libro de sábado.

Cuando eres feliz, tan feliz que no sientes necesidad de Dios, tan feliz que te ves tentado a sentir que las exigencias que te impone son una interrupción, y te recuerdas a ti mismo que al acudir a él con gratitud y alabanza, serás (o al menos así lo sentirás) bienvenido con los brazos abiertos. Pero si acudes a él cuando tu necesidad es desesperada, cuando todo otro auxilio es vano, ¿qué hallas? Una puerta que se te cierra en las narices y el ruido del pestillo y doble pestillo que se corren por dentro. Después de eso, silencio. Harías bien en dar la vuelta y alejarte. Cuanto más esperes, más enfático se volverá el silencio ... ¿Qué puede significar eso? ¿Por qué él está tan presente como comandante durante nuestro tiempo de prosperidad y tan ausente como ayudador en tiempos de adversidad?

Un esposo y padre quiere más que cualquier cosa en el mundo salvar su matrimonio. Su esposa no escucha ni ayuda. Él no es perfecto (ni en sueños), pero quiere en realidad hacer algo bueno. No puede descubrir por qué su esposa no le responde, y no puede aguantar lo que eso está causando sobre sus hijos. El cielo está en silencio.

Una mamá y un papá descubren que la hija que aman tiene una enfermedad terminal. Oran a más no poder pero solo se encuentran con el silencio. La hija empeora.

Uno pierde el trabajo. Pierde un amigo. Pierde la salud. Tiene un sueño por su hijo; pero el viernes, se muere. ¿Qué hacer el sábado? Usted puede elegir la *desesperanza*. Pablo escribe en cuanto a esto: «¿Cómo dicen algunos de ustedes que no hay resurrección?». En otras palabras, al parecer algunos decían: «Nunca va a haber un domingo. Es viernes. Habrá que acostumbrarse a eso. Habrá que manejar el desaliento, porque las cosas no mejorarán más allá de lo que están». Algunos, en silencio o en secreto, viven allí. Uno puede escoger la *negación*, las explicaciones simplistas, la impaciencia, las respuestas fáciles, una complacencia artificial. Deslizarse por encima de una humanidad auténtica, con un optimismo forzado, con fórmulas de cajón, con un triunfalismo falso.

Pablo le escribió a Timoteo que algunos «andan diciendo que la resurrección ya tuvo lugar, y así trastornan la fe de algunos». En otras palabras, al parecer algunos decían: «Ya es domingo. La resurrección ya ha tenido lugar para todos nosotros, así que si estás pasando por problemas, si todavía estás enfermo, si tus oraciones no son contestadas, simplemente no tienes suficiente fe. Sigue adelante con el programa». Hay una tercera opción: uno puede *esperar*. Trabajar con Dios aunque lo sienta muy distante. Descansar. Preguntar. Quejarse. Rezongar. Confiar.

Extrañamente, el salmo más común es el salmo de queja. El salmo del sábado. *Dios, ¿por qué no escuchas?*

Eugene Peterson escribió acerca de una visita que realizó a un monasterio. Mientras se dirigía al refectorio para almorzar, él y los monjes que estaba visitando pasaron por un cementerio con una tumba abierta. Preguntó a uno de los monjes qué miembro de la comunidad había muerto recientemente, y se le contestó: «Nadie. Esa tumba es para el próximo». Todos los días, tres veces al día, al dirigirse a comer, los miembros de esa comunidad veían un recordatorio de lo que tratamos de olvidar en nuestras horas de vigilia. Uno de ellos sería el próximo. No nos gusta pensar en eso. El comediante Woody Allen supuestamente dijo una vez: «No me molesta la idea de morir. Simplemente no quiero estar presente cuando eso suceda». Pero Dios ha puesto eternidad en el corazón de los seres humanos. Queremos saber. Carlos Eire, profesor de Yale, escribió un libro titulado *A Very Brief History of Eternity (Una muy breve historia de la eternidad)*. Observa que la vida humana puede ser increíblemente significativa desde una perspectiva cósmica, o increíblemente insignificante a causa de su brevedad en comparación con la historia del cosmos, ya sin pensar en la eternidad. Si uno representara toda la historia de nuestro planeta como un período de veinticuatro horas que van desde la medianoche de un día a la medianoche del siguiente, el *homo sapiens* llegaría a las 11:59 minutos y 59,3 segundos.

> *«No me molesta la idea de morir. Simplemente no quiero estar presente cuando eso suceda».*

Ese lapso es el que ocupa la humanidad. La historia registrada es aún mucho más corta; mucho menos que el destello de un flash para tomar una fotografía. Nuestra vida es demasiado breve como para ser medida.

Una vez llevé a mi hija a ver la obra *Hamlet* presentada en Alcatraz. La primera escena en realidad empezó en el ferry que se dirigía hacia allá. Luego, cuando llegamos, el centenar de personas que éramos caminamos de un escenario a otro en Alcatraz; empezamos por la tarde y terminamos cuando ya estaba oscuro.

En la penumbra del crepúsculo, el fantasma del padre asesinado de Hamlet se veía muy arriba, en la torre de guardia de Alcatraz. Sobre el desierto trasfondo de Alcatraz, en medio de la penumbra, las voces de los actores nos llegaban por encima del repiquetear de las solitarias campanas de las boyas oceánicas. La voz del tío de Hamlet nos llegó desde un pasaje secreto de la prisión: «¡Ah, mi delito es inmundo, su hedor llega hasta el cielo!».

En una de las celdas, Hamlet inició las palabras más famosas del drama: «Ser o no ser, esa es la cuestión: si es más noble para el alma soportar las flechas y pedradas de la áspera Fortuna o armarse contra un mar de adversidades y darles fin en el encuentro. ... Morir, dormir: dormir, tal vez soñar. Sí, ese es el estorbo». ¿Por qué estoy aquí? ¿Vale la pena el sufrimiento? ¿Traerá paz la muerte?

Justo en ese momento, se escuchó un celular. La acústica de Alcatraz lo hizo increíblemente estruendoso. Mi primer pensamiento fue: *Esto es absolutamente brillante. Forma parte de la obra. Alguien llama con una respuesta a esta gran pregunta.*

Mi segundo pensamiento fue, *¡Ese es mi teléfono!*, porque lo era.

En la historia de la humanidad (tan vasta para nosotros pero muy breve para el universo) se nos dice que con Jesús ha llegado un momento extraordinario. El Autor ha entrado en escena.

Una antigua homilía hablaba de este día extraño: «¿Qué ha sucedido hoy en la tierra? Se ha producido un gran silencio; un gran silencio y quietud. Un gran silencio porque el rey duerme. Dios ha muerto en la carne, y el infierno tiembla por el temor. Él ha ido en busca de nuestro primer padre, como si fuera una oveja perdida».

El Credo de los apóstoles dice que Jesús descendió al infierno. De alguna manera ningún sufrimiento por el que tengamos que pasar es un sufrimiento que Jesús no haya atravesado a fin de salvarnos.

Desde el punto de vista humano, pensamos en el domingo como el día milagroso, el día en que el hombre Jesús resucitó de los muertos. Me pregunto si, desde el punto de vista del cielo, el gran milagro acaso no sea el sábado. Cuando Jesús nace, los cielos se llenan de huestes celestiales que alaban a Dios porque ese bebé es Emanuel, Dios con nosotros. De alguna manera, Dios en un pesebre, de alguna manera Dios en un establo, de alguna manera Dios en la tierra. Luego, el sábado, los ángeles miran hacia abajo, ¿y qué ven? Dios en una tumba. El milagro del domingo es que un hombre muerto ahora viva. El milagro del sábado es que el Hijo eterno de Dios esté muerto.

Así que Jesucristo derrota a nuestra gran enemiga, la muerte, no proclamándose invencible sino sometiéndose a ella. Si uno puede hallar a este Jesús en una tumba, si puede hallarlo en la muerte, si puede hallarlo en el infierno, ¿dónde *no* se le podrá hallar? ¿Dónde *no* va a aparecer?

CAPÍTULO 15

Domingo

El domingo algo se liberó en el mundo, y todavía no se lo ha podido eliminar. ¿Qué fue?

Uno de los aspectos singulares del cristianismo, comparado con otros movimientos de fe, es que en realidad traza su origen a un suceso en particular, en un momento dado de cierto día de la historia. Esto no sucede con el judaísmo, ni con el budismo, ni con el islamismo, ni con el ateísmo. Pero un cierto día no había cosa tal como una iglesia y, de repente, de la noche a la mañana, la hubo.

Según el Evangelio de Mateo, un domingo por la mañana las mujeres hallaron la tumba vacía, y les fue dicho que Jesús había resucitado. Se les ordenó volver y dar la noticia a los discípulos. Ellas tuvieron un encuentro con el Cristo resucitado que se caracterizó por una conversación impresionantemente breve.

«Así que las mujeres se alejaron a toda prisa del sepulcro, asustadas pero muy alegres, y corrieron a dar la noticia a los discípulos. En eso Jesús les salió al encuentro y las saludó. Ellas se le acercaron, le abrazaron los pies y lo adoraron».

¿Acaso no parece que a Jesús se le resta importancia aquí? Las mujeres estaban devastadas. Lo amaban. Fueron a la tumba. La piedra había sido quitada, y un ángel resplandeciente como un relámpago estaba sentado sobre ella. De repente, ese Rabí al que amaban, que había muerto, al que habían visto enterrar, se les aparece como resucitado de entre los muertos. Uno se pregunta: *¿Qué profunda declaración, qué asombrosa explicación va a dar el resucitado Jesús que marque este momento?*

Todo lo que dijo fue: «¡Buenas!». La palabra usada aquí era la forma más común e informal en que alguien en esos días diría: «Hola, ¿cómo te va? Lindo día, ¿verdad? ¿Qué hay de nuevo?». El comentario maravilloso de Dale Bruner lo traduce: «Y, ¡miren! Jesús les salió al encuentro y les dijo: "¡Hola!"».

En otras palabras: «¿Qué esperaban?».

En otras palabras: «¿No se los dije?».

Un pastor llamado Skip Viau intentó contar este episodio en un sermón infantil en cierta ocasión. Él planteó la pregunta: «¿Cuáles fueron las primeras palabras de Jesús a los discípulos después de resucitar de los muertos?». Antes de que pudiera dar la respuesta de Mateo, una niñita levantó la mano, y Viau le dio la oportunidad. «Yo sé», dijo ella, «¡ta, ta!». Es tan buena traducción como cualquier otra. Jesús luego siguió adelante dándoles una tarea. «Vayan a decirles a mis hermanos que se dirijan a Galilea».

El domingo lo cambió todo, pero no de la manera que muchos piensan.

Desde nuestro punto de vista, dos mil años después, la gente considera a la Pascua como una historia reconfortante que nos indica algo así como: «Llega la primavera. Las flores comienzan a abrirse. La vida es eterna. Todo va a salir bien». Pero la respuesta a la resurrección en aquella primera Pascua que aparece en los Evangelios, con coherencia incluye el temor. En realidad, la gente se muestra más temerosa después de la resurrección que antes de ella. Y en *ninguno* de los registros de los Evangelios aparecen Jesús o los ángeles diciendo: «Ahora ya no tienen que preocuparse más por la muerte».

> *El domingo lo cambió todo, pero no de la manera que muchos piensan.*

Lo que Jesús les dice a sus seguidores es que hay trabajo por hacer. En efecto: «Lo de la cruz no funcionó. El plan de ellos por detener mi movimiento no ha resultado. Esto va a continuar. A decir verdad, mi Padre ha vindicado mi plan de amar incluso a los enemigos, de tener la disposición a sacrificarse, a sufrir e incluso a morir por causa del amor». «Ellos, en realidad, se van a molestar mucho ahora. Pilato y los principales sacerdotes ya están tramando alguna manera de embarrar la noticia. Están furiosos, y desesperados. Yo me estoy yendo. Así que vayan ustedes, mujeres, discípulas. Díganle a todos ellos que lo de la cruz fracasó, que el César fracasó, que Pilato fracasó, que los principales sacerdotes fracasaron. Ahora es con ellos que ustedes van a tener que vérselas».

El domingo las vidas de ellos no se volvieron más seguras; las vidas de ellos se encontraban en un mayor peligro. Lo que se liberó el domingo no fue el confort. Tampoco se liberó el domingo una seguridad de vida después de la muerte.

En el mundo antiguo, tal como en el nuestro, había una amplia variedad de opiniones con respecto a lo que sucede después de la muerte. Algunos pensaban que la vida se apagaba como una vela. El epitafio de una lápida antigua, que adquirió suficiente popularidad como para aparecer en versión latina y griega, decía: «No fui. Fui. No soy. No me importa».

Otros creían en un lugar, en ocasiones llamado Hades, adonde iban al morir los espíritus de los que fallecían. Allí llevaban una existencia sombría, pero no volvían a este mundo. El camino al Hades corre en una sola dirección.

En Israel había surgido una creencia diferente llamada *resurrección*. Esa palabra ya circulaba mucho antes de Jesús. Ya existía para los griegos. Ellos no creían que fuera a suceder, pero conocían la idea. La resurrección era diferente de una vida venidera difusa, en sombras.

Creer en la resurrección significaba que el universo había sido creado por un gran Dios y que él se proponía sanarlo y redimirlo. Cuando eso sucediera, perdonaría a su pueblo sus pecados, establecería la justicia, acabaría con el sufrimiento, sanaría la creación, y volvería a la vida a los muertos justos. La resurrección sería algo espectacular, obvio, innegable y en una escala masiva. Les sucedería a todos los hijos de Dios a la vez, y pondría fin a la historia.

Debido a esa creencia, *nadie* en Israel jamás se atrevería a afirmar que un individuo había resucitado en mitad de la historia. Si alguien hubiera afirmado eso, la respuesta hubiera sido: «¿Ha sido erradicada la enfermedad? ¿Ha hecho irrupción la justicia? ¿Se ha acabado el sufrimiento? Deja de decir disparates».

Hubiera sido como afirmar que George Washington hubiera logrado su independencia de Gran Bretaña pero el resto de las colonias todavía estuvieran bajo el rey Jorge. La resurrección, como la guerra, la danza de salón, y el fútbol, no es una cuestión de práctica individual.

Los seguidores de Jesús creían que él era el Mesías, que derrocaría a Roma e introduciría el reino de Dios. Pero Jesús murió. Cuando sucedió eso, aunque él lo había anunciado, ninguno de sus seguidores dijo: «Ahora todo marcha según el plan». Los cuatro Evangelios pintan cuadros poco halagüeños de lo que sucedió con su muerte. Los discípulos quedaron descorazonados, desalentados, desilusionados, desengañados y desanimados. Y luego, de repente, ya no lo estaban.

Vieron una tumba vacía, lo que daba a entender que las apariciones de Jesús no eran alucinaciones suyas. Vieron a una persona viva, por lo que la tumba vacía no se debía al robo del cadáver. Recordaron que Jesús les había dicho poco antes de morir:

«Ha llegado la hora de que el Hijo del hombre sea glorificado ... Ciertamente les aseguro que si el grano de trigo no cae en tierra y muere, se queda solo. Pero si muere, produce mucho fruto. El que se apega a su vida la pierde; en cambio, el que aborrece su vida en este mundo, la conserva para la vida eterna».

Empezaban a entender.

Ian Pitt-Watson, que fue mi profesor de predicación, solía decir que han habido solo dos grandes revoluciones en la historia de la humanidad. Solo fueron dos las que cambiaron la vida humana en este planeta de modo irreversible y permanente. Señaló que la primera revolución comenzó cuando alguien empezó a cultivar la tierra. Hasta ese tiempo, los seres humanos habían sido cazadores; vivían día a día. Se movían de lugar en lugar. No había un sitio al que pudieran llamar casa. Entonces alguien notó que si dejaba caer una semilla en el suelo y la dejaba allí, algo sucedía. Normalmente ese era el procedimiento para librarse de algo; pero no en este caso. Algo en el suelo apelaba a la semilla. «¡Oye, semilla! ¡Despiértate! ¡Deja salir una raicita!».

Entonces algo, por encima de la tierra, le dijo a la semilla: «Deja que salga un brote»; y la semilla lo hizo. La semilla se volvió una planta, un árbol, y produjo fruto. Logró su destino.

¡Ta, ta!

Pero eso no hubiera ocurrido si la semilla no hubiera muerto primero.

> *Han habido solo dos grandes revoluciones en la historia de la humanidad. Solo fueron dos las que cambiaron la vida humana en este planeta de modo irreversible y permanente.*

En algún momento un ser humano empezó a notar aquello. Sucedió hace tanto tiempo, que ya ni sabemos quién fue ese genio. Arrojar deliberadamente algo comestible podía parecer insensato; pero alguien lo hizo, y brotó la vida. Los seres humanos ya no tendrían que vivir día a día. Habría aldeas y pueblos, artesanías, arte, arquitectura, herramientas y civilización. Habría un hogar.

Toda la civilización humana, dice Ian, se construye sobre esta observación. No se trata de un mandamiento. Las cosas simplemente son así.

«A menos que un grano de trigo caiga en la tierra y muera, sigue siendo solo un grano solitario de trigo. Pero si muere, habrá una rica cosecha».

Hay una segunda revolución. Esta vez conocemos el nombre del revolucionario. Sabemos donde vivió. Sabemos cómo vivió. Sabemos lo que enseñó. Sabemos cómo murió. Esta es la forma en que funciona la vida, dijo Jesús. Debemos estar dispuestos a sacrificar algo para que alguna vez ese algo llegue a ser como se supone que sea. Sin sacrificio no hay cosecha. Solo que en este caso no se trata de semillas; se trata de nosotros.

El domingo fue liberada la esperanza. No la esperanza de que la vida resulte bien. Ni siquiera la esperanza de que habría vida después de la muerte. Sino la esperanza que llama a los seres humanos a morir: morir al egoísmo y al pecado, al temor y a la codicia, morir a la vida inferior de un yo inferior a fin de que un yo más trascendente pueda nacer. Y muchos lo hicieron.

Esa esperanza cambió las cosas. Plinio el Joven informó que los seguidores de Jesús empezaron a reunirse el domingo en lugar del sábado, como siempre lo habían hecho. Juan llamó al primer día de la semana «el día del Señor». Los seguidores de Jesús empezaron a verse como una especie de comunidad de resurrección. Dios, que había creado la vida, estaba empezando a re-crearla. Dios, en Jesús, decía de nuevo: «Que haya vida».

En el mundo antiguo, la manera de superar la muerte era ser tan heroico en los propios logros que la memoria de la vida de uno no se desvaneciera. Algunos comentarios que sonarían vanos y autoelogiosos en nuestros días se consideraban admirables en una sociedad en la que la inmortalidad se ganaba solo mediante el honor. Plinio el Joven le escribió a Tácito, un historiador amigo: «Creo que tus historias serán inmortales; una profecía que con certeza demostrará ser correcta. Por eso (lo admito francamente) tengo muchas ganas de aparecer en ellas».

Pero luego surgieron rumores dentro de la comunidad de Jesús en cuanto a que existía otro libro en el que se podían anotar los nombres de los más humildes, en el que nunca se podrían borrar los nombres de los más pobres. Había solo un requisito para ser registrado en él: uno tenía que morir primero.

En el mundo antiguo, a los grandes se los separaba de los humildes en la muerte tanto como se los había separado en vida. «Preeminentes en la vida, los ricos siempre se caracterizaron por su forma de morir». Sus funerales eran festivales públicos; sus tumbas dominaban los cementerios cívicos. Los «muertos muy especiales» recibían honores públicos en conmemoraciones pagadas por sus propios donativos. Los pobres no contaban con un sepulcro privado ni un funeral público, a menos que pertenecieran a una asociación de entierros.

La iglesia ofrecía un lugar final de reposo independientemente de que el muerto hubiera pagado contribuciones. Creían que, por causa de Jesús, la muerte se había convertido en una especie de sueño a través de la que nos despertamos a la vida verdadera. Así que para ponerle nombre al lugar de los muertos tomaron prestado un término griego usado para denominar el sitio en el que la gente dormía. Cada vez que se menciona la palabra *cementerio* es un recordatorio de la creencia en la resurrección de los muertos.

La ley más vieja de Roma ordenaba que «ningún cuerpo fuera enterrado o cremado dentro de la ciudad» de Roma. A los muertos se los consideraba con pavor. En realidad tenían una ciudad propia, la necrópolis, o «ciudad de los muertos». El terror y el temor los separaba de los vivos. Eso cambiaría drásticamente en la iglesia primitiva. Los cementerios se instalaron en los predios de la iglesia. Algunos santos fueron enterrados debajo del suelo de la iglesia a fin de que, en un sentido casi literal, los vivos y los muertos se reunieran para la adoración.

«Esta aversión a la proximidad de los muertos pronto cedió entre los primeros cristianos ... El cambio fue asombroso, porque reflejaba una profunda diferencia entre la vieja actitud pagana y la nueva actitud cristiana con respecto a los muertos ... Los muertos dejaron de asustar a los vivos, y los dos grupos coexistieron en los mismos lugares y detrás de las mismas paredes». ¿Por qué las personas pasaron tan rápidamente de la antigua repugnancia a la nueva familiaridad? Debido a su fe en la resurrección del cuerpo. Debido al domingo.

Con el paso del tiempo, la cuestión de la vida después de la muerte en ciertos momentos reemplazó a Jesús mismo como centro de la fe de su iglesia. Que se considere «religiosas» a las personas a menudo se relaciona con que crean en la vida después de la muerte. A veces a Jesús se lo minimiza como un vehículo que trasladará a las personas a la buena vida venidera en tanto y en cuanto se suscriban a una correcta afiliación religiosa. Había un lado oscuro aún dentro de las ricas enseñanzas de la iglesia en cuanto a la vida venidera. Con frecuencia se lo usaba, como se lo ha usado desde entonces, para manipular a las personas de modo que se convirtieran o siguieran siendo cristianas motivadas por un temor con respecto a ellas mismas. Orígenes dijo que «los terrores literales del infierno eran falsos pero se los debía publicitar a fin de asustar a los creyentes más sencillos».

Que se considere «religiosas» a las personas a menudo se relaciona con que crean en la vida después de la muerte.

Durante Semana Santa, no hace mucho tiempo, se colocó una cruz con un letrero burlón que decía ROFL (siglas de la frase en inglés «Desternillándome de risa en el suelo») en el Campus Cross de la Universidad de Yale. Despertó considerables debates en cuanto a la libertad de expresión y al respeto por la religión, y con respecto a si los cristianos cuentan con una situación privilegiada o se los persigue. Algunos cristianos se quejaron de ser el único grupo contra el cual se puede despotricar en público, queja que, incluso si fuera verdad, suena extrañamente diferente a la respuesta que hubiera dado la iglesia primitiva.

Esta no fue la primera ocasión en que se han asociado palabras burlonas con la cruz. Según el relato bíblico, Pilato hizo imprimir sobre la cruz las palabras *«JESÚS DE NAZARET, REY DE LOS JUDÍOS»*. Los dirigentes judíos se quejaron, señalando que debería decir: «Este hombre afirmó ser el rey de los judíos». Pero Pilato respondió: «Lo que he escrito, escrito se queda». Las iglesias cristianas a menudo ponen en las cruces el acrónimo latino de lo que Pilato hizo escribir: Jesús Nazareno, Rey de los judíos, lo que conforma la sigla INRI, en latín. Pero no se lo había pensado como un tributo. Constituye una burla. ROFL.

Garret Fiddler, columnista invitado del periódico *Yale Daily News*, notó la ironía de la cruz en una joya: «En realidad, no corresponde que la cruz esté sobre un cristiano; el cristiano debe estar sobre la cruz».

En el centro de la enseñanza de Jesús encontramos este extraño mandato: «Toma tu cruz, muere a ti mismo, y sígueme». La cruz es un recordatorio de que hay algo en nosotros que tiene que morir. Esto es cierto para los individuos, para las naciones y para la iglesia. La esperanza de la resurrección es la esperanza que está al otro lado de la muerte. «Cuando el cristianismo olvidó esto la fe mostró su peor aspecto».

El historiador Michael Grant escribió acerca de que Constantino, y esto no sorprende por tratarse de un emperador romano, halló la cruz y la crucifixión vergonzantes. Veía la cruz «no tanto como un emblema de sufrimiento sino como un tótem mágico que confirmaba su propia victoria». La visión de Constantino de la cruz no lo llamaba a morir sino a conquistar. Hizo que los soldados la pintaran sobre sus escudos a fin de que pudieran matar a sus enemigos. Se la pintó sobre los escudos de las cruzadas; se la dibujó en sellos para apoderarse de imperios, se la colocó sobre mantos para realizar inquisiciones; se la quemó en patios para aterrar a «los más pequeños» en los que Cristo estaba presente.

Tal vez la cruz no nos pertenece.

La esperanza de la resurrección está entretejida en miles de relatos. Una de las narraciones que más me gusta se titula *The Shawshank Redemption (La redención de Shawshank)*. (La última palabra del título en inglés da el primer indicio en cuanto a dónde se dirige el relato). El héroe, Andy Dufresne, inicialmente abruma al narrador Red: «Debo admitir que no pensé gran cosa de Andy la primera vez que puse mis ojos sobre él. Parecía como si una brisa fuerte pudiera derribarlo».

Injustamente a Dufresne lo arrestan, lo juzgan, lo condenan y lo flagelan. Pero al mirarlo a través de los ojos de Red, algo así como un asombro empieza a surgir en uno. En un mundo brutal, él es amable. Se trata de un hombre con una fortaleza oculta que organiza una biblioteca y ayuda a sus captores con sus declaraciones de impuestos. No siente ansiedad por nada: «Camina como lo haría un hombre por un parque, sin preocupaciones ni afán», dice Red. Asciende a un lugar alto (la oficina del jefe de la prisión) y ejecuta a Mozart; esto sale por los altoparlantes, y crea un momento trascendente en el que cada prisionero se queda inmóvil, en medio de una gloria inesperada. Y Red confiesa: «Esas voces se remontan. Más alto y con más alcance de lo que cualquiera que esté en un lugar oscuro se atrevería a soñar... durante el más breve de los momentos, hasta el último hombre en Shawshank se siente libre».

Andy sufre persecución por parte del jefe de los guardias, un fariseo hipócrita que le da una Biblia y le dice: «La salvación está adentro».

Al final, de verdad la salvación se encuentra en la Biblia. La Biblia es en donde Andy esconde el martillo pequeño con el que se abre paso a la libertad. «El espacio recortado en la Biblia del jefe de guardias, que es en donde Andy esconde el cincel, comienza en la primera página de Éxodo, el relato de la liberación de la esclavitud que Dios realizó en el pueblo».

Andy desciende al infierno. Gatea hacia la libertad a través de unos quinientos metros por la alcantarilla de la cárcel, llena a medias de aguas servidas, sale del otro lado limpio por el río y la lluvia, y levanta sus manos bañadas por la luz y la libertad. Si uno no alcanza a detectar aquí la resurrección, es porque no ha estado mirando. Su celda vacía es el principio del fin para el régimen del jefe de la prisión. («El juicio viene, y eso muy pronto» declara el letrero que hay en su oficina).

Andy, como figura de Cristo, y Red, el pagano noble, mantienen un debate continuo sobre la esperanza. Andy señala que la música es importante en una cárcel; tal vez más importante en una cárcel que en cualquier otro lugar, porque les recuerda a los que la oyen que existe una realidad invisible que los poderes de la prisión no pueden tocar.

Red le pregunta de qué está hablando.

De la *esperanza*.

Red menciona que la esperanza es una cosa peligrosa. La esperanza puede enloquecer a un hombre. Andy dice que la esperanza es buena, tal vez lo mejor que existe, y ninguna cosa buena jamás muere.

Por un momento hagamos una pausa.

> El propósito de la tragedia es elevar la moral del público al reflejar cómo la suerte del héroe podría haber sido la suya.

Los antiguos griegos estaban en línea con Red. Había una forma de arte, según escribió Alain de Botton, que se dedicaba a contar el relato de los grandes fracasos sin emitir críticas ni burla. Los griegos inventaron la tragedia. Los primeros rastros del drama brotan de las ceremonias griegas religiosas que incluían sacrificios de cabras; la palabra *tragedia* en sí misma viene de las palabras griegas «cabra» y «canto».

El propósito de la tragedia es elevar la moral del público al reflejar cómo la suerte del héroe podría haber sido la suya. Aristóteles dijo que en una buena tragedia él héroe no tiene que ser ni perfecto ni perverso, sino alguien con el que podamos identificarnos. La tarea del que escribe la tragedia es confrontarnos con la incómoda verdad de que somos capaces de cualquier necedad. Una buena tragedia deja al espectador receptivo y humilde.

La invención de la tragedia fue un enorme don moral otorgado a la raza humana. La tragedia nos enseña que el sufrimiento en realidad puede ayudarnos a crecer. Los antiguos enseñaban que la razón es noble porque capacita a los seres humanos a soportar el sufrimiento con paciencia y valentía, y por consiguiente a fortalecerse más. El sufrimiento puede desarrollar el carácter a fin de que la razón pueda gobernar al sabio en un mundo cruel y atroz.

El apóstol Pablo parece coincidir con esta idea cuando escribe a la iglesia en Roma: «Y no sólo en esto, sino también [nos regocijamos] en nuestros sufrimientos, porque sabemos que el sufrimiento produce perseverancia; la perseverancia, entereza de carácter»; pero al final añade, como clímax, algo que jamás se le habría ocurrido a un pagano noble: «*la entereza de carácter [produce] esperanza*».

Ningún escritor antiguo no cristiano habría añadido eso. La meta de la vida era procurar vivir por la razón y la valentía en un universo gobernado por una necesidad cruel. Nietzsche señaló que Zeus les daba esperanza a los hombres para torturarlos: «En verdad, [la esperanza] es el más malo de los males porque prolonga el tormento del hombre».

La esperanza es algo peligroso. La esperanza puede enloquecernos.

Pablo la añadió por una razón. Creía que Jesús, que vino a poner en libertad a los presos, ya había triunfado sobre la muerte. La muerte es el camino a la vida.

En *The Shawshank Redemption*, sin embargo, Red descubre que, paradójicamente, cuando sale de la cárcel, la vida sin esperanza no puede sostenerlo. Sus opciones son el suicidio o el retorno a la cárcel, excepto por una promesa que le había hecho a su amigo Andy. Cumple con lo que Andy le había pedido. Y junto al pie de un árbol, Red descubre que su amigo ya ha pagado, del tesoro que ha adquirido a través del sufrimiento, de modo que Red se pueda reunir con él lejos de las costas de México, libre y lleno de esperanzas. En las imágenes finales, encontramos a Andy, el amigo de Red, vestido de blanco, rehabilitando un pesquero al borde de una extensa orilla del Pacífico azul. La narración de Red cierra la película:

> Estoy tan emocionado que casi ni puedo quedarme quieto ni mantener un pensamiento en mi cabeza....
> Espero poder cruzar la frontera.
> Espero ver a mi amigo y estrecharle la mano.
> Espero que el Pacífico sea tan azul como lo ha sido en mis sueños.
> Espero....

Pienso en el cambio que Jesús introdujo en el mundo con respecto a la esperanza cuando recuerdo dos lápidas. Una de ellas marca el lugar de reposo de Mel Blanc, la famosa voz de incontables personajes de los dibujos animados *Looney Tunes*. De acuerdo con sus instrucciones, su familia inscribió como epitafio final las palabras que él había dicho al concluir miles de películas de dibujos animados: «*Eso es todo, amigos*».

La otra lápida la describe Philip Yancey. Marca la tumba de la abuela de un amigo que está sepultada bajo los antiguos robles del cementerio de una iglesia episcopal en la Louisiana rural. De acuerdo con las instrucciones de la abuela, solo hay una palabra en su lápida: *Esperando*.

Una idea espectacular

«Hubo una vez en que el mundo tuvo significado».

Este maravilloso renglón marca el inicio de un libro titulado *Medieval Views of the Cosmos (Nociones medievales del cosmos)*. Los autores señalan la manera en que los mapas reflejaban la cosmovisión de los cartógrafos de la Edad Media.

Por supuesto, los mapas nunca son totalmente neutrales. Muchos de nosotros crecimos viendo mapas que mostraban a Europa y a Norteamérica en la parte superior del planeta, principalmente porque los que dibujaban los mapas venían de Europa o Norteamérica. Otro mapa que circula en la web en estos días muestra a los Estados Unidos desde la perspectiva de los californianos: Florida, llena de gente anciana; Nueva York, llena de gente ruidosa e insoportable; el Medio Oeste de la nación, lleno de fanáticos religiosos que intentan convertir a todos los demás.

Durante la Edad Media los mapas no tenían el propósito de ser usados para viajar; los viajeros se valían de guías vivos para ese fin. Más bien, los mapas eran un intento de reflejar el significado del mundo, en lugar de simplemente su terreno. Por eso los cartógrafos a menudo incluían escenas históricas o bíblicas.

Un rasgo común de los mapas medievales era colocar la ciudad de Jerusalén en el centro de la tierra. Había una razón importante para ello. Como N. T. Wright lo destaca, ese rasgo común reflejaba la creencia antigua de Israel acerca de que Jerusalén, y en particular el templo, constituía el centro de todo lo demás, el lugar más alto de la tierra.

Wright nota que algunas religiones tienen edificios sagrados que son una especie de escape de la tierra. El templo era algo muy diferente. Constituía una señal de que el Dios que había creado el mundo quería recuperarlo.

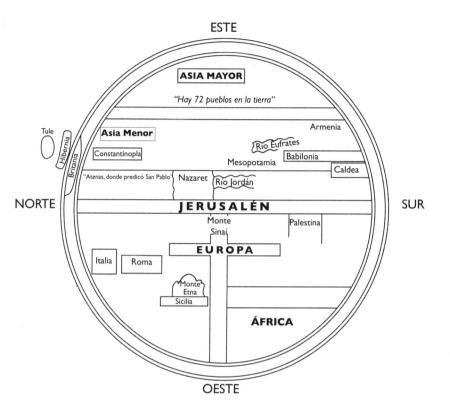

ESTE

ASIA MAYOR

"Hay 72 pueblos en la tierra"

Armenia

Tule

Asia Menor

Constantinopla

Río Eufrates

Babilonia

Mesopotamia

Caldea

"Atenas, donde predicó San Pablo"   Nazaret   Río Jordán

NORTE   JERUSALÉN   SUR

Monte Sinaí   Palestina

EUROPA

Italia   Roma

Monte Etna

Sicilia

ÁFRICA

OESTE

Aquellos cartógrafos no querían simplemente que la gente supiera dónde estaban las cosas; querían que reflexionaran en cómo deberían ser las cosas. El mapa era un recordatorio de que este es el mundo de nuestro Padre. Él tiene planes para volver a ocuparlo. Se propone expulsar el pecado y gobernar la tierra en justicia y amor, y ocupar la avenida Madison, y Hollywood, y el Valle Rift, y el edificio de las Naciones Unidas. Él produjo una trama para «ocupar Wall Street» antes de que cualquier activista humano siquiera lo soñara.

El templo era el punto focal de todo, porque constituía una señal de que Dios había establecido una cabecera de playa en el planeta. *«En cambio, el Señor está en su santo templo; ¡guarde toda la tierra silencio en su presencia!».*

El cielo y la tierra no son dos esferas separadas; en realidad se superponen y entrecruzan. «El templo es el lugar donde el cielo y la tierra se unen». Para Israel eso se veía de esta manera:

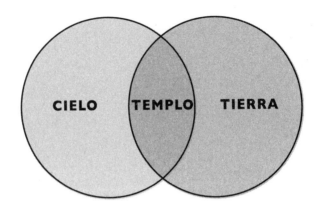

Eventos como el sacrificio, la dedicación, el ponerle nombres a los infantes, y la adoración, tenían lugar en el templo porque el templo es el lugar en el que el cielo invade a la tierra, y cuando el cielo invade a la tierra, suceden cosas:

Los pecados son perdonados.

Los Don Nadie se convierten en alguien.

Los marginados entran en una relación personal con Dios.

A las vidas humanas se les otorga un propósito divino.

Israel creía que Dios había determinado que en ese lugarcito las personas pudieran alcanzar un vislumbre de lo que sería que el cielo invadiera la tierra a fin de que pudiesen mantener viva la esperanza. Es más, esperaban el día en que el plan de Dios para ocupar la tierra empezara a expandirse más allá del templo.

Entonces vino Jesús. Fue presentado a Dios como infante en el templo. Volvió a ese lugar en el único relato que tenemos de su adolescencia, diciendo: «Tengo que estar en la casa de mi Padre».

La asociación de Jesús con el templo fue muy importante. Hizo que lo mataran.

Jesús empezó a decir y hacer cosas extraordinarias.

«Pues yo les digo que aquí está uno más grande que el templo» (Mateo 12:6).

«—Destruyan este templo —respondió Jesús—, y lo levantaré de nuevo en tres días» (Juan 2:19, hablando de su cuerpo).

Esto es sorprendente.

Hablaba y actuaba como si todo el propósito del templo fuera señalar hacia él. Hablaba como si todo lo que templo prefiguraba en verdad estuviera volviéndose una realidad ahora que él estaba allí. Afirmaba que en él (en su vida, en sus enseñanzas, en su cuerpo, en sus acciones) el cielo finalmente había invadido la tierra.

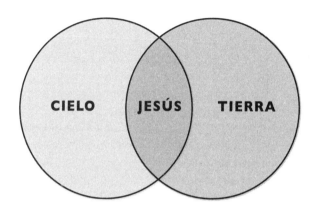

¿Qué sucede cuando el cielo invade la tierra?

Los pecados son perdonados.

Los marginados son aceptados.

Los Don Nadie se convierten en alguien; los pobres en espíritu son bienaventurados; Simón llega a ser Pedro, la roca.

A los seres humanos se les otorga un propósito divino: «Vayan por todo el mundo y anuncien las buenas nuevas».

La cruz parece poner un punto final a toda esa charla. Pero entonces aparece la historia de la resurrección, de la cual se dice que ha producido la invasión máxima del cielo a la tierra.

A la gran pregunta que se esconde detrás de este libro, «¿Quién es este hombre?», llega por fin (con dificultad, con renuencia, con gran alegría) una respuesta. Él debe ser, como la gente lo dijo, algo más que simplemente un hombre. La humanidad y la divinidad, de alguna manera, se entrecruzan en este hombre. Él se hizo como nosotros a fin de que nosotros podamos llegar a ser como él.

Resulta que todas las maravillas que esperábamos explorar en este libro han hallado su más plena expresión en él; todos los caminos se han encontrado; todas las hebras se han entretejido en la rica complejidad de su vida.

El cielo ahora se superpone con la tierra. Cualquiera que desee entrar puede hacerlo. Las personas invitan a este hombre a entrar en sus vidas, y el cielo empieza a invadir la tierra a través de ellos. Pablo dijo: «Ustedes son templo de Dios». En otras palabras, Jesús despertó algo, empezó algo nuevo, a fin de que ahora el cielo pueda invadir a la tierra por medio de seres humanos comunes.

Dios quiere que su voluntad sea hecha en la tierra como en cielo. Dios quiere un nuevo mapa del mundo. No se requiere dinero, ni títulos, ni estatus, ni presencia, ni talento, ni conexiones, ni palancas. De hecho, probablemente esas cosas se interpongan con la misma frecuencia con que ayudan. Cualquier persona puede formar parte de esto.

Cuando alguien se ofrece como voluntario en alguna parte para ayudar a un niño marginado a aprender a leer, o seriamente bendice a una persona en conflicto espiritual, o confiesa que ha guardado un rencor contra otro y más bien busca perdonarlo, o concibe una idea para ser generoso con su dinero y en realidad lo hace, o de verdad dedica tiempo a mirar a alguien a los ojos y amarlo, o cruza barreras étnicas por amor, o muestra compasión a un infante, o defiende los derechos de una mujer vulnerable, o trata a un don nadie marginado con dignidad, o se aferra a la esperanza frente a la muerte... entonces, de nuevo, el templo está en el centro de la vida. Un ser humano común se vuelve el nexo y el cielo invade la tierra.

***

La vida de Jesús no es un tema abstracto para que expertos debatan. Es una invitación.

Al principio del ministerio de Jesús, un hombre llamado Natanael se mostró escéptico en cuanto a las afirmaciones que se hacían a favor de Jesús: «—¡De Nazaret! —replicó Natanael—. ¿Acaso de allí puede salir algo bueno?».

Jesús no se ofendió por eso. Felipe, que ya estaba siguiendo a Jesús, le extendió a Natanael una invitación que todavía sigue vigente hoy: «Ven a ver».

Dicho de otra manera, pon a prueba lo que Jesús ha dicho. Haz un experimento. Aprendemos a vivir a partir de alguien: de nuestros padres, de nuestros amigos, de nuestros escritores favoritos, de nuestros apetitos, de nuestro jefe, o de una difusa combinación de todo eso.

Tratemos de aprender de Jesús cómo vivir. Vengan y vean. Cualesquiera sean sus ideas en cuanto a religión, pueden tratar de ser estudiantes, discípulos de Jesús; y ese es un buen lugar en el que comenzar.

Jesús le dijo a Natanael: «—Ciertamente les aseguro que ustedes verán abrirse el cielo, y a los ángeles de Dios subir y bajar sobre el Hijo del hombre». Se refería al relato de la escalera de Jacob en el Antiguo Testamento. El lugar en donde el cielo y la tierra se superponen. Prueba a Jesús. Ven a ver.

¿Sabes lo que Jesús ha dicho con respecto a alguna cosa? Trata de vivir en consecuencia. Haz la prueba de eliminar el menosprecio de tu vida, para que descubras que así la vida fluye. Fíjate si puedes hacerlo bien. Trata de vivir como si hubiera un Padre celestial que se interesa por ti y te escucha. Trata de vivir «sin afanes», un día a la vez.

De todos modos tienes que atravesar el día de mañana. Pruébalo con Jesús. Ven y ve.

La oferta todavía sigue vigente.

Fuentes

CAPÍTULO 1: El hombre que no quiere desaparecer

12: G. K. Chesterton, *The Everlasting Man*, Dodd Mead, Nueva York, 1930, 211.

13: Yemelian Yaroslavky: Citado en Brian Moynahan, *The Faith*, Doubleday, Nueva York, 2002, viii.

13: «En el año quince»: Lucas 3:1.

13: «Tal vez en tres años, tal vez en solo uno»: Véase N.T. Wright, *Simply Jesus: A New View of Who He Was, What He Did, and Why He Matters*, HarperOne, Nueva York, 2011, 7.

14: Milton Rokeach, *Three Christs of Ypsilanti*, 1964; NYRB Classics, Nueva York, 2011.

14: Jaroslav Pelikan, *Jesus through the Centuries: His Place in the History of Culture*, Yale University Press, New Haven, CT, 1985, 1.

14: Chesterton, *The Everlasting Man*, 9.

15: O. M. Bakke, *When Children Became People: The Birth of Childhood in Early Christianity*, Augsburg Fortress, Minneapolis, 2005.

15: «No procede de este mundo»: Traducción de N. T. Wright, que provechosamente destaca que la traducción «no es de este mundo» confunde el significado que se pretendía porque el "de" implica que el reino de Jesús no tiene nada que ver con asuntos de este mundo.

16: «Sostenemos que estas verdades»: Declaración de Independencia de los EE.UU.

16: «Todo lo que hicieron»: Mateo 25:40.

17: N. T. Wright, *Simply Jesus: A New View of Who He Was, What He Did, and Why He Matters*, HarperOne, Nueva York, 2011.

17: «Los que lo escucharon»: Ibíd., 9, énfasis mío.

17: El número de grupos que aduce estar «a favor de» Jesús es inagotable; Comunicación personal de Sharon Miller de Docent Research Group. http://www.docentgroup.com/.

18: Eugene Debs: Citado en Richard Fox, *Jesus in America*, HarperSanFrancisco, San Francisco, 2004, 291.

18: Malcolm Muggeridge: Citado en Thomas Cahill, *Desire of the Everlasting Hills: The World Before and After Jesus*, Random House, Nueva York, 1999, 304-5.

18: Mary Karr, *The Liars' Club: A Memoir*, Penguin, Nueva York, 2005: citado en Roy F. Baumeister y John Tierney, *Willpower: Rediscovering the Greatest Human Strength*, Penguin, Nueva York, 2011, 167.

19: Pelikan, *Jesus through the Centuries*, 17.

19: Andrew Walls, «The Expansion of Christianity» («La expansión del cristianismo»), *Christian Century* (agosto 2000), 792: citado en Timothy Keller, *The King's Cross: The Story of the World in the Life of Jesus*, Dutton, Nueva York, 2011, 123.

19: Ralph Waldo Emerson, discurso en Harvard Divinity College, 15 julio 1838, James Munroe, Boston, 1838, 10. (Disponible en línea).

19: H. G. Wells, *The Greatest Men in History*, citado en Marcos Link, S.J., *He Is the Still Point of the Turning World*, Argus, Chicago, 1971, 111.

CAPÍTULO 2: El derrumbe del antiguo sistema de dignidad

21: *«Nadie en el período de Herodes»*: Peter Richardson, *Herod: King of the Jews, Friend of the Romans*, University of South Carolina Press, Columbia, 1996, 12.

23: *«Cuando lo oyó el rey Herodes»*: Mateo 2:3.

23: *«Se enfureció y mandó»*: Mateo 2:16-18.

23: *«Oh pueblecito de Belén»*: Letra en inglés de Phillips Brooks, música de Lewis H. Redner.

23: *«Es Raquel, que llora por sus hijos»*: Mateo 2:18.

24: *«Vayan e infórmense bien»*: Mateo 2:8, 9, 11, 13, 19.

24: Platón y Plinio el viejo: Citado en O. M. Bakke, *When Children Became People: The Birth of Childhood in Early Christianity*, Augsburg Fortress, Minneapolis, 2005, 16-18.

24: *«Después de que murió Herodes»*: Mateo 2:19.

26: Aristóteles, *Política*, lib. 1, capítulo 5.

27: Nicholas Wolterstorff, *Justice: Rights and Wrongs*, Princeton University Press, Princeton, NJ, 2008.

27: Martin Luther King: Fuente desconocida.

27: *«Porque toda niña»*: George MacDonald, *The Princess and the Goblin*. Véase, por ejemplo, http://derickmathew.blogspot.com.

28: Plutarco: Citado en Bakke, *When Children Became People*, 30.

28: *«Kopros»*: W. V. Harris, «Child Exposure in the Roman Empire» («Abandono de niños en el imperio romano»), en *Journal of Roman Studies 84* (1994): 1-22.

28: *«Un descubrimiento grotesco»*: Bakke, *When Children Became People*, 32.

29: *«¿Quién es el más importante...?»*: Mateo 18:1-4.

29: *«Ejemplo de conversión»*: Véase Frederick Dale Bruner, *Matthew: A Commentary*, vol. 2, The Churchbook, Eerdmans, Grand Rapids, 2004, 209.

29: *«Y el que recibe»*: Mateo 18:5.

29: *«Dejen que los niños»*: Mateo 19:14.

30: Pastor de Hermas: Citado en Bakke, *When Children Became People*, 66.

30: G. K. Chesterton, *The Everlasting Man*, Dodd Mead, Nueva York, 1930, 243-44.

32: David Bentley Hart, *Atheist Delusions: The Christian Revolution and Its Fashionable Enemies*, Yale University Press, New Haven, CT, 2009, 175.

CAPÍTULO 3: Una revolución para la humanidad

33: *«Movido a compasión»*: Marcos 1:41 (NIV Ed. 2011 en inglés: «Jesús se indignó»).

33: *«Se compadeció de ella»*: Lucas 7:13.

33: Elaine Aron, *Highly Sensitive People*, Broadway, Nueva York, 1997.

33: Jesús en el templo: Mateo 21:12-13; Marcos 11:15-17; Lucas 19:45-46; Juan 2:13-17.

33: *«¡Serpientes!»*: Mateo 23:33

34: *«Fue una de las cenas más incómodas»*: Véase Lucas 14:1-13.

34: *«Si uno de ustedes tiene un hijo»*: Lucas 14:5-6.

35: *«Si alguno de ustedes tiene una oveja»*: Mateo 12:11-12.

35: *«Fíjense en las aves del cielo»*: Mateo 6:26.

35: *«¿No se venden dos gorriones»*: Mateo 10:29-30.

35: *«Las canas son una honrosa corona»*: De la ed. de 1984 de NIV, en inglés.

36: *«—Cuando des una comida»*: Lucas 14:12-14.

37: *«—¡Dichoso el que coma»*: Lucas 14:15.

38: *«A los pobres, a los inválidos»*: Lucas 14:21.

38: *«Los caminos y las veredas»*: Lucas 14:23.

38: Nicholas Wolterstorff, *Justice: Rights and Wrongs*, Princeton University Press, Princeton, NJ, 2008, 126-27.

38: Rodney Stark, citando citas antiguas en su libro *The Rise of Christianity: How the Obscure, Marginal, Jesus Movement Became the Dominant Religious Force*, HarperOne, Nueva York, 1996, cap. 4.

38: Tucídides, *History of the Peloponnesian War*, 2.47-54.

39: Dionisio: Citado en Stark, *The Rise of Christianity*, cap. 4.

39: *«Tuve hambre»*: Mateo 25:35-36, 40.

39: Juliano el apóstata, *Against the Galileans*.

40: Basilio: Fuente desconocida.

40: Gregorio de Niza, de su sermón «Sobre el amor a los pobres»: citado en Nonna Harrison, *God's Many Splendored Image* Baker, Grand Rapids, 2010, 101-2.

40: Jean Henri Dunant: Véase, por ejemplo, http://www.britannica.com/ EBchecked/ topic/173580/Henri-Dunant or http://biography.yourdictionary. com/jean-henridunant.

40: Theodor Fliedner: Véase, por ejemplo, http://encycl.opentopia.com/term/ Theodor_ Fliedner o http://www.answers.com/topic/theodor-fliedner.

41: Padre Damián: Véase, por ejemplo, http://www.newadvent.org/cathen/04615a. htm o http://www.answers.com/topic/father-damien.

41: Tertuliano: Citado en Stark, *The Rise of Christianity*, 87.

41: *«Non habens personam»*: Citado en David Bentley Hart, *Atheist Delusions: The Christian Revolution and Its Fashionable Enemies*, Yale University Press, New Haven, CT, 2009, 168.

41: *«Azotes y puntapiés»*: Véase O. M. Bakke, *When Children Became People: The Birth of Childhood in Early Christianity*, Augsburg Fortress, Minneapolis, 2005, 138.

42: *«Ya no hay judío ni griego»*: Gálatas 3:28.

42: Thomas Cahill, *Desire of the Everlasting Hills: The World Before and After Jesus*, Random House, Nueva York, 1999, 141.

42: Gregorio de Niza: Citado en Harrison, *God's Many Splendored Image*, 97.

42: *«¿Cómo pueden actuar...»*: Ibíd., 99.

43: Marcos Noll, *The Civil War As a Theological Crisis*, University of North Carolina Press, Chapel Hill 2006, 97.

43: *«Estuve en la cárcel»*: Mateo 25:36.

43: Elizabeth Fry: Véase A. Kenneth Curtis et al., *The 100 Most Important Events in Christian History*, Revell, Grand Rapids, 1998, 152.

44: Marcos Nelson: Personal communication. Nelson es Monroe Professor of Communication en Westmont College.

44: *«A los pobres siempre los tendrán»*: Mateo 26:11; Marcos 14:7; Juan 12:8.

44: Kevin Bales: Citado en Harrison, *God's Many Splendored Image*, 103.

44: Nonna Harrison: Ibíd., 104-5.

CAPÍTULO 4: ¿Qué es lo que quiere una mujer?

47: *«En el antiguo mundo grecorromano»*: Véase Rodney Stark, *The Rise of Christianity: How the Obscure, Marginal, Jesus Movement Became the Dominant Religious Force*, HarperOne, Nueva York, 1996, 97.

47: *«Te pido y ruego»*: Citado en ibíd., 97-98.

47: Posidipo: Citado en Marcos Golden, «Demography and the Exposure of Girls in Athens» («Demografía y el abandono de niñas en Atenas»), en *Phoenix 35*, no. 4 (invierno 1981): 316.

47: Amartya Sen, «More Than 100 Million Women Are Missing» («Faltan más de 100 millones de mujeres»), en *New York Review of Books* 37, no. 19 (diciembre 1990).

47: Mara Hvstendahl, *Unnatural Selection: Choosing Boys over Girls and the Consequences in a World Full of Men*, Public Affairs, Nueva York, 2011).

48: «*Fatigado del camino*»: Juan 4:6.
48: «*En esto llegaron sus discípulos*»: Juan 4:27.
48: Lynn Cohick: De una charla pronunciada en una Conferencia de Christians for Biblical Equality en Wheaton College, 25 septiembre 2010.
50: «Después de esto, Jesús anduvo recorriendo»: Lucas 8:1-3.
51: Sócrates: Citado en Yoel Kahn, *The Three Blessings: Boundaries, Censorship, and Identity in Jewish Liturgy*, Oxford University Press, Nueva York, 2010).
51: Dietrich Bonhoeffer: Citado en Leon Morris, *The Gospel according to Matthew*, Pillar New Testament Commentary Series, Eerdmans, Grand Rapids, 1992, 727n104.
52: «*Todos ustedes son hijos*»: Gálatas 3:26-28, énfasis mío.
52: «*Así que ya no eres esclavo*»: Gálatas 4:4, de la ed. de 1984 de NIV en inglés.
53: «*Mientras Jesús decía estas cosas*»: Lucas 11:27.
53: «*–Dichosos más bien*»: Lucas 11:28, énfasis mío.
54: «*Tenía ella una hermana llamada María*»: Lucas 10:39.
54: «*Marta, Marta*»: Lucas 10:41-42.
54: «*Yo de cierto soy judío*»: Hechos 22:3.
55: Juan Crisóstomo: Citado en Frederick Dale Bruner, *Matthew: A Commentary*, vol. 2, The Churchbook, Eerdmans, Grand Rapids, 2004, 767.
55: Celso: Citado en Robert Wilkins, *The Christians as the Romans Saw Them*, Yale University Press, New Haven, CT, 2003, 111.
55: «*En Israel, recibir el testimonio*»: Citado en Tal Ilan, *Jewish Women in Greco-Roman Palestine*, Hendrickson, Peabody, MA, 1995, 163ss. Véase este libro para otros muchos debates útiles del estatus de la mujer en el judaísmo durante la era grecorromana.
55: «*Al regresar del sepulcro*»: Lucas 24:9, 11.
56: Plinio el joven, lib. 10, carta 96.
56: Tim Miller Dyck, «Women Building the Church» («Mujeres que edifican la iglesia»), en *Canadian Mennonite* 11, no. 9 (30 abril 2007).
58: O. M. Bakke, *When Children Became People: The Birth of Childhood in Early Christian ity*, Augsburg Fortress, Minneapolis, 2005).
58: Sigmund Freud: Citado en Ernest Jones, *Sigmund Freud: Life and Work*, Vol. 2, Nueva York, Basic Books, 1955, 421.
58: Dorothy Sayers, *Are Women Human? Penetrating, Sensible, and Witty Essays on the Role of Women in Society*, Eerdmans, Grand Rapids, 2005, 68.

CAPÍTULO 5: Un erudito nada distinguido llega de visita

61: «*Cuando Jesús terminó*»: Mateo 7:28-29.
61: «*Hay más dicha*»: Hechos 20:35.
62: G. K. Chesterton, *The Everlasting Man*, Dodd Mead, Nueva York, 1930, 249.
62: «*Cristo, en quien están escondidos*»: Colosenses 2:2-3.
63: Harvey Cox, *When Jesus Came to Harvard: Making Moral Choices Today*, Mariner, Boston, 2006, 121.
63: Dallas Willard: Capítulo 3 de *The Divine Conspiracy* de Willard, HarperOne, San Francisco, 1998 es útil en esa consideración.
63: «*No podemos suplirles*»: Presidente Benno Schmidt de Yale University, en un discurso a estudiantes de primer año, 1990: citado en William H. Willimon, *Peculiar Speech: Preaching to the Baptized*, Eerdmans, Grand Rapids, 1992, 42.
64: «*Escucha, Israel*»: Deuteronomio 6:4-5.
64: «*–Se me ha dado toda autoridad*»: Mateo 28:18-20.
64: «*Y todos los días*»: Hechos 5:42.
65: «*Ama al Señor tu Dios*»: Mateo 22:37.
65: «*La palabra mente*»: Aquí Jesús sigue la versión Septuaginta del Antiguo Testamento.

65: Tertuliano: Citado en Rodney Stark, *The Rise of Christianity: How the Obscure, Marginal, Jesus Movement Became the Dominant Religious Force*, HarperOne, Nueva York, 1996, 87.

66: San Jerónimo: Véase Thomas Cahill, *How the Irish Saved Civilization*, Doubleday Anchor, Nueva York, 1996, 159.

66: «La burra de Balaam»: Véase Números 22:21-35, especialmente los versículos 28 y 30.

66: Jaroslav Pelikan, *Jesus through the Centuries: His Place in the History of Culture*, Yale University Press, New Haven, CT, 1985, 120.

66: George Marsden, *The Soul of the American University*, Oxford University Press, Nueva York, 1994, 34.

67: «En realidad voy a acosar»: Martín Lutero, *The Christian in Society III*, vol. 46 en *Luther's Works*, ed. estadounidense, Fortress, Filadelfia, 1957, 211.

67: «Siendo un producto principal»: Véase www.constitution.org/primarysources/deluder/ html.

68: Marsden, *The Soul of the American University*, 33.

68: Robert Raikes: Véase A. Kenneth Curtis et al., *The 100 Most Important Events in Christian History*, Revell, Grand Rapids, 1998, 138-39.

69: Frank Laubach: Véase, por ej., www.spiritus-temporis.com/frank-laubach/.

69: Diógenes Allen, *Christian Belief in a Postmodern World* Westminster John Knox, Louisville, 1989, 11.

70: Johannes Kepler: Fuente desconocida.

70: Alfred North Whitehead, *Science and the Modern World*, Macmillan, Nueva York, 1925; reimpr., Mentor, Nueva York, 1948, 13.

70: Dinesh D'Souza, *What's So Great about Christianity?* Regnery, Washington, DC, 2007, 83-84.

71: Lynn White: Citado en Vishal Mangalwadi, *The Book That Made Your World*, Thomas Nelson, Nashville, 2011, 95.

71: Mangalwadi: Ibíd., 98.

71: Konrad Burdach: Cita de Pelikan, *Jesus through the Centuries*, 146.

71: Washington Irving: Véase Evelyn Edson y Emilie Savage-Smith, *Medieval Views of the Cosmos*, Bodleian Library, University of Oxford, Oxford, 2004, 7-8.

72: Marcos A. Noll, *The Scandal of the Evangelical Mind*, Eerdmans, Grand Rapids, 1994, 3.

72: «Astrólogo arribista»: Martín Lutero, *Lectures on Genesis Chapters 21-25*, vol. 22 en *Luther's Works*, ed. estadounidense, Fortress, Filadelfia, 1957.

72: Robert Wilkins, *The Christians as the Romans Saw Them*, Yale University Press, New Haven, CT, 2003, 195.

CAPÍTULO 6: Jesús no fue un gran hombre

75: Francis Ambrosio, «The Heroic Age – The Greek Worldview» («La edad heroica –La cosmovisión griega»), parte 3 en *Philosophy, Religion, and the Meaning of Life*, *The Great Courses*, The Teaching Company, Chantilly, VA, 2009, conferencia en DVD.

75: Cicerón: Citado en Joseph Hellerman, *Reconstructing Honor in Roman Philippi*, Cambridge University Press, Cambridge, 2005, 3.

75: Alasdair MacIntyre, *A Short History of Ethics*, University of Notre Dame Press, Notre Dame, IN, 1998, 78-79.

76: «La existencia de los inferiores»: Citado en Hellerman, *Reconstructing Honor in Roman Philippi*, 10.

77: «Una prenda de vestir asombrosamente incómoda»: Véase Hellerman, *Reconstructing Honor in Roman Philippi*.

77: «*Con anillo de oro*»: Santiago 2:2.
78: «*Vulgares son los medios*»: Hellerman, *Reconstructing Honor in Roman Philippi*, 20.
78: «*Esclavo de Jesucristo*»: En Romanos 1:1, la palabra griega *doulos* se traduce más acertadamente «esclavo» que «siervo».
78: «*Nosotros predicamos a Cristo crucificado*»: 1 Corintios 1:23.
78: «*Cualquiera que es colgado de un árbol*»: Deuteronomio 21:23.
78: «*Servimos a un esclavo crucificado*»: Véase, por ej., Romanos 6:18, 22; Efesios 6:6.
79: «*Un rico podía deliberadamente arruinar*»: Marcel Mauss, *The Gift*, W. W. Norton, Nueva York, 1990, 41ss.
79: Plutarco, *Cato Maior*, 18.4.
80: César Augusto, citado en John Dickson, *Humilitas: A Lost Key to Life, Love, and Leadership*, Zondervan, Grand Rapids, 2011, 92-93.
80: Robin Lane Fox, *Pagans and Christians*, HarperCollins, Nueva York, 1988, 324.
81: «*–Como ustedes saben*»: Mateo 20:25.
81: «*Pero entre ustedes no debe ser así*»: Mateo 20:26-28.
81: «*Sabía Jesús que el Padre*»: Juan 13:3-5.
82: «*Porque, ¿quién es más importante*»: Lucas 22:27.
83: «*¿No lo es el que está sentado a la mesa?*»: Lucas 22:27.
83: Dale Bruner: comunicación personal.
83: «*Ustedes me llaman Maestro y Señor*»: Juan 13:13-14.
83: «*Se humilló a sí mismo*»: Filipenses 2:8.
84: I: Lane Fox, *Pagans and Christians*, 336.
84: Platón: Fuente desconocida.
84: Hellerman, *Reconstructing Honor in Roman Philippi*.
85: Celso: Véase Robert Wilkins, *The Christians as the Romans Saw Them*, Yale University Press, New Haven, CT, 2003, 93.
85: «*No sean arrogantes*»: Romanos 12:16.
85: Jim Collins, *Built to Last: Successful Habits of Visionary Companies*, Harper Business Essentials, Nueva York, 2002.
86: Douglas MacArthur: Véase William Manchester, *American Caesar: Douglas MacArthur 1880-1964*, Little Brown, Boston, 1978.
86: «*La conclusión fue clara*»: Dickson, *Humilitas*, 99.
86: «*Es improbable que alguno*»: Ibíd., 112.
87: «*El número de enfermos de sida*»: Para ver las estadísticas, visite, por ej., Avert, an international charity organization, en http://www.avert.org/aidssouthafrica.htm.

CAPÍTULO 7: Ayuda a tus amigos y castiga a tus enemigos
88: «*Docimedio ha perdido dos guantes*»: Citado en David Konstan, *Before Forgiveness: The Origins of a Moral Idea*, Cambridge University Press, Cambridge, 2010, 13.
88: «*Los invoco, santos ángeles*»: Citado en John G. Gager, *Curse Tablets and Binding Spells from the Ancient World*, Oxford University Press, Nueva York, 1992, 55.
89: «*Ustedes han oído que se dijo*»: Mateo 5:43.
89: Jenofonte, *The Life of Cyrus the Great*, 8.7.28.
90: Konstan, *Before Forgiveness*, 10ss.
90: «*Cómo ayudar a los amigos y hacer daño a los enemigos*»: Monografía de Mary Blumenthal, citada en Reiser, «*Love of Enemies in the Context of Antiquity*» («*El amor a los enemigos en el contexto de la antigüedad*»), 412.
90: «*Pero yo les digo: Amen a sus enemigos*»: Mateo 5:44-45.
90: «*Si ustedes aman solamente a quienes*»: Mateo 5:46-47.
90: Hannah Arendt, *The Human Condition*, University of Chicago Press, Chicago, 1958, Parte 33.

91: «El "otro lado"»: Ray Vander Laan, Discovery Guide: Death and Resurrection of the Messiah, Faith Lessons, vol. 3, Zondervan, Grand Rapids, 2009, 44.

91: «Cananeos, los hititas, los heveos»: Josué 3:10.

91: «Pablo relató»: Hechos 13:19.

92: «¿Qué tienes conmigo?»: Marcos 5:7.

93: «Y toda la gente se quedó asombrada»: Marcos 5:20.

93: «Lo siguieron por toda aquella región»: Marcos 6:55-66.

94: «Tienes que darle algo de tu dinero»: Muzafer Sherif y Carolyn Wood Sherif, Social Psychology, ed. rev., Harper & Row, Nueva York, 1969. Véase sección sobre conflicto entre grupos.

94: «Ahora bien, Abel cuidaban rebaños»: Génesis 4:2.

94: Cornelio Tácito, The Annals: The Reigns of Tiberius, Claudius, and Nero, 15:44, en Oxford World's Classics, trad. de J. C. Yardley, Oxford University Press, Nueva York, 2008.

95: «–¡Muere, hereje!»: Este chiste fue redactado por el comediante Emo Phillips y recibió la mayor votación como el chiste religioso más divertido de todos los tiempos en el sitio web Ship of Fools.

95: Miroslav Volf, Exclusion and Embrace: A Theological Exploration of Identity, Otherness, and Reconciliation, Abingdon, Nashville, 1996, cf. cap. 1.

96: Conan el bárbaro: Película dirigida por John Milius para Edward Pressman Productions, 1982.

97: Frederick Dale Bruner, Matthew: A Commentary, vol. 2, The Churchbook, Eerdmans, Grand Rapids, 2004. Véase sus comentarios sobre Mateo 26:51ss.

97: Anne Lamott. Véase, por ej., www.goodreads.com/quotes/7113.Anne-Lamott.

97: Dietrich Bonhoeffer, Life Together, Harper & Row, San Francisco, 1954, 17-18.

98: «–¡Señor, no les tomes»: Hechos 7:60.

98: «Ejército de piedad»: Citado en Robert Wilkins, The Christians as the Romans Saw Them, Yale University Press, New Haven, CT, 2003, 117.

98: Tiroteo en escuela Amish: Véase, por ej., www.800padutch.com/amishshooting.shtml.

98: Desmond Tutu: Discurso en el Seminario Fuller, fecha desconocida.

99: Maurice: Véase Alvin J. Schmidt, How Christianity Changed the World, Zondervan, Grand Rapids, 2004, 32.

99: Taylor Branch, Parting the Waters: America in the King Years 1954-63, Simon & Schuster, Nueva York, 1989, 862.

100: Charles Colson, «Love Your Enemies: Forgiveness in Rwanda» («Ama a tus enemigos: Perdón en Ruanda»), en crosswalk.com (2 febrero 2009). Véase www. crosswalk.com/news/love-your-enemies-forgivenessin-rwanda-11598997.html.

100: María y Oshea: El episodio se relata en la Internet, por ej., en http://thecatholic spirit.com/featured/from-death-to-life/.

103: «Ama a tu prójimo» y «Ama a tu enemigo»: Véase Mateo 5:43-44.

CAPÍTULO 8: Hay cosas que no son del César

104: Heifetz: Citado en Anthony B. Robinson y Robert W. Wall, Called to Be Church: The Book of Acts for a New Day, Eerdmans, Grand Rapids, 2006, 42.

104: «–Mi reino no es de este mundo»: Juan 18:36.

104: «–¡Hosanna! [Señor, ¡sálvanos!]»: Véase Salmo 118:25-26; Juan 12:13.

105: «Que ha nacido rey de los judíos»: Mateo 2:2.

105: Siete diferentes testamentos: Peter Richardson, Herod: King of the Jews and Friend of the Romans, University of South Carolina Press, Columbia, SC, 1996, 20-21.

105: Foreman: Véase el sitio web de George Foreman, http://biggeorge.com/main/ familyman.php.

105: «*Pero [José] al oír*»: Mateo 2:22-23.

105: «*Pasó a contarles una parábola*»: Lucas 19:11-15.

106: «*Pero en cuanto a esos enemigos*»: Lucas 19:27-28.

107: «*–Les aseguro que no he encontrado*»: Mateo 8:10.

107: «*Si alguien te obliga*»: Mateo 5:41.

108: «*–Maestro, sabemos que eres un hombre íntegro*»: Mateo 22:16-17.

108: «*–¡Hipócritas! ¿Por qué*»: Mateo 22:19-20.

108: «*–Entonces denle al césar*»: Mateo 22:21.

110: Rodney Stark, *Discovering God: The Origins of the Great Religions and the Evolution of Belief*, HarperOne, Nueva York, 2007, 101.

110: «*La prosperidad de Babilonia*»: Véase Jeremías 29:7.

111: Tertuliano, «Apologética: A Escápula», capítulo 2 en *Ante-Nicene Fathers*, vol. 3, trad. Sydney Thelwell (Wikisource).

111: Robert Wilkins, *The Christians as the Romans Saw Them*, Yale University Press, New Haven, CT, 2003, 124.

111: Virgilio: Citado en Jaroslav Pelikan, *Jesus through the Centuries: His Place in the History of Culture*, Yale University Press, New Haven, CT, 1985, 50.

112: «*A los cristianos no se los distingue*»: De Epistle of Mathetes to Diognetus 5.5, citado en *Early Christian Writings*, trad. de J. B. Lightfoot, 1891, cursivas mías. Véase www.earlychristianwritings.com.

112: Agustín: *Ciudad de Dios*, citado en Rodney Stark, *Victory of Reason: How Christianity Led to Freedom, Capitalism, and Western Success*, Random House, Nueva York, 2005, 81.

112: Bernard Lewis: Citado en Dinesh D'Souza, *What's So Great about Christianity?*, Regnery, Washington, DC, 2007, 48.

113: «*Uno de mis profesores*»: Emory A. Griffen, *The Mind Changers*, Tyndale, Wheaton, 1987).

113: «*Se casó («con dote, velo y todo»)*»: Brian Moynahan, *The Faith*, Doubleday, Nueva York, 2002, 38-39.

114: «*Dada su situación de monopolio*»: Stark, *Discovering God*, 329.

114: «*No tienes la menor idea*»: Jonathan Hill, *What Has Christianity Ever Done for Us?*, IVP, Downers Grove, IL, 2005, 157.

114: «*El bien y el mal lo determinan*»: Ibíd., 158.

115: Alfredo el grande: Citado en Sir Winston Churchill, *The Birth of Britain*, Dodd, Mead, Nueva York, 1956, 88ss.

115: «*Aquí está una ley*»: Churchill, *The Birth of Britain*, 188.

115: John Quincy Adams: Citado en D. James Kennedy, *What If Jesus Had Never Been Born* Thomas Nelson, Nashville, 1994, 82.

116: «*Quienquiera que tortura a un ser humano*»: Marie Dennis, *Oscar Romero: Reflections on His Life and Writings*, Orbis, Maryknoll, NY, 2000, 114ss.

116: Philip Jenkins, *The Next Christendom: The Coming of Global Christianity*. 3ª ed. Vol. 3, Future of Christianity Trilogy, Oxford University Press, Nueva York, 2011, 275.

CAPÍTULO 9: La buena vida *en contraposición* a la persona buena

118: Dallas Willard, *Knowing Christ Today*, HarperOne, Nueva York, 2009, 47-48.

119: «*Dichosos los que lloran*»: Mateo 5:4.

119: «*Tal vez la más grande contribución de Cristo*»: Willard, *Knowing Christ Today*, 53.

119: Mark Twain: Citado en Bruce Cavanaugh, *The Sower's Seeds: One Hundred and Twenty Inspiring Stories for Preaching, Teaching and Public Speaking*, Paulist Press, Mahwah, NJ, 2004, 55.

119: «*Un libro titulado unChristian*»: David Kinnaman y Gabe Lyons, *unChristian: What a New Generation Really Thinks about Christianity . . . and Why It Matters*, Baker, Grand Rapids, 2007, 41.

119: «*En una reciente reunión anual*»: Craig Brian Larson y Phyllis Ten Elshof, *1001 Illustrations That Connect: Compelling Stories, Stats, and News Items for Preaching, Teaching, and Writing*, #272, con la contribución de Stephen Nordbye, Zondervan, Grand Rapids, 2008.

120: Eva Kittay, «Hypocrisy», en *Encyclopedia of Ethics*, ed. by Lawrence C. Becker, Garland, Nueva York, 1992, 1:582-87.

121: «*El concepto de hipocresía*»: Ibíd., 583.

121: «*Los registros literarios muestran*»: Dallas Willard, *The Divine Conspiracy*, HarperOne, Nueva York, 1998, 191.

122: «¡*Ay de ustedes...!*»: Véase Mateo 23:13ss.

122: «*Los dioses griegos no dictaban leyes*»: Stark, *Discovering God*, 92.

122: «*La vida de los dioses*»: Mary Lefkowitz, *Greek Gods, Human Lives*, Yale University Press, New Haven, CT, 2003, 83.

122: Robin Lane Fox, *Pagans and Christians*, HarperCollins, Nueva York, 1988, 38.

123: Thomas Cahill, *Desire of the Everlasting Hills: The World Before and After Jesus*, Random House, Nueva York, 1999, 318.

123: «¡*Ay de ustedes, maestros de la ley*»: Mateo 23:13-33.

124: «*Todos los utensilios tienen una parte de adentro y una parte de afuera*»: Mishnáh tratado Kelim 25:1, citado en *Dictionary of New Testament Background*, ed. Craig Evans y Stanley Porter, InterVarsity, Downers Grove, IL, 2000, 896.

124: «*De hecho, constituyó una gran revolución*»: Michael Novak, *No One Sees God*, Doubleday, Nueva York, 2008, 46.

125: «*El ochenta y cinco por ciento*»: Ashley Wazana, «Physicians and the Pharmaceutical Industry: Is a Gift Ever Just a Gift?», *Journal of the American Medical Association* 283, no. 3 (19 enero, 2000), 373.

125: «–*Si se mantienen fieles a mis enseñanzas*»: Juan 8:31-32.

126: «*Para Platón resulta extraño el clamor de San Pablo*»: Novak, *No One Sees God*, 156.

126: C. S. Lewis, *Mere Christianity*, Macmillan, Nueva York, 1943, 167.

128: «*Los Doce Pasos*»: Ernest Kurtz, *AA: The Story* (ed. rev. de *Not God: A History of Alcoholics Anonymous*), Random House, Nueva York, 1991).

128: Max Beerbohm, «*El farsante feliz: Un cuento de hadas para hombres cansados*», Editorial Acantilado.

CAPÍTULO 10: Porque, después de todo, este es un mundo pequeño

129: Holden Caufield: J. D. Salinger, *Catcher in the Rye*, [Cazador oculto] Little Brown, Nueva York, 1945, 130-31.

130: «*Al momento*» y «*En seguida*»: Marcos 1:18, 20.

130: «¡*Por medio de ti serán bendecidas*»: Génesis 12:3; 28:14.

130: M. Scott Peck, *Further along the Road Less Traveled*, Simon & Schuster, Nueva York, 1993, 160.

131: «*Eran gente sin estudios ni preparación*»: Hechos 4:13.

131: «*Y compartían la comida con alegría y generosidad*»: Hechos 2:46.

131: «*A la gente en general le gustó lo que veía*»: Hechos 2:47, *The Message*.

132: «*En esta nueva naturaleza no hay griego ni judío*»: Colosenses 3:11-12.

132: «*Uno no hablaba de "creer en dioses"*»: Robert Wilkins, *The Christians as the Romans Saw Them*, Yale University Press, New Haven, CT, 2003, 64.

132: «*Un acertijo envuelto*»: Winston Churchill, programa radial, 1 octubre 1939.

132: Plinio el Menor: Citado en Robert Wilkins, *The Christians as the Romans Saw Them*, Yale University Press, New Haven, CT, 2003, 23.

133: «*Mientras que los sacerdotes*»: Robin Lane Fox, *Pagans and Christians*, HarperCollins, Nueva York,1988, 323ss.

133: «*Es nuestro cuidado de los desvalidos*»: Tertuliano, «Apology,» en *The Ante-Nicene Fathers*, ed. Alexander Roberts et al., Eerdmans, Grand Rapids, 1989, vol. 2.

134: «*Más fácil ser un cristiano nominal*»: Jaroslav Pelikan, *Jesus through the Centuries: His Place in the History of Culture*, Yale University Press, New Haven, CT, 1985, 113.

134: «*Antonio fue el primero*»: Dorothy Bass, *A People's History of Christianity*, HarperOne, Nueva York, 2009, 46.

134: «*Hay tantos monjes en el desierto*»: Ibíd., 47.

134: Simón Estilita: Véase Will Durant, *The Age of Faith, The Story of Civilization*, vol. 4, Simon & Schuster, Nueva York, 1950, 58ss.

134: «*Comunidades alternativas*»: Elizabeth Rapley, *The Lord as Their Portion: The Story of the Religious Orders and How They Shaped Our World*, Eerdmans, Grand Rapids, 2011.

135: «*El sentido de misión*»: Richard A. Fletcher, *The Barbarian Conversion*, Henry Holt, Nueva York, 1997, 2.

135: «*El tremendo logro*»: Lowrie John Daly, *Benedictine Monasticism: Its Formation and Development through the 12th Century*, Sheed & Ward, Nueva York, 1965, 135-36.

135: G. K. Chesterton, *Saint Francis of Assisi* Doubleday, Garden City, NY, 1931, 51.

135: George Fox: Citado en Bass, *A People's History of Christianity*, 224.

135: Bass: Ibíd., 224.

136: Eugene Peterson, *The Pastor: A Memoir*, HarperOne, Nueva York, 2010, 47-48.

137: John Somerville, *The Decline of the Secular University*, Oxford University Press, Nueva York, 2006, 135-36.

137: «*Nadie que reconoce la total depravación*»: Dr. Neal Plantinga en el Calvin Theological Seminary.

137: G. K. Chesterton, *The Everlasting Man*, Dodd Mead, Nueva York, 1930, 4.

CAPÍTULO 11: Un verdadero matrimonio a la antigua

139: Pseudo-Demóstenes: Citado en Nancy Sorkin Rabinowitz y Lisa Auanger, eds., *Among Women: From the Homosocial to the Homoerotic in the Ancient World*, University of Texas Press, Austin, 2002, 293.

139: Larry Yarbrough, «Paul, Marriage and Divorce» [«Pablo, matrimonio y divorcio»], en *Paul and the Greco-Roman World*, ed. Paul Sampley, Trinity Press International, Harrisburg, PA, 2003, 404. Si hubo algo de jactancia en esa declaración, sería financiera y no sexual; solo hombres de cierto nivel de riqueza hubieran podido costear ese estilo de vida. El historiador Robin Lane Fox escribió que antes del matrimonio, el joven podría acudir a esclavas o prostitutas como salida sexual; los padres se preocuparían al respecto, no porque fuera una práctica inapropiada (los hombres casados también lo hacían), sino debido a que era costosa. Robin Lane Fox, *Pagans and Christians*, HarperCollins, Nueva York, 1988, 344.

140: «*Era un crimen contra la propiedad*»: Algunos epitafios elogian a una «mujer de un solo hombre», mujer que había permanecido sexualmente fiel a su esposo todo su matrimonio. No hay epitafios a un «hombre de una sola mujer».

140: «*Todavía más, a un hombre se lo declaraba proscrito*»: Esto tal vez no se lo haya observado estrictamente, porque un estadista romano llamado Rufino escribió: «¿Acaso alguien echa fuera a su mujer desnuda cuando la halla con un amante, como si él mismo no hubiera disfrutado del adulterio?» Véase Lane Fox, *Pagans and Christians*, 346.

140: *«Pero, aunque cualquier transeúnte»*: Yarbrough, «Paul, Marriage and Divorce» («Pablo, el matrimonio y el divorcio»), 405.
140: *«Al principio Roma requería que los romanos se casaran»*: «Family and Household» («Familia y hogar») en *Dictionary of New Testament Background*, ed. Craig Evans y Stanley Porter, InterVarsity Press, Downers Grove, IL, 2000, 680. «El propósito de un matrimonio romano era producir hijos legítimos». Yarbrough, «Paul, Marriage and Divorce» («Pablo, el matrimonio y el divorcio»), 406.
140: *«César Augusto prohibió el matrimonio»*: Lane Fox, *Pagans and Christians*, 345.
141: *«Se dice que el emperador romano Cómodo»*: Alvin J. Schmidt, *How Christianity Changed the World*, Zondervan, Grand Rapids, 2004, 86.
141: Taciano: Citado en Vivian Green, *A New History of Christianity*, Nueva York, Continuum, 1996, 10.
141: *«A las muchachas que nacían libres»*: Véase Lane Fox, *Pagans and Christians*, 348.
142: *«–Mujer, ¿eso qué tiene que ver conmigo?»*: Juan 2:4.
142: *«Y el reloj empezó su marcha»*: Philip Yancey, *The Jesus I Never Knew*, Zondervan, Grand Rapids, 2002, 168.
142: *«–¿No han leído ...?»*: Mateo 19:4-6.
143: Walter Wangerin, *As for Me and My House: Crafting Your Marriage*, Thomas Nelson, Nashville, 2001, 8.
144: William Shakespeare, «The Phoenix and the Turtle» («El Fénix y la tortuga»), en *The Complete Works of Shakespeare*, ed. Hardin Craig, Scott, Foresman, Glenview, IL, 1973, 463.
144: *«Adán y su esposa estaban desnudos»*: Génesis 2:25.
145: *«Adán le hizo el amor a su mujer»*: Véase Génesis 4:1.
145: *«Y entonces conocerás* (yada) *al Señor»*: Oseas 2:20.
145: G. K. Chesterton, *What's Wrong with the World?*, Dodd, Mead, Londres, 1912, 68.
145: *«Ustedes han oído que se dijo»*: Mateo 5:27.
146: *«Pero yo les digo»*: Mateo 5:28.
146: Naomi Wolf: Véase «The Porn Myth» («El mito pornográfico»), http://nymag.com/nymetro/news/trends/n_9437/.
147: *«Huyan de la inmoralidad sexual»*: 1 Corintios 6:18.
147: *Book of Common Prayer*: La cita en inglés es de la versión de 1662 del Libro de Oración Común en inglés.
149: Agustín: Citado en Duane Friesen, *Artists, Citizens, Philosophers: Seeking the Peace of the City*, Herald, Scottsdale, PA, 2000, 199.
150: *«Redefinición radical de lo sagrado»*: Dorothy Bass, *A People's History of Christianity*, Harper One, Nueva York, 2009, 191.
151: *«Por la fe la prostituta Rajab»*: Hebreos 11:31.
151: *«Esposos, amen a sus esposas»*: Efesios 5:25.

CAPÍTULO 12: Sin parangón en toda la historia del arte
153: Peter Berger: Citado en Huston Smith, *The Soul of Christianity*, HarperOne, Nueva York, 2005, xxi.
153: Mickey Hart: Citado en ibíd.
153: Isócrates y Demóstenes: La historicidad de esta cita es dudosa, y a menudo se la refiere a otros en lugar de a Isócrates; pero marca un punto maravilloso. Véase, por ejemplo, Henri J. Blits en http://presentinghenri.blogspot.com/.
154: *«No sabía qué decir»*: Marcos 9:6.
154: Aristóteles: Citado en Philip Yancey, *The Jesus I Never Knew*, Zondervan, Grand Rapids, 2002, 267.
155: Reynolds Price: Citado en ibíd., 269.

155: Austin Farrer: Citado en Diógenes Allen, *Christian Belief in a Postmodern World*, Westminster John Knox, Louisville, 1989, 11.

155: Agustín: Citado en Nicholas Wolterstorff, *Justice: Rights and Wrongs*, Princeton University Press, Princeton, NJ, 2008, 191.

156: Porfirio: Citado en Robert Wilkins, *The Christians as the Romans Saw Them*, Yale University Press, New Haven, CT, 2003, 149.

156: Juliana de Norwich: Citado en Dallas Willard, *The Divine Conspiracy*, HarperOne, San Francisco, 1998, 77.

156: Paul Johnson, *Jesus: A Biography from a Believer*, Penguin, Nueva York, 2010, 127-28, cursivas mías

157: Martin Luther King Jr.: Discurso en la Gran Marcha en Detroit, 23 junio 1963. Véase http://mlk-kpp01.stanford.edu.

157: Telémaco: David Bentley Hart, *Atheist Delusions: The Christian Revolution and Its Fashionable Enemies*, Yale University Press, New Haven, CT, 2009, 123.

157: Michael Grant, *Jesus: An Historian's Overview of the Gospels*, Scribner, Nueva York, 1977, 1.

158: Celie: Alice Walker, *The Color Purple*, citado en Duane Friesen, *Artists, Citizens, Philosophers: Seeking the Peace of the City*, Herald, Scottsdale, PA, 2000, 172.

158: Pelikan: Jaroslav Pelikan, *Jesus through the Centuries: His Place in the History of Culture*, Yale University Press, New Haven, CT, 1985, 83, énfasis mío.

158: Juan de Damasco: Ibíd., 89.

159: Agustín: Citado en Edward Lucie-Smith, *The Face of Jesus*, Abrams, Nueva York, 2011, 14.

159: Agustín: Confesiones, citado en Pelikan, *Jesus through the Centuries*, 94.

159: Agustín: Citado en Jonathan Hill, *What Has Christianity Ever Done for Us?*, IVP, Downers Grove, IL, 2005, 106.

159: «A quien muchos historiadores»: Pelikan, *Jesus through the Centuries*, 164.

159: «Así también, las traducciones»: Pelikan, *Jesus through the Centuries*, 161.

160: «Lo que hace de los evangelios»: Thomas Cahill, *Desire of the Everlasting Hills: The World Before and After Jesus*, Random House, Nueva York, 1999, 284.

160: «A los ojos de un escritor»: Ibid.

160: Martín Lutero: Citado en Pelikan, *Jesus through the Centuries*, 163.

160: «Uno de los monumentos culturales»: Ibíd.

160: Nathan Soderblom: Citado en ibíd.

161: Karl Barth: Véase Friesen, *Artists, Citizens, Philosophers*, 172.

162: «El flacucho Buen Pastor»: Thomas Matthews, citado en James Davison Hunter, *To Change the World: The Irony, Tragedy, and Possibility of Christianity in the Late Modern World*, Oxford University Press, Nueva York, 2010, 56.

162: «No se halla en ella nada»: Martín Lutero, «Magníficat» en vol. 21 de *Luther's Works*, ed. por Jaroslav Pelikan, Concordia, St. Louis, 1956, 84.

163: «La influencia del cristianismo»: Véase Hill, *What Has Christianity Ever Done for Us?* 79ss.

163: «Las zorras tienen guaridas»: Véase Mateo 8:20; Lucas 9:58.

163: «Mirando ese cuadro»: Fyodor Dostoyevsky, *The Idiot*, Macmillan, Nueva York, 1913, 410.

163: «Un profesor mío»: Ian Pitt-Watson, comunicación personal.

164: «¡Ver tu rostro»: Génesis 33:10.

164: «Los hombres necesitan solo confiar»: Citado en Janko Lavin, *Tolstoy: An Approach*, Methuen, Londres, 1944, 101.

164: Eliot: T. S. Eliot, *Selected Essays: 1917-1932*, Nueva York, Harcourt, Brace, 1932, 212.

164: *«Este es el fin»*: Dietrich Bonhoeffer, citado en Eric Metaxas, *Bonhoeffer: Pastor, Martyr, Prophet, Spy*, Thomas Nelson, Nashville, 2010, 581-82.
164: *«¿Quién soy yo?Ellos me dicen a menudo»*: Véase, por ejemplo, http://www.solidaridad.net/imprimir2371_enesp.htm.
165: *«No había en él belleza»*: Isaías 53:2.

CAPÍTULO 13: Viernes
168: *Judas el galileo*: Hechos 5:37.
170: *«Hemos descubierto a este hombre»*: Lucas 23:2.
170: *«Si dejas en libertad a este hombre»*: Juan 19:12, 15.
171: *«¿Eres tú el rey de los judíos?»*: Mateo 27:11.
172: *«Este hombre»*: Juan 11:47-49.
173: *«Los jefes de los sacerdotes»*: Marcos 14:55-56.
175: *«JESÚS DE NAZARET, REY DE LOS JUDÍOS»*: Juan 19:19.
175: *«Yo doy mi vida por las ovejas»*: Juan 10:15, 18.

CAPÍTULO 14: Sábado
179: *«Porque ante todo les transmití»*: 1 Corintios 15:3-4.
179: *«¡Vengan, volvámonos al SEÑOR!»*: Oseas 6:1-2.
180: Aristóteles: Aristóteles, citado en Robert Wilkins, *The Christians as the Romans Saw Them*, Yale University Press, New Haven, CT, 2003, 90.
180: Platón: Platón, citado en ibíd., 122.
180: Christopher Dawson: Citado en Jaroslav Pelikan, *Jesus through the Centuries: His Place in the History of Culture*, Yale University Press, New Haven, CT, 1985, 30.
181: Eugene Peterson, *Reversed Thunder: The Revelation of John and the Praying Imagination*, HarperSanFrancisco, San Francisco, 1988, 174.
181: *«Entre los árboles»*: Del sermón *«Entre los árboles»* de Rob Bell. Sermón disponible en la Willow Creek Association, 2003, semana 35.Véase también www .willowcreek.com/wca.
181: *«Yo soy el Alfa y la Omega»*: Apocalipsis 1:8.
181: *«Desde antes que nacieran los montes»*: Salmo 90:2.
182: *«Se ha cumplido el tiempo»*: Marcos 1:15.
182: Agustín: Pelikan, *Jesus through the Centuries*, 28.
182: Agustín: Ibíd.
183: *«Cuando Lucas quiso»*: Véase Lucas 2:1-2.
184: Beda el venerable: Randy Petersen, A. Kenneth Curtis, y J. Stephan Lang, *100 Most Important Events in Christian History*, Revell, Grand Rapids, 1998, 62.
184: William Wordsworth, «Surprised by Joy —Impatient as the Wind» («Sorprendido por el gozo; impaciente como el viento»): Véase, por ejemplo, www.bartleby.com/145/ww427.html.
184: C. S. Lewis, *A Grief Observed*, Bantam, Nueva York, 1961, 4-5.
185: *«¿Cómo dicen algunos de ustedes»*: 1 Corintios 15:12.
186: *«andan diciendo que la resurrección»*: 2 Timoteo 2:18.
186: Eugene Peterson.
186: Carlos Eire, *A Very Brief History of Eternity*, Princeton University Press, Princeton, NJ, 2010, 10-12.
187: *«¡Ah, mi delito es inmundo»*: Hamlet, acto 3, escena 3.
187: *«Ser o no ser»*: Hamlet, acto 3, escena 1.
187: *«¿Qué ha sucedido hoy en la tierra?»*: Citado en Alasdair McGrath, *The Christian Theology Reader*, Blackwell, Oxford, 2007, 350.

CAPÍTULO 15: Domingo

189: «Así que las mujeres se alejaron»: Mateo 28:8-9.

189: Frederick Dale Bruner, Matthew: A Commentary, vol. 2, The Churchbook, Eerdmans, Grand Rapids, 2004, 797.

190: Skip Viau: Véase ibíd., 796.

190: «Vayan a decirles a mis hermanos»: Mateo 28:10.

192: «–Ha llegado la hora»: Juan 12:23-25.

193: «A menos que un grano de trigo»: Juan 12:24, mi paráfrasis.

193: «El día del Señor»: Apocalipsis 1:10.

193: Plinio el joven: Lib. 10, Carta 97: citado en Robert Wilkins, The Christians as the Romans Saw Them, Yale University Press, New Haven, CT, 2003, 6.

193: «Preeminentes en la vida»: Robin Lane Fox, Pagans and Christians, HarperCollins, Nueva York,1988, 61.

194: «Ningún cuerpo fuera enterrado»: Philippe Aries, The Hour of Our Death: The Classic History of Western Attitudes toward Death over the Last One Thousand Years, Barnes and Noble, Nueva York, 2000, 30.

194: «Esta aversión a la proximidad»: Ibíd., 30-31.

195: Orígenes: Véase Lane Fox, Pagans and Christians, 327.

195: «JESÚS DE NAZARET»: Juan 19:19.

195: «Este hombre afirmó»: Véase Juan 19:21-22.

195: Garrett Fiddler: Yale Daily News, April 21, 2011.

195: «Toma tu cruz»: Véase Mateo 16:24.

195: «Cuando el cristianismo»: Fiddler, Yale Daily News.

195: Michael Grant: Citado en Philip Yancey, The Jesus I Never Knew, Zondervan, Grand Rapids, 2002, 202.

197: de Botton: Alain de Botton, Status Anxiety, Nueva York, Pantheon, 2004, 149.

197: Aristóteles dijo: Ibíd., 150.

198: «Y no sólo en esto, sino también»: Romanos 5:3-4.

198: «la entereza de carácter [produce] esperanza»: Véase David Frederickson, «Paul, Hardships and Suffering» («Pablo, adversidades y sufrimiento»), en Paul in the Greco-Roman World: A Handbook, ed. J. Paul Sampley, Trinity Press International, Harrisburg, PA, 2003).

198: Friedrich Nietzsche, Human, All Too Human, University of Nebraska Press, Lincoln, 1984, 58.

EPÍLOGO: Una idea espectacular

200: «Hubo una una vez»: Evelyn Edson y Emilie Savage-Smith, Medieval Views of the Cosmos, Bodleian Library, University of Oxford, Oxford, 2004).

200: Wright: Véase N. T. Wright, Simply Jesus: A New Vision of Who He Was, What He Did, and Why He Matters, HarperOne, Nueva York, 2011, 131ss.

201: «En cambio, el SEÑOR está en su santo templo»: Habacuc 2:20.

201: «El templo es el lugar»: Wright, Simply Jesus, 132.

202: «Tengo que estar en la casa de mi Padre»: Lucas 2:49.

203: «Vayan por todo el mundo»: Marcos 16:15.

204: «Ustedes son templo de Dios»: 1 Corintios 3:16.

204: «–¡De Nazaret!»: Juan 1:46.

205: «–Ciertamente les aseguro que ustedes verán»: Juan 1:51.

Nos agradaría recibir noticias suyas.
Por favor, envíe sus comentarios sobre este libro
a la dirección que aparece a continuación.
Muchas gracias.

Vida@zondervan.com
www.editorialvida.com